高等院校通识教育核心课程教材系列

先秦诸子百家思想释读

吴宁宁　编著

清华大学出版社

北京

图书在版编目（CIP）数据

先秦诸子百家思想释读／吴宁宁编著. -- 北京：清华大学出版社，2025.10.
（高等院校通识教育核心课程教材系列）. -- ISBN 978-7-302-69547-9

Ⅰ. B22

中国国家版本馆 CIP 数据核字第 2025X2B198 号

责任编辑：王如月
封面设计：常雪影
责任校对：王荣静
责任印制：刘海龙

出版发行：清华大学出版社
      网　　　址：https://www.tup.com.cn，https://www.wqxuetang.com
      地　　　址：北京清华大学学研大厦 A 座　　　　　邮　编：100084
      社　总　机：010-83470000　　　　　　　　　　邮　购：010-62786544
      投稿与读者服务：010-62776969，c-service@tup.tsinghua.edu.cn
      质量反馈：010-62772015，zhiliang@tup.tsinghua.edu.cn
印　装　者：大厂回族自治县彩虹印刷有限公司
经　　　销：全国新华书店
开　　　本：170mm×240mm　　　印张：18.75　　　　字数：313 千字
版　　　次：2025 年 10 月第 1 版　　　　印次：2025 年 10 月第 1 次印刷
定　　　价：79.00 元

产品编号：108517-01

前　言

"文化关乎国本、国运。"① 党的十八大以来，习近平总书记在多个场合多次就大力弘扬和传承好中华优秀传统文化作出重要论述，他指出："中华民族在几千年历史中创造和延续的中华优秀传统文化，是中华民族的根和魂。"② "如果抛弃传统、丢掉根本，就等于割断了自己的精神命脉。博大精深的中华优秀传统文化是我们在世界文化激荡中站稳脚跟的根基。"③ "中国传统文化博大精深，学习和掌握其中的各种思想精华，对树立正确的世界观、人生观、价值观很有益处。古人所说的'先天下之忧而忧，后天下之乐而乐'的政治抱负，'位卑未敢忘忧国'、'苟利国家生死以，岂因祸福避趋之'的报国情怀，'富贵不能淫，贫贱不能移，威武不能屈'的浩然正气，'人生自古谁无死，留取丹心照汗青'、'鞠躬尽瘁，死而后已'的献身精神等，都体现了中华民族的优秀传统文化和民族精神，我们都应该继承和发扬。"④ 在以习近平同志为核心的党中央的指引下，党和国家相继制定并实施了一系列扎实推进中华优秀传统文化教育的纲要和意见。2014 年，教育部印发《完善中华优秀传统文化教育指导纲要》，强调加强中华优秀传统文化教育，是深化中国特色社会主义教育和中国梦宣传教育的重要组成部分，是构建中华优秀传统文化传承体系、推动文化传承创新的重要途径，同时也是培育和践行社会主义核心价值观、落实立德树人根本任务的重要基础。为此，要分学段、有序推进中华优秀传统文化教育，把中华优秀传统文化教育系统融入课程和教材体系，充分发挥

---

① 习近平. 在文化传承发展座谈会上的讲话 [J]. 求是，2023 (17)：4-11.
② 习近平在庆祝澳门回归祖国 15 周年大会暨澳门特别行政区第四届政府就职典礼上的讲话 [N]. 人民日报，2014-12-21 (01).
③ 习近平总书记系列重要讲话读本 [M]. 北京：学习出版社，2014：100.
④ 习近平在中央党校建校 80 周年庆祝大会暨 2013 年春季学期开学典礼上的讲话 [N]. 人民日报，2013-03-04 (01).

中小学德育课和高校思想政治理论课的重要作用。① 2017 年，中共中央办公厅、国务院办公厅印发的《关于实施中华优秀传统文化传承发展工程的意见》指出，在 5 000 多年文明发展中孕育的中华优秀传统文化，积淀着中华民族最深沉的精神追求，代表着中华民族独特的精神标识，是中华民族生生不息、发展壮大的丰厚滋养，是中国特色社会主义植根的文化沃土，是当代中国发展的突出优势，对延续和发展中华文明、促进人类文明进步发挥着重要作用。进而提出要围绕立德树人根本任务，遵循学生认知规律和教育教学规律，按照一体化、分学段、有序推进的原则，把中华优秀传统文化全方位融入思想道德教育、文化知识教育、艺术体育教育、社会实践教育各环节，贯穿启蒙教育、基础教育、职业教育、高等教育、继续教育各领域。② 这些政策纲领为用中华民族创造的一切精神财富来以文化人、以文育人，开展中华优秀传统文化教育，让中华优秀传统文化在广大青少年心中生根发芽，并在新时代为不断传承和弘扬中华优秀传统文化指明了方向，同时也进一步表明对青少年开展中华优秀传统文化教育的重要性和必要性。

对青年大学生开展中华优秀传统文化教育是高校人文素质教育的重要组成部分。《关于加强大学生文化素质教育的若干意见》中指出，"大学生的基本素质包括四个方面：思想道德素质、文化素质、专业素质和身体心理素质"。③其中，思想道德素质和文化素质可以统称为人文素质，是培养大学生素质的基础。人文素质是青年大学生所应具备的基本品质和基本态度，是正确处理个人与他人、个人与自然及个人与社会关系的必要前提和重要条件，更是一个人内在精神的重要体现。人文素质缺乏不仅会导致大学生理想信念减弱、人际关系淡漠，而且会使大学生缺少人文关怀，精神匮乏，难以形成美好的人格。基于这一认识，要通过对青年大学生开展人文素质教育尽可能地提升他们的人文素养，在提高思想政治素质、丰富精神生活、拓宽文化视野、提升精神境界等方面发挥作用，通过人文素质教育帮助青年大学生建构合理的知识结构、创造丰

---

① 教育部关于印发《完善中华优秀传统文化教育指导纲要》的通知 [EB/OL]. http://www.moe.gov. cn/srcsite/A13/s7061/201403/t20140328_166543.html. 中华人民共和国教育部，2014-03-28.
② 中共中央办公厅、国务院办公厅印发《关于实施中华优秀传统文化传承发展工程的意见》 [EB/OL]. https://www.gov.cn/zhengce/202203/content_3635257.htm. 中华人民共和国中央人民政府网，2017-01-25.
③ 关于加强大学生文化素质教育的若干意见 [EB/OL]. http://www.moe.gov.cn/s78/A08/moe_734/201001/t20100129_2982.html. 中华人民共和国教育部，1998-04-10.

富的情感体验、培养健全的人格，彰显出其特殊意义之所在。

本教材的编写从当前高校广泛开展人文素质教育的现实需要出发，立足于中华优秀传统文化教育视域，旨在通过教材系统的讲解，使青年大学生对中华优秀传统文化有进一步的认识，了解中华优秀传统文化所体现出的精神价值，体会中华优秀传统文化丰富的道德遗产，汲取有益养料，完善自我人格，加强自身道德修养，逐步提高其人文素质。同时，激发青年大学生对中华优秀传统文化的认同感和自豪感，树立文化自信。教材编写的内容主要围绕春秋战国时期先秦诸子百家展开。客观地说，离开了先秦诸子百家，就不可能真正了解中华优秀传统文化。习近平总书记曾指出："2 000 多年前，中国就出现了诸子百家的盛况，老子、孔子、墨子等思想家上究天文、下穷地理，广泛探讨人与人、人与社会、人与自然关系的真谛，提出了博大精深的思想体系。他们提出的很多理念，如孝悌忠信、礼义廉耻、仁者爱人、与人为善、天人合一、道法自然、自强不息等，至今仍然深深影响着中国人的生活。中国人看待世界、看待社会、看待人生，有自己独特的价值体系。中国人独特而悠久的精神世界，让中国人具有很强的民族自信心，也培育了以爱国主义为核心的民族精神。"①正因如此，本教材的编写以特定的春秋战国时期为背景，通过关注春秋战国时期各家思想，了解当时中国社会所发生的思想巨变，进而理解中华优秀传统文化的思想精髓，掌握中华优秀传统文化的基本演变脉络，明晰中华优秀传统文化的精神实质。

从具体内容看，本教材整体布局以"中华优秀传统文化与先秦诸子百家"作为总论，以"中国思想的起源：夏商周时代的思想"作为起始。在诸子思想的选择上，主要选取极具代表性的儒、墨、道、法诸家中的孔子、孟子、荀子、墨子、老子、庄子、管子、商鞅、韩非子等人物，加之独具特色的纵横家。通过对这些人物的思想进行全面讲解，在一定程度上再现先秦诸子百家深邃的思想内涵，展现中华优秀传统文化的思想特质和精神标识。其中，儒家选取孔子、孟子、荀子三位人物，以孔子作为开端，探究儒家的缘起及儒家以"仁""礼"为核心的思想特点，之后进一步分析孟子对孔子思想的继承和发展，最终落脚在儒家集大成者荀子身上，通过对荀子思想的解读，以其"援法入礼"的思想特质引述其与法家韩非思想的关联。墨家主要讲解墨子的思

① 习近平外交演讲集（第一卷）［M］. 北京：中央文献出版社，2022：125.

想，在教材内容设定上，因春秋战国时期曾出现"儒墨显学"，进而要在解读孔子的思想之后对墨子的思想进行阐述，并对二者思想的异同进行对比，明晰墨子"兼相爱、交相利"思想的深刻内涵。道家主要以老子和庄子为代表，以"道"为核心范畴，重点解读老子"自然""无为"的独特思想以及庄子追求生命自由的"逍遥"旨向。法家选取以管子、商鞅为代表的前期法家和以韩非为代表的后期法家，对于前期法家，重点阐述管子和商鞅如何通过推行"变法"实践，实现富国强兵的政治目标；对于后期法家韩非，则主要论述其所提出的"法术势"三者合一、优势互补的思想理念。此外，在春秋战国时期，纵横家也是不可忽视的重要学派，本教材将通过对鬼谷子、苏秦、张仪等人物的介绍，解读纵横学派出而用世，流为"纵横"的思想特点。同时，在教材编撰过程中，注重以传统观照现实，通过古今对比，深入挖掘先秦诸子百家思想所具有的现代育人意义和价值，推进中华优秀传统文化教育的创造性转化和创新性发展，以实现本教材人文素质教育和中华优秀传统文化教育的价值。

具体而言，第一讲主要讲解中华优秀传统文化的含义及其重要意义，介绍先秦诸子百家所产生的时代背景、所呈现出的以重伦理为主要特点的思想核心议题。第二讲主要讲解中国上古时期的思想萌芽，重点介绍夏商周时期的思想特点及其与春秋战国时期的思想关联。第三讲主要讲解儒家创始人孔子及其思想，围绕孔子的生平、孔子的主要思想观念以及孔子以"仁""礼"为核心的思想展开论述，同时，对孔子君子人格的理想追求和道德修养之方进行阐释。第四讲主要讲解墨子兼爱和义利并重的思想，介绍墨子及其学派，阐释其"兼相爱、交相利"为核心的社会理想，围绕墨子"十论"而展开，同时对墨子"天志""明鬼"等其他思想予以阐释。第五讲主要讲解孟子如何对孔子的儒家思想进行继承和发展，重点围绕孟子的生平，孟子的"性善论""五伦说"以及"仁义礼智"道德体系进行解读，并对孟子仁政的政治实践予以解析。第六讲主要讲解荀子作为战国末期儒家的代表人物，其"性恶论"的思想基础，系统阐释荀子思想中的主要范畴，如义利观、荣辱观、天人观、解蔽观等，介绍荀子的政治思想以及教化修养观念。第七讲主要讲解道家创始人老子的思想，围绕《老子》这部著作，重点介绍老子其人及《老子》中以"道"为核心的形而上基础、"自然"的中心价值、"无为"的政治思想原则。第八讲主要讲解道家独特的思想家庄子的思想智慧，重点介绍庄子的人物特点、以

"道"为核心的思想理论基础、"真人""至人""神人""圣人"的理想人格以及庄子"齐生死、齐物我、齐是非"的人生理想探寻。第九讲主要讲解以鬼谷子为代表的纵横家的思想，重点介绍纵横家产生的历史背景及学派特点，阐述鬼谷子的思想智慧及苏秦、张仪作为纵横家代表的政治实践，并对纵横学派的思想予以评价。第十讲主要讲解管子的思想，介绍管子传奇的一生，同时围绕《管子》一书重点介绍管子治国理政的思想，凸显其作为法家代表人物的政治智慧。第十一讲主要讲解"改革斗士"商鞅的变法思想，重点阐释春秋战国时期变法的时代背景，介绍商鞅变法的内容并进行评价。第十二讲主要讲解韩非"以法治国"的法家思想，在介绍韩非及其思想特点的基础上，对韩非"法"术"势"相结合的思想进行重点阐释。本教材在每一章节后均设有与所讲内容密切相关的思考题，并进行了相应内容的拓展和当代审视，同时进行延伸阅读推荐，以便青年大学生更好地学习。

目　录

第一讲　中华优秀传统文化与先秦诸子百家

在中华民族深厚、悠久的历史文化积淀中，有着虽经历史变迁但仍历久弥新的优秀价值且与时代发展相融相合的文化，这就是我们的中华优秀传统文化。中华优秀传统文化蕴含着丰富的世代相传的思维方式、精神价值、思想智慧、行为准则，它不仅存在于过去和历史当中，同时伴随着时代发展而不断加以继承、发扬和创新。春秋战国时期是中华优秀传统文化形成的重要时期，这一时期产生的儒家、墨家、道家、法家等诸子百家学说，形成了百家争鸣的繁荣局面，奠定了中华优秀传统文化的思想基础，是中国文化发展史上的轴心时期。诸子学派之间相互影响、相互交流，各自取长补短，有力地促进了中国思想文化的发展。

一、自信地看待中华优秀传统文化

"文化"通常是指人类在生产劳动基础上创造的物质财富和精神财富的总和，特指精神财富，如教育、科学、文艺等。在中国，"文"有文字、纹理、文采、规则、制度等含义。《周易·系辞》最早指出："物相杂，故曰文。"① 《说文解字》称："文，错画也，象交文。"② "化"是"化生""教化"之义。《说文解字》释："化，教行也。从匕人。"③ 商鞅说："夫圣人之立法化俗。"④ 《周易·贲卦》指出："刚柔交错，天文也。文明以止，人文也。观乎天文，以察时变；观乎人文，以化成天下。"⑤ 这里的"化"是教化、感化的意思。可以看出，将"文"与"化"连用，是文明教化之意，以人文教化民众，是文化的基本含义。

对于"传统文化"，《辞海》（第七版）解释为："某种文明演化而汇聚成的反映民族特质和风貌的民族文化。是民族历史上各种思想文化、观念形态的总体表征。包括一个民族历代相传的价值观、认识论、方法体系、生活方式、思维习惯。是结构较为完整的精神体系。"⑥ 中华传统文化是中华民族固有文

---

① 黄寿祺，张善文 [M]. 周易，译注. 上海：上海古籍出版社，2018：768.
② 段玉裁. 说文解字注 [M]. 北京：中华书局，2013：429.
③ 同②388.
④ 商君书 [M]. 王霞，注. 长沙：岳麓书社，2020：077.
⑤ 同①289.
⑥ 强国辞典，聚典平台.

化积淀中的精华，是几千年来中国人思维方式、价值取向、信仰追求、道德规范、生活方式和审美情趣的集中表达与经典提炼，是中华民族传承的文化根脉与文化基因。从性质上看，中华传统文化为民族繁荣发展、国家自强自信提供了内生精神动力；从内容上看，中华传统文化内在包含着物质文化、制度文化、思想文化和行为文化等多个方面内容；从价值取向上看，中华传统文化蕴含天下为公、民为邦本、为政以德、革故鼎新、任人唯贤、天人合一、自强不息、厚德载物、讲信修睦、亲仁善邻等宇宙观、天下观、社会观和道德观的价值理念；从学术思想上看，中华传统文化包括上古圣王文化、先秦子学、两汉经学、魏晋玄学、隋唐佛学、宋明理学、清代朴学和新学等各个学术思想；从流派上看，中华传统文化涵盖儒、释、道，墨、法、名，兵家、阴阳家和杂家等多样流派，形成不断融合的文化思想特质；从载体上看，中华传统文化蕴藏于经史子集等典籍以及风土人情习俗之中。正因如此，我们自信地称之为"中华优秀传统文化"。

中华优秀传统文化之所以优秀，在于其所具有的强大生命力和价值，其中，"讲仁爱、重民本、守诚信、崇正义、尚和合、求大同"的价值理念，具有超越时空、超越民族、超越历史的普遍适用性，能够成为全人类共同遵循的价值，用以与世界不同国家和民族进行文化沟通与思想交流。而中华优秀传统文化本身，作为中华民族长期发展积淀而成的文化宝库，形成了具有中华民族特色的文化底蕴，至今仍为中国人所传承和弘扬，特别是在解决现实困惑与问题时，具有重大的现实意义。

其一，中华优秀传统文化可以为实现中华民族伟大复兴提供价值支撑。我国传统社会一直以来有着"大同社会"的理想追求，包含着全体中华儿女对美好社会的期许和愿景，可以说，"大同社会"与实现中华民族伟大复兴的中国梦是一脉相承的。在向着"大同社会"奋斗的过程中，传统社会先后形成了一以贯之的文化精神，这些文化精神经由历史的检验和不断积淀，成为国家富强、民族振兴、人民幸福的深沉力量。也正因如此，民族复兴的中国梦必然要以中华传统文化中所形成的优秀文化内容作为精神底蕴，以中华优秀传统文化凝聚起民族复兴的牢固精神纽带，在维护国家统一、民族富强、人民幸福方面凝聚起强大的精神力量。与此同时，中华优秀传统文化中重追求、重超越、重奋斗的激励精神和身心和谐、安之若素、居仁由义的精神诉求成为一种积极因素，使人民群众在向着中华民族伟大复兴奋斗的历程中，不断进行自我调节和自我化解，产生"德福一致"的道德信仰，并伴随着这样的信仰不断地克服着现代社会发展中的种种弊端，持续迈向实现中华民族伟大复兴的中国梦，正如习近平总书记所说："中华文明历来把人的精神生活纳入人生和社会理想之中。所以，实现中国梦，是物质文明和精神文明比翼双飞的发展过程。"①此外，在中国发展的历史长河中，中华优秀传统文化是中国之治得以长久发展并不断完善的重要文化滋养，为中国之治提供了许多政治智慧。例如，中华优秀传统文化所秉持的德治与法治相结合的治国之道，对中国之治方略中将依法治国与以德治国统一起来的实践方式产生了深刻影响。早在西周时期，西周统治者即提出了"明德慎罚"的思想，包含了崇尚德政和刑法适中两层含义。随后，儒家以"仁""礼"为根本，将德治放在政治思想的核心位置，法治次之，后经过历朝历代不断完善和补充，逐渐形成了"德主刑辅"的政治思想。这一思想观念在今天作为中国之治的重要政治智慧，成为推动中华民族伟大复兴的重要思想参照。此外，中华优秀传统文化中"以民为本"的价值理念也成为长久以来引导民族复兴进程中中国之治的根本观点。民本思想是我国固有的政治文化，从《尚书》开始，民本观便构成中国社会政治稳定的思想根基。中国的民本思想坚持将民本与养民、用民联系在一起，既主张"节用裕民""制民恒产"，同时也宣扬"安民""爱民"，政得其民，从而使民本思想具有了丰富的实用意义。如今，这一思想经由时代转换深深融入实现中国梦的治国实践中，化作"以人民为中心"的治国理念，是民族复兴中民本情怀的重要精神沃土。可以认为，中华优秀传统文化承载着中国之治的优秀基因，是民族复兴得以焕发生机和活力的思想密钥和智慧之源。

其二，中华优秀传统文化可以为树立文化自信提供精神沃土。习近平总书记曾指出："文化自信，是更基础、更广泛、更深厚的自信，是更基本、更深沉、更持久的力量。坚定文化自信，是事关国运兴衰、事关文化安全、事关民族精神独立性的大问题。"②"文化是一个国家、一个民族的灵魂。文化兴国运兴，文化强民族强。没有高度的文化自信，没有文化的繁荣兴盛，就没有中华民族伟大复兴。"③今天中国取得如此之大的发展成就，其所坚持走的发展道路、所获得的理论成果以及不断取得的制度创新，都扎根于数千年的深厚文化

---

① 习近平关于社会主义文化建设论述摘编［M］. 北京：中央文献出版社，2017：5.

② 同①16.

③ 习近平. 决胜全面建成小康社会　夺取新时代中国特色社会主义伟大胜利——在中国共产党第十九次全国代表大会上的报告［M］. 北京：人民出版社，2017：40-41.

积淀之中，并且持续不断地汲取着优秀传统文化成果的丰盈养分。因此，"独特的基本传统、独特的历史命运、独特的基本国情，注定了我们必然要走适合自己特点的发展道路，并在前进道路的探索实践中发展出相应的理论指引和制度保障。可以说，没有对中华民族文化上的自信，也不可能树立起真正的道路自信、理论自信和制度自信"①。虽然自晚清以来西学盛行，中华文化曾经一度遭受漠视，但作为有几千年发展历史的文化，中华文化由于所蕴含人文精神、道德理念的伦理内容从而使其一直保持了高度的精神价值，推动着中华文化持续葆有强大的生命力。在中华优秀传统文化中，像"天下兴亡，匹夫有责"的爱国情怀，"刚健有为，自强不息"的奋斗精神，"民胞物与，民贵君轻"的民本思想，"以和为贵，和而不同"的处世哲学，"上善若水，厚德载物"的道德境界，"天下为公，世界大同"的理想追求，"正心诚意，修齐治平"的心性修养，"天人合一，物我相融"的至高境界，"知行合一，躬行实践"的实践精神等，即使历经千年，在今天仍闪耀着思想光芒。通过不断进行创造性转化和创新性发展，这些文化内涵能够"与社会主义先进文化相适应，与中国特色社会主义相协调，与改革开放的新时代相契合，焕发出强大的文化生命力"②，从而成为中国特色社会主义的独特标识，成为树立文化自信的重要来源。

其三，中华优秀传统文化可以为马克思主义中国化夯实文化底蕴。中华优秀传统文化是马克思主义在中国落地生根的文化土壤，马克思主义经由中华优秀传统文化一定形式的表达，融入中国发展的实际之中，变成中国人民所能理解和接受的东西，不断生根、生长直至繁荣发展起来。习近平总书记曾指出："马克思主义传入中国后，科学社会主义的主张受到中国人民热烈欢迎，并最终扎根中国大地、开花结果，决不是偶然的，而是同我国传承了几千年的优秀历史文化和广大人民日用而不觉的价值观念融通的。"③ 正是由于此，我们要特别重视挖掘中华五千年文明中的精华，弘扬中华优秀传统文化，把其中的精华同马克思主义立场、观点、方法结合起来，坚定不移走中国特色社会主义道路。其中，特别要坚持把中华优秀传统文化的思想精华同马克思主义的立场、观点、方法结合起来，用马克思主义激活中华优秀传统文化中富有生命力的优秀因子并赋予新的时代内涵，将中华民族的伟大精神和丰富智慧更深层次地注入马克思主义，"使中华民族最基本的文化基因与当代文化相适应、与现代社

---

① 沈壮海等. 文化何以自信 [M]. 北京：中国人民大学出版社，2020：22-23.
② 陈曙光. 中华优秀传统文化是涵养文化自信的沃土 [J]. 求是，2017 (8)：37-38.
③ 习近平著作选读（第 2 卷）[M]. 北京：人民出版社，2023：278.

会相协调，把跨越时空、超越国界、富有永恒魅力、具有当代价值的文化精神弘扬起来"①。充分发挥中华优秀传统文化在国家建设和发展中的作用以及培养人们价值观方面的重要价值，展现中华优秀传统文化的精神魅力。

【思考题】形成于欧洲的马克思主义为何没在本土生根发芽，反而在异国他乡开花结果？换句话说，中国人为什么接受了马克思主义？

中国人为什么接受了马克思主义？究其原因，一方面，与马克思主义是科学、是真理有着必然联系。作为一种科学理论，马克思主义科学揭示了人类社会、自然界以及人的思维本身的客观规律，为我们指明了人类社会发展的唯物主义历史规律。另一方面，与近代中国社会发展的现实有密切关系。近代以降，一些知识分子为了挽救民族危亡将马克思主义传播到中国，从此以后，这些知识分子开始用马克思主义的思想观念解决中国的现实问题，最终在中国共产党的带领之下，依靠人民群众一步步走向胜利，改变了自身的命运。此外，马克思主义与中华优秀传统文化在价值契合点和学理上具有一致性，也是中国人接受马克思主义一个十分重要的原因。"中国文化中本有悠久的唯物论、无神论、辩证法的传统，有民主主义、人道主义思想的传统，有许多历史唯物主义的思想因素、大同的社会理想，如此等等，因而马克思主义很容易在中国的土壤里生根。"② 其中，中华优秀传统文化中的某些思想，诸如追求"大道之行也，天下为公"的天下大同思想与马克思主义所追求的共产主义理想，注重"践履"和"习行"的"格物致知""知行合一"观念与马克思主义的实践唯物主义等，均体现出很强的一致性。不仅如此，中华优秀传统文化蕴含的民为邦本、为政以德、革故鼎新、任人唯贤、天人合一、自强不息、厚德载物、讲信修睦、亲仁善邻等，是中国人民在长期生产生活中积累的宇宙观、天下观、社会观、道德观的重要体现，同马克思主义科学社会主义的价值观主张同样具有高度契合性。

可以说，中国人接受马克思主义是必然的，正是因为马克思主义与中华优秀传统文化具有内在的契合性，使马克思主义这一真理之树能够在中国发展得根深叶茂，而中华优秀传统文化也在马克思主义的指导下，不断进行创造性转化和创新性发展，在与社会主义社会相适应的进程中，展示出中华民族的独特精神标识，更好地构筑起中国精神、中国价值、中国力量。为此，我们一定要

---

① 习近平关于社会主义文化建设论述摘编 [M]. 北京：中央文献出版社，2017：83.
② 张岱年、程宜山. 中国文化与文化论争 [M]. 北京：中国人民大学出版社，1990：186.

自信地看待中华优秀传统文化，以高度的文化自觉赋予中华优秀传统文化以崭新的精神内涵。

其四，中华优秀传统文化可以为个人立德修身提供精神给养。中华优秀传统文化中有着丰富的关于提高个人修养的思想和价值，是个人自我发展和自我完善不可或缺的重要养分，具有支撑人之为善的道德理念。在中华优秀传统文化中，把仁、义、礼、智、信这五种道德行为作为人生修养的准则，把孝、悌、忠、信、礼、义、廉、耻作为调节人伦关系的基本规范，提出了如学思结合、省察克治、慎独自律、知行合一、积善成德的道德修养之方。这些崇德重德、重视修身的道德传统对加强人的道德修养、开展公民道德建设具有重要作用，使人们"通过对自己内心世界及其言行的反省、反思，督促个体自我改造、自我陶冶、自我剖析，及时地克服缺点、改正错误，将道德准则内化为个体的道德品质，有意识、有目标地培养自己的道德品质"①，进而不断地调节个人与他人、个人与社会乃至个人身心之间的关系，实现高度和谐。

同时，中华优秀传统文化对人文精神的宣扬也是后工业社会应对社会冷漠、心灵孤寂以及精神失落的文化良药。"人文"一词在《周易》中这样表述："刚柔交错，天文也；文明以止，人文也。观乎天文，以察时变；观乎人文，以化成天下。"② 通过与"天文"相对，以此表明"人文"是人们对于人本身生活的认识和思考，是指与自然规律相对应的关于人类社会关系的运行法则。人文精神是中华优秀传统文化较为突出的一个特征，主要强调人的道德情操升华和道德观念培育，将其视作"人之为人"的本质体现和"立人"的重要标志。荀子就曾指出："水火有气而无生，草木有生而无知，禽兽有知而无义，人有气、有生、有知，亦且有义，故最为天下贵也。"③ 以此表明对人自身价值和道德本质的关注。除此之外，儒家强烈的仁爱意识、"先义后利"的价值取向、"天人合一"的和谐思想以及道家对人的生命的重视，等等，都表现出中华优秀传统文化中人文精神的特质，体现着对人、对人生的探求与思索。可以说，中华优秀传统文化中的人文精神植根于中华民族漫长的历史生活和人丰富而生动的心灵活动之中，是中华优秀传统文化的主要精神形态。当前，伴随着社会快速发展，人们感受到现代生活极大丰富的同时，也带来了一定程度上的精神困境，缺少了精神寄托，造成外在形体的人和内在精神的人之

---

① 肖群忠，王苏，杨建强. 中华传统美德的时代价值［M］. 北京：人民出版社，2020：283.
② 黄寿祺，张善文［M］. 周易，译注. 上海：上海古籍出版社，2018：289.
③ 荀子［M］. 耿芸，标校. 上海：上海古籍出版社，2022：98.

间的对立紧张，在没有精神自我、物欲横流和功利膨胀的社会生活中，人的精神世界愈发荒芜，人逐渐变成单向度的人。无疑，中华优秀传统文化中的人文精神在解决人的精神缺失问题方面具有重要的现实意义，其所蕴含的人文精神将价值追求作为生活的最终目标和全部意义，对人自身的精神生活状态进行观照，肯定人合理的物质需求，反对物欲膨胀，强调崇尚精神的价值目标，通过提倡人与人之间的相互关爱，逐渐消弭了人与人之间情感淡化的异化状态，而人本身在人文精神的引导下，变成更加有意义的人，实现了真正有价值的人生。

其五，中华优秀传统文化可以为构建新型国际关系提供中国智慧。美国学者萨缪尔·亨廷顿在其著作《文明的冲突与世界秩序的重建》中曾指出，各个国家本身建立在不同的价值性认识基础之上，不同国家的文明个性及观察视角往往因不具有可比较性而缺乏相互的融合性，以致出现了所谓"文明的冲突"。"文明的冲突"在某种程度上加剧了不同国家之间在解决国际事务时的矛盾和分歧，因而也造成了国际关系的不稳定性。但是，国与国之间的矛盾可以由一种内化的文明而产生，也可以由一种内在的思想而消弭，中华优秀传统文化所蕴含的和合思想对处理国家与国家之间、地区与地区之间的纷争、矛盾与冲突，使世界各国和睦相处、互相扶持、共同发展，具有重要的思想意义和世界价值。习近平总书记指出："中华优秀传统文化是中华民族的文化根脉，其蕴含的思想观念、人文精神、道德规范，不仅是我们中国人思想和精神的内核，对解决人类问题也有重要价值。"① 纵观中华优秀传统文化的深邃内涵，包含着"以和为贵""和而不同""贵和慎兵"等崇尚和平、追求和谐的理念，可成为当今构建新型国际关系的文化启迪。对"和"的肯定和重视使中华民族与生俱来地具有处理异己关系的包容性和平和性，决定了中华民族在与外族交往时，和善待人、遵循公理并追求和平，可以说，"有着5 000多年历史的中华文明，始终崇尚和平，和平、和睦、和谐的追求深深植根于中华民族的精神世界之中，深深融化在中国人民的血脉之中"②。而这种贵和的思想也由此引申出了中华优秀传统文化中慎兵反战的战争观。老子曾指出："夫佳兵者，不祥之器，物或恶之，故有道者不处。君子居则贵左，用兵则贵右。兵者不祥之器，非君子之器，不得已而用之，恬淡为上。胜而不美，而美之者，是乐杀人。"③ 在老子看来，兵器是不吉祥的器物，战争也是一种迫不得已才使用的

---

① 习近平. 论党的宣传思想工作 [M]. 北京：中共中央文献出版社，2020：342.
② 习近平谈治国理政（第 1 卷）[M]. 北京：外文出版社，2014：265.
③ 老子 [M]. 刘思禾，点校. 上海：上海古籍出版社，2022：65.

方式，君子不应该崇尚战争而应该追求"恬淡"的和合状态。不得已而使用战争时，最好应持淡漠的态度，通过追求武力得天下只会以失败告终。同样地，墨子对战争也持有非常明确的反对态度，他指出："今且天下之王公大人士君子，中情将欲求兴天下之利，除天下之害，当若繁为攻伐，此实天下之巨害也。今欲为仁义，求为上士，尚欲中圣王之道，下欲中国家百姓之利，故当若'非攻'之为说，而将不可不察者，此也！"① 在墨子看来，战争乃"天下之害"，通过战争倚强凌弱、以众劫寡、以富侮贫，都与"兼相爱"的宗旨相违背，是一种不道德的行为。从老子和墨子的战争观可以看出，中华民族早在几千年前在对待战争的问题上便持有非常明确的慎战反战的观念，而近代鸦片战争、中日甲午战争、抗日战争等外敌入侵的战争更是给中国人民带来了不堪回首的苦难。也正是因为此，中华民族能够深刻体会到战争的不义、不德、不利，更加认识到战争的残酷与和平的珍贵，由此才会明确地主张走和平发展的道路，弘扬相互尊重、平等相处、和平发展、共同繁荣的人间正道。

此外，在国与国交往的理念上，中华优秀传统文化还主张"和而不同""协和万邦"的求同存异和谐观。《礼记·中庸》中指出"万物并育而不相害，道并行而不相悖"②，体现出包容的中华文化特有的思维方式，而"亲仁善邻""协和万邦"的思想更是融入中国人民血脉之中的文化基因。《论语》中的"礼之用，和为贵"③，《孟子》中的"天时不如地利，地利不如人和"④，《墨子》中的"故天下兼相爱则治，相恶则乱"⑤ 等，无不蕴含了"以和为贵，与人为善"的价值理念。这些思想不仅彰显出中华民族讲求诚信、爱好和平、求同存异的处世之道，同时也传递出中国人民求和平、同发展、共命运的美好愿景。我们应该认识到，"文明的繁盛、人类的进步，离不开求同存异、开放包容，离不开文明交流、互学互鉴。历史呼唤着人类文明同放异彩，不同文明应该和谐共生、相得益彰，共同为人类发展提供精神力量"⑥。中华优秀传统文化中的思想智慧具有强大的生命力和感染力，时至今日仍旧焕发出熠熠光芒，能够在顺应时代主题不断发展的过程中，为构建国际新秩序提供启迪。我

---

① 墨子 [M]. 吴旭民，校点. 上海：上海古籍出版社，2022：86.
② 朱熹. 四书章句集注 [M]. 北京：中华书局，2011：38.
③ 伦语·大学·中庸 [M]. 上海：上海古籍出版社，2023：22.
④ 孟子 [M]. 上海：上海古籍出版社，2022：48.
⑤ 同①59.
⑥ 十九大以来重要文献选编（上）[M]. 北京：中央文献出版社，2019：111.

们应该在"和羹之美，在于合异"以及"和合与共"的理念下，推进构建开放、包容、普惠、平衡、共赢的国际关系，共同推动世界各国繁荣发展，营造"美美与共"的世界发展美丽图景。

总之，经历了几千年的淬炼，中华优秀传统文化的价值理念已深深镌刻在中国人的性情心理之中，内化为中华民族的优秀品质，成为中国人永不磨灭的文化信仰。中华优秀传统文化"是对道德与礼法的自信；是对人性、人心、人文、人道的自信；是对天道、天命、天地、民心即天心的自信；也正是古代中华传承至今，饱经风雨雷电，虽乃旧邦、其命维新的自信"①。

二、轴心时期与先秦诸子百家

人类思想史的发展总是在诸多的偶然中形成一定的必然。对于中国思想史的发展而言，其轴心时期无疑是春秋战国时代的百家争鸣。作为一个文明稳定的思想发展黄金期，春秋战国时期所产生的诸子百家及其思想决定并一直影响着中华思想文明的发展，成为中华优秀传统文化的源头活水。

（一）轴心时期的思想史意义

德国存在主义哲学家雅斯贝斯在其著作《历史的起源与目标》中指出，在经历了史前和古代文明时代之后，公元前800—前200年的精神过程中，在世界范围内，经历了一个"对于人性的形成最卓有成效"的文化飞跃与突破时期。② 在这一时期，人类开始自身精神的觉醒，形成了一系列思想争鸣的精神运动。中国、印度与西方的希腊和罗马由文化的原始阶段跃迁至高级阶段，实现了"超越的突破"，出现了贤者如云、思想活跃的现象。在中国，诞生了孔子、老子、墨子、庄子等众多思想家；在印度，出现了吠陀和《奥义书》；在伊朗，琐罗亚斯德创建了祆教，传播其关于人世生活就是善与恶的斗争的观点；在巴勒斯坦，以利亚、以赛亚、耶利米等先知纷纷涌现；在希腊，荷马、巴门尼德、赫拉克利特、柏拉图、修昔底德、阿基米德等贤者如云，所有这一切标志着人类文明进入了一个崭新的精神境界。雅斯贝斯进而指出，"这个时代产生了我们至今仍在其中思想的基本范畴，创造了人们至今仍赖以生活的世

---

① 王蒙. 王蒙谈文化自信 [M]. 北京：人民出版社，2017：8.
② 雅斯贝斯. 历史的起源与目标 [M]. 北京：华夏出版社，1989：7.

界宗教"①，为我们"提供了借以探讨其前后全部发展的问题和标准"②。自此以后，"人类一直靠轴心期所产生、思考和创造的一切而生存。每一次新的飞跃都回顾这一时期，并被它重燃火焰。自那以后，情况就是这样。轴心期潜力的苏醒和对轴心期潜力的回忆，或曰复兴，总是提供了精神动力"③。正因如此，在雅斯贝斯看来，理解这个时期是极其重要的。

雅斯贝斯思想的贡献，在于其指出了轴心时期所形成的基本价值观念、思维方式、思想精神等作为一种文明稳定的存在方式决定并一直影响着人类思想的发展。经由轴心时期所带来的思想突破，不仅表明人类开始进入到自觉思考的阶段，同时也意味着这一时期产生的思想观念在某种程度上成为后来历史发展进程中某些重要思想观念的精神源泉。就是说："我们今天之所以会说有诸如西方文明、印度文明、中华文明等诸如此类的分别，其区分的基本依据依然是在轴心时期所确定的那些构成文明形态的基础要素。任何一种从轴心时期而来并且延续至今的文明形态，都以自身的发展事实毫无争议地表明了这一点。"④ 此后的社会发展历史，在叙事上可以更为丰富、在情境上可以更为丰满，但在思想精神的确立上，已然绕不开轴心时期的价值意义。

（二）诸子百家的兴起

从雅斯贝斯对于轴心时期的思考视域出发，中国古代春秋战国时期作为群星闪耀的诸子百家时代是从来没有过的、产生如此之多的思想巨人的时代。在这个时代，诞生了孔子、孟子、荀子、墨子、老子、庄子、鬼谷子、管子、商鞅、韩非子等众多伟大的思想家，留下了丰富的思想精神遗产。这个时代产生的一切思想都成为后来中国思想发展的源头活水，成为学术思想不断进步变革的最原始火种。正如恩格斯在评价西方文艺复兴时期所说的那样："这是人类以往从来没有经历过的一次最伟大的、进步的变革，是一个需要巨人并且产生了巨人的时代，那是一些在思维能力、激情和性格方面，在多才多艺和学识渊博方面的巨人。"⑤

那么，群星闪耀的诸子百家是如何产生的？让我们先来介绍一下何谓

---

① 雅斯贝尔斯. 智慧之路 [M]. 柯锦华，范进，译. 北京：中国国际广播出版社，1988：70.
② 雅斯贝斯. 历史的起源与目标 [M]. 魏楚雄，俞新天，译. 北京：华夏出版社，1989：15.
③ 同②14.
④ 何善蒙. 先秦诸子导读 [M]. 北京：商务印书馆，2015：3-4.
⑤ 马克思恩格斯选集（第3卷）[M]. 北京：人民出版社，2012：847.

"诸子百家"。"诸子"，主要指代的是各派的代表人物，这些代表人物皆有各自成名之学，有一以贯之的学术主旨和学派知识传承。"百家"则意指诸多学派。诸子百家的思想既有古来的数术（阴阳五行之类）知识、"六艺"经典的基础知识，亦有像兵家、名辨、法术等知识，由此形成了儒、道、法、墨、名等诸多学派。在《史记·太史公自序》中，西汉司马谈提出了"阴阳、儒、墨、名、法、道德""六家之要指"学派。东汉班固根据刘歆所写的先秦至汉初各派的著作《七略》，在《汉书·艺文志》中，将各学派分为儒、道、阴阳、法、名、墨、纵横、杂、农、小说十家，由此，"诸子百家"之学"蜂出并作，各引一端，崇其所善，以此驰说，取合诸侯"①，形成了百家争鸣的学术场景。

诸子百家的兴起有着特殊的时代背景，是思想流变、时代发展和社会历史变迁等多种原因综合作用的结果。

诸子百家的兴起，与古时已有的道术密不可分，是王官学的继承和转化。《庄子·天下》篇指出，诸子之学起源于"古之道术"。这种"古之道术"，"其在于《诗》《书》《礼》《乐》者，邹鲁之士、缙绅先生多能明之，《诗》以道志，《书》以道事，《礼》以道行，《乐》以道和，《易》以道阴阳，《春秋》以道名分。其数散于天下而设于中国者，百家之学时或称而道之。"② 在庄子看来，诸子之学是对记载于《诗》《书》《礼》《乐》等经典文本的延承，是重要的思想知识基础。班固在这一思想的基础上，进一步提出了"诸子出于王官"的说法："儒家者流，盖出于司徒之官"；"道家者流，盖出于史官"；"阴阳家者流，盖出于羲和之官"；"法家者流，盖出于理官"；"名家者流，盖出于礼官"；"墨家者流，盖出于清庙之守"；"纵横家者流，盖出于行人之官"；"杂家者流，盖出于议官"；"小说家者流，盖出于稗官"。③ 这种思想认知虽带有或然性的猜想，但确与周代时期所形成的完备的官制体系密切相关。

那么，王官学又是什么？王官学是指周代贵族等级制社会中的主流学术文化。自周武王灭商以后"西周"建立，为了有效控制幅员辽阔的疆土，稳定自身的政权统治，避免重蹈商王朝灭亡的覆辙，周建立起一整套完备而又严密的贵族等级政治制度，其中"封土建君"与"制礼作乐"成为维系政治体制两个至关重要的大事。"封土建君"是将得来的广大土地和土地上的人民利用

---

① 冉昭德，陈直，主编. 汉书选［M］. 北京：中华书局，2009：77.
② 庄子［M］. 方勇，校点，北京：中华书局，2022：391.
③ 杜泽逊. 文献学概要［M］. 北京：中华书局，2008：69.

逐级分封的方式进行赐封，使"授民授疆土"，其结果是建立起一个以亲疏远近为次序，上下一体的天子、诸侯、卿大夫、士的严密等级秩序，这一整套等级秩序即是"分封制"，对中国此后三千多年的政治制度产生了深远影响。与分封制紧密联系在一起的是"宗法制"。这是由氏族社会氏族组织演变而来的以血缘关系为基础的族制系统。按照周代的宗法制度，宗族中分为大宗和小宗。每世天子是为"大宗"，嫡长子为土地和权位的合法继承人，其地位最尊，称为"宗子"，宗子的同母弟与庶兄弟则为诸侯，诸侯对天子而言是小宗，但在自己的封国内却是大宗。以此类推，每世诸侯嫡长子为土地和权位的合法继承人，是诸侯内的"大宗"，其诸弟封为卿大夫，卿大夫对诸侯而言是为小宗，但在自身的采邑内却是大宗。之后的从卿大夫到士均是如此，由此，贵族的嫡长子总是不同等级的大宗（宗子）。大宗不仅享有对宗族成员的统治权，而且享有政治上的特权。各宗族内部成员对宗族和宗子负有敬畏、服从的义务；大宗和宗子，也要相应地维护本宗族成员的利益。可以说，通过分封制，西周加强了集权统治，解决了西周地域控制难题，同时扩大了疆域。通过宗法制，从诸侯、卿、大夫，延伸到士阶层，形成了层级分布的组织关系和身份秩序，成为周代政治秩序维持的基本纽带，不仅进一步巩固了西周王朝的统治，而且在全国范围形成了一个等级森严的统治制度。

"制礼作乐"则是从上层建筑的视域出发，以国家意识形态建设为目标，与分封制和宗法制相一致，为贵族等级制度确立一整套思想意识层面的合法性依据，其"实质乃是建构一整套文化制度，其内核为贵族等级秩序，其形式为各种仪式、文化符号与话语系统，其功能则是沟通人与神、人与人之关系，使既有政治等级秩序获得一个看上去庄严、肃穆、神圣的外在形式，从而对这种秩序起到巩固、强化的作用"①，在这样政治诉求明晰的历史语境下，王官学由此发展起来。简单地说，王官学是西周贵族意识形态的话语体系，是以"六经"（《诗》《书》《礼》《乐》《易》《春秋》）为主体的学术知识系统，是中国古代政治、哲学、伦理道德、宗教思想的源头。在政治与学术话语加持下，决定了王官学掌握在特定贵族阶级的手中，成为一种"垄断学术"。但同时也不可避免地造成了王官学随着政治制度的渐次式微而逐渐流散、下移，在不同情境下催生出了东周时期的诸子百家。

---

① 李春青. 从王官之学到诸子之学——论中国古代文艺思想发展史上第一次转折 [J]. 人文杂志，2011（5）：78-86.

【思考题】 为何诸子百家出现在东周而不是西周？

通常意义上，史学家把周平王东迁之前的周朝称为西周，把东迁之后到公元前 256 年被秦所灭的周朝称为东周，西周与东周总计七百九十余年。东周的前半期，诸侯争相称霸，称为春秋时代；春秋末年，韩、赵、魏三家联手灭智氏家族后，三家分晋，各诸侯相互征伐，称为战国时代。

从春秋末期开始，随着周王"天下共主"权威的丧失，原有"学在官府"的王官学知识垄断局面逐渐被打破，使原来只被王朝贵族所垄断的学术知识，开始向社会下层流散，逐渐下移于民间，出现了"天子失官，学在四夷"的思想场景，为思想的交流、交融、交锋提供了社会基础，进而促使了诸子百家的兴起。

让我们先来看一下西周和东周时期社会的对比。

名称	土　地	兵　力	财力、物力、人口	天子与诸侯的关系
西周	周王室直接管辖从镐京到洛邑方约千里的土地	王室直接管辖的军队多达 14 万人以上	人口众多，资源丰富	天子在政治上拥有最高的地位
东周	东周初年王室直接管辖的土地方约 600 里，后缩小为方约百里	平王东迁后有 3 万人，后逐渐减少至几千人	直辖的人口所剩无几，财力、物力、兵源减少	天子在政治上成了傀儡，不得不依靠强大的诸侯

伴随着西周统治的不断推进，封建宗法关系变得越来越松散，天子与诸侯之间的力量对比逐渐发生变化。一方面，各诸侯国的势力开始强大起来，周天子丧失了诸侯对他的敬畏与服从，统治集团内部矛盾不断激化，王室衰微到极点；另一方面，宗法关系越来越松散，原有"大宗"与"小宗"之间明确的责任和义务已演变为一套名义上的虚设关系，封地与封地之间弱肉强食的原则凌驾于原本宗法规定之上，周天子的"大宗"地位受到极大威胁。到西周最后一个天子周幽王时，周王室失去了昔日共主的威望。由这样的背景，我们便可以明晰由西周到东周时代变迁的历史必然性，也能够理解周幽王和褒姒"烽火戏诸侯"故事背后"诸侯不至"的真正原因。

周幽王死后，申侯等人拥立太子姬宜臼为天子，是为周平王。由于镐京残破，又处在犬戎兵力控制之下，周平王于公元前 770 年迁都洛邑，史称"东周"。周平王东迁之后，周天子已徒有虚名，一些强大的诸侯想取代周天子地位，于是展开了诸侯争霸的历史角逐。诸侯争霸加剧了分封制和宗法制的瓦解，同时也带来了生产力的发展，促进了社会各阶层关系的变化。早先为贵族所垄断的王官学的开始解体，向平民阶层进行下移传播，到了春秋末期，随着私学教育的出现，一些非贵族出身的普通人也有机会接受教育，知识传播面更加广泛，直接催生了以"劳心"为主的"士"阶层的兴起，促进了学术思想及知识文化的广泛传播，成为诸子百家之学的社会土壤，最终在中国历史上形成了叹为观止的百家争鸣的局面。总的来看，"王官学本来是一个大系统，到了诸子学变成了好几家，而且这些新成立的派别彼此之间激烈竞争。他们的竞争大致在两个领域中进行：一个是真理的层面，竞争谁对这个世界的解释比较有道理、比较有说服力；另一个是实用的层面，竞争谁能对封建宗法瓦解的乱局，提出比较有效的解决方案来。激烈的竞争刺激了这些新派别快速进步，也促成了新派别发展出各自的重点。有的着力于提升解释力，有的则着力于强调有效性。而且有的致力于说服统治者，有的趋近被统治者；有的从个人的处境着眼，有的则关注集体、社会状态。"① 可以说，东周历史有两个最突出的重点，一个是巨大的社会动荡与变迁，另一个是思想、学术的"百家争鸣"盛况。社会动荡变迁松绑了王官学，推翻了王官学原有的一元权威，推动了诸子学发展的多元活力。王官学的三个重要支脉——礼学、史学和占卜学，在遭遇封建宗法的解绑后，开始向下流散，形成不同的思想重点。如儒家的孔子基于王官学的礼学，鼓吹恢复封建宗法制度，追求克己复礼，将礼不再看作是外在行为规范，而是与仁进行结合，创造出仁礼融通的大写的礼的精神与道理。墨家的墨子则从检讨礼的思考出发，从对王官学进行批判的角度，认为封建宗法关系的崩坏是社会的进步，进而以俭反礼。法家坚持以现实为出发点，认为现实就是反对对过去王官学礼学的复归，进而基于解决现实问题的视角提出自己一整套思想体系。道家中，庄学地处南方楚文化，与王官学相对疏远，其思想主要以生命源于自然为主旨；老子则以"道"来论述其思想的核心，找出超越王官学"礼"背后的共通道理（"道"）。阴阳家来自于王官学占卜学的易学，被儒家予以保存下来，后发展为"天人感应说"，如此等等。而社会动荡造成的人们众多的不安与痛苦，也成为促使人们不断去寻找解决方式的强大动力，引发社会思潮的潜在变化和持续发酵。在这些丰富的思想背景下，中国思想史实现了轴心时期的确立，形成了中国文化思想的雏形，一直影响了中国人

---

① 杨照. 讲给大家的中国历史 02：文明的基因 ［M］. 北京：中信出版社，2020：238-239.

几千年的精神世界。

在诸侯列强兼并的形势下，各诸侯国对人才和思想的需求不断加剧，相继推出人才争夺的激励政策，为诸子百家思想争鸣提供了宽松优厚的环境。为了增强诸侯争霸的实力，诸侯国竞相颁布优惠的人才政策，招贤纳士，对各种不同思想学说采取宽松政策。由于此时统一的意识尚未形成，不同学派的思想家从社会需要出发，结合自身学术特点进行思想的广泛传播和宣传，为各学派之间的融合和交流提供了重要的发展空间和很大的便利条件。在实践上，各诸侯国的才学之士，为获得统治者赏识，或出魏入秦，或出秦入齐，或自齐入楚，促成不同文化系统和知识体系之间不断进行交织与渗透，大大刺激了春秋战国时期思想文化的重组与更新。于是，各个思想学派之间、同一学派的不同流派之间，既相互斗争又相互交流与学习，催生了诸子百家思想争鸣局面的出现。

总的来说，春秋战国时期学术思想的流变，大致可分为早、中、晚三个时期：早期以儒、墨竞争为主；中期则以诸家分化及百家争鸣为特色；到战国中晚期，随着政治统一趋势的日渐明朗，出现了儒家荀子、法家韩非子等代表思想家以及各派思想融合的基本走向。

三、诸子百家以重伦理为主要特点的思想核心议题

从本质上说，中华优秀传统文化可看作是有着鲜明人文性、道德性的"德性"主义文化，这一文化的特征主要表现为注重人本的、道德视域的思考。韦政通先生在其著作《中国文化概论》中就曾指出："在中国文化中，有'一本万殊'的信念，于是坚信一切文化都有一个共同的基础，这基础就是道德。中国传统中讲道德，不像西方人讲道德只限制在人生的范围内，而是弥漫在文化的一切领域。因此，中国的政治理想是'德治'，文学理想是'文以载道'，经济的理想是'不患寡而患不均'，他如教育、法律，也莫不以道德为基础。"① 由此可见中华优秀传统文化中的"伦理"文化特质。从西周"以德配天"的思想开始，中国文化转向了一种具有丰富人文色彩和人道关怀的伦理文化，这一文化大体经历了先秦诸子百家争鸣、两汉经学兴盛、魏晋南北朝玄学流行、隋唐儒释道并立、宋明理学发展等几个历史时期，围绕人伦日用、修身治世以及治国

---

① 韦政通. 中国文化概论［M］. 长沙：岳麓书社，2003：58.

理政等诸多方面进行思考，体现出丰富而又充沛的伦理精神特质，成为中华优秀传统文化的核心与灵魂。

春秋战国时期作为中华优秀传统文化形成的轴心时期，这一时期产生的诸子百家基于回应时代变迁的现实诉求，在其思想中体现出鲜明的伦理道德的精神特质，成为中华优秀传统文化重人本道德的思想源泉。在表现上，在强调群体利益，坚持义以为上；推崇仁爱原则，注重和谐共生；提倡人伦价值，义务先于权利；看重道德修为，追求知行合一；重视精神境界，树立理想人格等方面展开了丰富的论述与思考。

（一）强调群体利益，坚持义以为上

自古以来，中华民族就形成了以家族为本位，坚持群体高于个人的价值取向。春秋战国时期鲜明的文化思想倾向即是强调社群整体性利益的重要性，这尤其体现在儒家思想之中。如荀子就指出："水火有气而无生，草木有生而无知，禽兽有知而无义，人有气、有生、有知亦且有义，故最为天下贵也。力不若牛，走不若马，而牛马为用，何也？曰：人能群，彼不能群也。"[①] 这段话表明，人与禽兽、草木之分的关键在于人的独特气质——"能群"。这种群体意识反映在伦理道德上，则形成了"以天下为己任""国而忘家，公而忘私"的观念，强调民族和国家利益高于个人利益。特别是当个人利益与民族和国家利益发生矛盾时，一个有道德的人应做到"杀身成仁""舍生取义""先公后私"。在为国家和民族献身精神影响下，涌现出"先天下之忧而忧，后天下之乐而乐""天下兴亡匹夫有责""苟利国家生死以，岂因祸福避趋之""位卑不敢忘国忧"等崇高的道德理想和人生追求，成为中华民族具有强大凝聚力的精神源泉和爱国主义思想的重要基石，影响了一代又一代爱国志士为了民族和国家的利益鞠躬尽瘁，死而后已。

将群体利益至上的思想加以引申，诸子百家一直存有"义"与"利"的关系思考。一般而言，"义"指公利，主要指社会、国家的整体利益，而"利"则指代个人利益。在现实中，"义"和"利"常常形成对立，相互矛盾。正如孟子所言："鱼，我所欲也；熊掌，亦我所欲也。二者不可得兼，舍鱼而

---

① 荀子［M］. 耿芸，标校. 上海：上海古籍出版社，2022：98.

取熊掌者也。生，亦我所欲也；义，亦我所欲也。二者不可得兼，舍生而取义者也。"① 既然不可兼得，诸子百家对如何看待"义"和"利"的关系问题形成了不同的思考视域，其中，春秋战国时期占据主流的当属儒家学派。儒家认为，与"利"相比，"义"更为重要，因此要"见利思义""见得思义""义以为上"，反对"见利忘义""唯利是图"。孔子说："君子喻于义，小人喻于利"②，"不义而富且贵，于我如浮云"③。孟子甚至提出可以"舍生取义"，将"义"的价值提高到了一个至上的地位。儒家的这一观点构成中华传统文化中处理"义""利"关系的主流思想，使得"义以为上"成为中华传统价值观念和伦理文化的思想精华。

（二）推崇仁爱原则，注重和谐共生

"仁"是中华优秀传统文化的主流道德条目，其主旨在于"爱人"二字，即主张从自己的切身感受出发，以一种爱人之心去关心自己的同类，心中有他人。作为诸子百家儒家思想的核心价值，仁爱是一切德行的根本，"仁者，心之德、爱之理"④。在儒家看来，一切德行都是出于仁心这一道德本心，其以"爱人"为根本，所依据的原则即为"己所不欲，勿施于人"⑤，"己欲立而立人，己欲达而达人"⑥。以"仁"引导个人行为，行仁者必须有一种广济天下的情怀，有同情、怜悯的慈爱之心，而"仁"也呈现出众多的表现形式，"在伦理上是博爱、慈惠、厚道、能恕，在感情上是恻隐、不忍、同情，在价值上是关怀、宽容、和谐、和平、万物一体，在行为上是互助、共生、扶弱、爱护生命等"⑦。正是因为仁爱思想具有如此多的面向，从而使其成为个人道德的行为之方和社会道德的普遍准则。

从仁爱思想出发，先秦诸子百家特别注重人际关系的和谐，在人与人的关系上强调"人和""有礼"，追求一种"和合"的社会关系，儒家学派是这一思想的主要代表。在儒家看来，人与人的和谐关系主要以"礼"作为调节手

① 孟子 [M]. 上海：上海古籍出版社，2022：158.

② 论语·大学·中庸 [M]. 上海：上海古籍出版社，2023：53.

③ 同②87.

④ 朱熹. 四书章句集注 [M]. 北京：中华书局，2011：187.

⑤ 同②140.

⑥ 同②80.

⑦ 陈来. 仁学本体论 [M]. 北京：生活·读书·新知三联书店，2014：421.

段，"不以礼节之，亦不可行也"①，"礼"是对他人的恭敬、辞让，它一方面体现为道德态度，另一方面体现为行为上的利益让渡，更是国家立邦治国之本，如果人人皆以"礼"作为调节个人行为的规范，社会和谐便会成为一种可能。例如孟子曾指出："恭敬之心，礼也。"②"辞让之心，礼之端也。"③荀子也曾指出："礼者，法之大分，群类之纲纪也。"④"故人无礼则不生，事无礼则不成，国家无礼则不宁。"⑤"礼者，治辨之极也，强国之本也，威行之道也，功名之总也。"⑥"国之命在礼。"⑦可以说，先秦诸子百家特别是儒家所宣扬的"仁爱""重礼"的思想在协调人际关系、维护社会和谐方面发挥了巨大作用，从而形成了中华优秀传统文化中"天时不如地利，地利不如人和"的价值追求。除此之外，"和合"思想也是先秦诸子百家内在的精神特质，"和合"强调以"合"与"和"作为处理所有关系的基本宗旨，主张在尊重差异性和多样性的前提下，达成统一和谐的状态，通过各美其美、美人之美实现美美与共、天下大同的理想境界，体现出中华民族"和为贵"的精神取向。孔子提出了"礼之用，和为贵。先王之道斯为美，小大由之。有所不行，知和而和，不以礼节之，亦不可行也"⑧，并指出"四海之内，皆兄弟也"⑨，蕴含了睦邻友好的期许。墨子也指出，"今天下无大小国，皆天之邑也"⑩，"大不攻小也，强不侮弱也，众不贼寡也，诈不欺愚也，贵不傲贱也，富不骄贫也，壮不夺老也。是以天下之庶国，莫以水火毒药冰刃以相害也"⑪，"天下兼相爱则治，相恶则乱"⑫。可以说，先秦诸子百家的"和合"思想涵养了中华民族兼爱非攻、亲仁善邻、以和为贵、和而不同的处世哲学，成为协和万邦、和衷共济、和平发展、和谐相处、合作共赢等理念和原则的思想文化渊源。

① 论语·大学·中庸［M］. 上海：上海古籍出版社，2023：22.
② 孟子［M］. 上海：上海古籍出版社，2022：153.
③ 同②44.
④ 荀子［M］. 耿芸，标校. 上海：上海古籍出版社，2022：5.
⑤ 同④10.
⑥ 同④180.
⑦ 同④186.
⑧ 同①.
⑨ 同①141.
⑩ 墨子［M］. 吴旭民，校点. 上海：上海古籍出版社，2022：13.
⑪ 同⑩118.
⑫ 同⑩59.

（三）提倡人伦价值，义务先于权利

与西方世界的国家不同，中国是在血缘纽带解体不充分的情况下步入文明社会的。在由原始社会向阶级社会的跨时代变革中，古希腊打破了氏族血缘关系，代之以地域政治关系，城邦与家族彻底分离开来。中国则是氏族血缘关系在新形势下以新的形式延续下来。由于古代中国的经济基础一直是商品经济不发达的小农经济占主导地位，所以，与这种生产方式相联系的家族制度深深地根植于数千年的中国社会之中，使国家打上了家族的烙印，家族保留在国家中，成为国家赖以建立的基础。由于中国人的情感纽带以家为基础，家是一个最根本的伦理实体，进而使中国的伦理表现出以血缘亲情为根基、具有浓厚人情机制的特点。社会的伦理纲常主要体现为以"亲亲"为基点的扩大，即所谓的"人道亲亲"。在《论语》中，就有记载孔子论"君君、臣臣、父父、子子"之道。《中庸》则把现实社会中的人际关系归纳为五大类，即"君臣也，父子也，夫妇也，昆弟也，朋友之交也：五者天下之达道也"①，从而确立了早期社会人伦关系的基本雏形。之后，孟子通过对人伦关系的进一步思考，对"五伦"应遵循的道德进行了概括，指出"父子有亲，君臣有义，夫妇有别，长幼有序，朋友有信"②，用以维系和引导春秋战国时期社会中人与人之间的关系。而进一步地，以孟子所提出的"五伦"道德规范为标准，演化为以家庭内部作为起点，倡导家庭成员亲爱、和谐为旨归的伦理要求，其中，父慈子孝视作家庭伦理的根本，夫妇亲爱视为维系家庭和谐的主线，兄弟同胞之间则相互关心、相互支持、相互帮助，由此构造出以"爱"为主旨的"家道和顺"的家庭关系，再将夫妇、父子、兄弟姐妹之爱不断向外扩充，逐渐形成爱同胞、爱社会、爱国家的伦理诉求。正是在这样的文化背景下，春秋战国时期形成了以慈、孝、贞、敬、悌为核心范畴的丰富的家庭伦理道德。

在重人伦观念的引导下，与之相一致地在先秦诸子百家中演化出义务先于权利的思想。权利和义务的关系问题是先秦诸子百家讨论的重要问题，以义务为本，在处理社会基本五伦关系时，要求每一方都有自己的义务和责任，"各人尽自己义务为先；权利则待对方赋予，莫自己主张。这是中国伦理社会所准

---

① 朱熹，四书章句集注 [M]. 北京：中华书局，2011：30.
② 孟子 [M]. 上海：上海古籍出版社，2022：69.

据之理念。而就在彼此各尽其义务时，彼此权利自在其中"①。从本质而言，义务观念的形成主要源于自殷周时期以来以血缘亲情为纽带的家族社会，在家庭中，父母子女、夫妻之间形成义务观念是最为自然的，以此向外扩推，形成忠于君、信于友的人伦义务，而君本身也被赋予了以天下为己任、关怀民众疾苦、兴"国家百姓之利"的社会义务，甚至是只言义务，不言权利。例如，"孝"作为一种道德规范，是最鲜明的义务思想。"孝"最早起源于殷商的祭祀礼仪，由"尊祖"之义逐渐发展为"孝亲"之义，儒家对"孝"十分看重，具体的含义体现在：第一，奉养父母，竭其力，但这是最低层次的"孝"，以致孔子说"至于犬马，皆能有养；不敬，何以别乎"②。第二，恭敬父母。父母有事，主动"服其劳"；"父母在，不远游，游必有方"③。渐渐地，义务本位的思想强调个人应把为他人、社会、国家作出贡献当作人生价值的一种实现，成为人生的重要追求，从而使得"先天下之忧而忧，后天下之乐而乐"的高尚精神成为一直被人所颂扬的伦理观念。

（四）看重道德修为，追求知行合一

注重个人道德修身是先秦诸子百家特别是儒家的主旋律，《大学》首章即说："物格而后知至，知至而后意诚，意诚而后心正，心正而后身修，身修而后家齐，家齐而后国治，国治而后天下平。自天子以至于庶人，壹是皆以修身为本。其本乱而末治者否矣。"④《中庸》也提到："为政在人，取人以身，修身以道，修道以仁。"⑤ 孔子则说："德之不修，学之不讲，闻义不能徙，不善不能改，是吾忧也。"⑥ 孟子则提出："存其心，养其性，所以事天也。殀寿不贰，修身以俟之，所以立命也。"⑦ 这些思想均表明，修身是安身立命的方式。所谓"安身立命"就是要对自己有个人道德上的要求，唯其如此，才能使人达到身心和谐，内外调适，进而言行符合"人之为人"的本质。在先秦诸子百家思想中，有许许多多强调修身的格言，如"学思结合""省察克治""存

---

① 梁漱溟. 中国文化要义 [M]. 上海：上海人民出版社，2003：108.

② 论语·大学·中庸 [M]. 上海：上海古籍出版社，2023：29.

③ 同②54.

④ 朱熹. 四书章句集注 [M]. 北京：中华书局，2011：5.

⑤ 同④29.

⑥ 同②82-83.

⑦ 孟子 [M]. 上海：上海古籍出版社，2022：180.

心、养气、寡欲"的修养功夫，"吾日三省吾身"①"见贤思齐，见不贤而内自省也"②"见善修然，必以自存也；见不善愀然，必以自省也"③的自省自律，"过，则勿惮改"④的修养之道等，这些思想无不体现了对道德修养的重视，特别是"慎独"思想为最。儒家特别看重"慎独"这一主体内向的修身方式。在这样的修身方式框架内，思维主体面向自身，以自我修为、自我超越、自我实现为目的，进行内在的自我体验和反思，并以此为最大的幸福，是一种"反求诸己"的道德修养，进而实现自身的最大价值。"慎独"的方法不仅出现在《荀子》一书中，在思孟学派《中庸》《大学》著作，以及《礼记》《淮南子》等文献中均有论述，直至南宋这一修身之方一直是道德修养的重要方式。

在道德修养的基础上，先秦诸子尤其注重"知"和"行"的统一，认为判断一个人是否具有道德，要通过身体力行得以体现，强调道德践履。其中，"知"是一种道德认知，是明是非、辨善恶，是对仁、义、礼各德目进行反思；"行"则是践行，是一种道德实践，二者合一，自然可获悉道德的根本。例如，在孔子看来，君子应注重言行一致，"言必信，行必果"⑤。荀子则说，"不闻不若闻之，闻之不若见之，见之不若知之，知之不若行之。学至于行之而止矣"⑥，他告诫人们"道虽迩，不行不至；事虽小，不为不成"⑦，只有将"知"落到"行"，才能够实现"知"的真正目的。可以肯定地说，"知行合一"的思想有着深远价值，成为一种道德智慧，将道德之智内化为人们的精神追求，外化为人们的自觉行动。

（五）重视精神境界，树立理想人格

重精神是先秦诸子百家思想的重要特点，在春秋战国时期的历史发展进程中，先秦诸子不仅创造了享誉世界的中华文明，而且形成了崇尚精神的优秀传统，其中尤以儒家为甚。儒家从人的视角出发，认为对于人而言不在于物质生活的满足，而在于精神生活的追求。孟子就特别指出："人之所以异于禽兽者几希，庶民去之，君子存之。"⑧只有有了"仁义礼智信""恭宽信敏惠"这

---

① 论语·大学·中庸 [M]. 上海：上海古籍出版社，2023：18.

② 同①54.

③ 荀子 [M]. 耿芸，标校. 上海：上海古籍出版社，2022：9.

④ 同①20.

⑤ 同①158-159.

⑥ 同③82.

⑦ 同③15.

⑧ 孟子 [M]. 上海：上海古籍出版社，2022：113.

些道德，才可以说人与动物有了本质区别。不仅如此，先秦诸子还指出，每个人都应有一种"富贵不能淫，贫贱不能移，威武不能屈"① 的大丈夫品格，强调"道德当身，故不以物惑"②，崇尚"一箪食，一瓢饮，在陋巷，人不堪其忧，回也不改其乐"③ 的乐观主义精神追求。这种重精神的传统还表现在看重人格的精神力量，强调"三军可夺帅也，匹夫不可夺志也"④，"不义而富且贵，于我如浮云"⑤，认为精神是人格力量的支撑，是道德品质的重要彰显。《礼记·儒行》有云："儒有可亲而不可劫也，可近而不可迫也，可杀而不可辱也。其居处不淫，其饮食不溽，其过失可微辨而不可面数也。其刚毅有如此者。"⑥ 表现出不受屈辱，独立、高尚的人格精神，体现出人之为人的伟大之处。与此同时，理欲观也成为先秦诸子讨论最多的话题，主张控欲、节欲，强调用道德精神对欲望进行引导和调节，时刻对私欲、贪欲保持警惕。孟子提出"养心莫善于寡欲"⑦，荀子提出"以道制欲"，并指出"君子乐得其道，小人乐得其欲。以道制欲，则乐而不乱；以欲忘道，则惑而不乐"⑧。道家则主张见素抱朴，少私寡欲，老子指出："五色令人目盲；五音令人耳聋；五味令人口爽；驰骋畋猎，令人心发狂；难得之货，令人行妨"⑨，"咎莫大于欲得；祸莫大于不知足"⑩。

先秦诸子这种重精神的价值取向还表现在对理想人格的追求上。理想人格是人们塑造出来的心中所向往的人格典范，是期望人格所达到的最高境界。儒家把"君子""圣人"作为自己的理想人格，这种理想人格"与天地合其德"，是"仁"的道德理想的体现者。墨家以"兼士"作为自身的理想人格，以"兴天下之利，除天下之害"⑪ 为目标，讲求"摩顶放踵利天下"。道家老子推崇"圣人"的理想人格，认为圣人"既以为人，己愈有；既以与人，己愈多。天之道，利而不害；圣人之道，为而不争"⑫。而庄子则向往"至人无己，神

① 孟子 [M]. 上海：上海古籍出版社，2022：76.
② 管子 [M]. 刘晓艺，校点. 上海：上海古籍出版社，2022：184.
③ 论语·大学·中庸 [M]. 上海：上海古籍出版社，2023：73.
④ 同③114.
⑤ 同③87.
⑥ 礼记（下）[M]. 胡平生，张萌，译注. 北京：中华书局，2017：1152.
⑦ 同①218.
⑧ 荀子 [M]. 耿芸，标校. 上海：上海古籍出版社，2022：251.
⑨ 老子 [M]. 刘思禾，校点. 上海：上海古籍出版社，2023：214.
⑩ 同⑨109.
⑪ 墨子 [M]. 吴旭民，校点. 上海：上海古籍出版社，2022：65.
⑫ 同⑨.

人无功，圣人无名"① 的理想人格，可以认为，理想人格作为诸子百家思想中的一个重要组成部分，对后来产生了广泛、深入的影响，成为中华优秀传统文化的集中体现和精神升华。

当然，除了体现为重伦理的思想核心议题外，"天命"问题、"天人合一"问题、生死问题等同样成为先秦诸子思考的主要视域。

"天命"问题是先秦诸子百家争鸣的重要内容之一，受周人天命观的影响，先秦诸子基于对"命"的不同态度形成了各自不同的天命思想。孔子宣扬"知命"，认为"不知命，无以为君子也"②，并指出"君子有三畏：畏天命，畏大人，畏圣人之言。小人不知天命而不畏也"③，把敬畏天命放在第一位。同时在《论语·为政》中，孔子曰："吾十有五而志于学，三十而立，四十而不惑，五十而知天命，六十而耳顺，七十而从心所欲，不逾矩。"④ 在孔子看来，上至天子、诸侯，下至平民百姓，死生有命，富贵在天，无论何人，贫富、贵贱、死生、福祸均由天命决定。但同时，孔子又不废人事，认为天命与人在主观上的积极努力是合一的，孔子的生活态度即是"明知不可为而为之"，兼重力与命，将二者相统一。孟子则认为命是一种外在于人并能影响人的力量，是人无法预料也无法左右的力量。孟子就此指出："求则得之，舍则失之，是求有益于得也，求在我者也。求之有道，得之有命，是求无益于得也，求在外者也。"⑤ 正是因为此，孟子得出了"莫之为而为者，天也；莫之致而至者，命也"⑥ 的结论性认识。荀子提出了"制天命而用之"⑦ 的观点，认为"天行有常""天人相分"，天命与人事之间并没有直接的因果联系，人没有必要迷信和崇拜天命，而是应该"制天命而用之"，充分发挥人的主观能动性。墨家走了一条与儒家相反的路向，强调"非命"，把力与命对立起来，在墨家看来，包括人之吉凶、顺逆死生、贫富祸福等一切之事，都不是由作为"盲目的异己力量"的外在之"命"所决定的，持命定论的人总是言说"命富则富，命贫则贫；命众则众，命寡则寡；命治则治，命乱则乱；命寿则寿，命

---

① 庄子 [M]. 方勇，校点. 上海：上海古籍出版社，2022：5.
② 论语·大学·中庸 [M]. 上海：上海古籍出版社，2023：232.
③ 同②199.
④ 同②27.
⑤ 孟子 [M]. 上海：上海古籍出版社，2022：181.
⑥ 同⑤130.
⑦ 荀子 [M]. 耿芸，标校. 上海：上海古籍出版社，2022：205.

夭则夭"①，目的是用这样的言论对上游说王公大人，对下阻碍百姓的生产，显然主张"有命"的人是不仁义的。为此他得出结论指出：国家之治，在于为政者用"力"，贤良之人取得成就，亦在于用"力"。道家庄子是一个坚定的命定论者，认为人生的一切遭遇都是由天命决定的，"性不可易，命不可变，时不可止，道不可壅"②，宣扬"知其不可奈何而安之若命"③，为此，人所能做的，就是通达情理，顺任自然，乐天安命。

与天命观相联系的则是先秦时期诸子思考的天人合一问题。冯友兰先生在《中国哲学史》中指出，中国文字中的"天"有五种含义：一曰物质之天，二曰主宰之天，三曰命运之天，四曰自然之天，五曰义理之天。④ 在天人合一思想上，先秦时期思想家思考的主要是自然之天。孔子说："天何言哉？四时行焉，百物生焉，天何言哉？"⑤ 荀子说："列星随旋，日月递炤，四时代御，阴阳大化，风雨博施，万物各得其和以生，各得其养以成，不见其事而见其功，夫是之谓神。皆知其所以成，莫知其无形，夫是之谓天。"⑥ 也就是说，"天"是创造了人和万物的自然界，是四时运行、万物生长的自然界。那一时期，无论是儒家还是道家，都对人与外在天的关系问题进行了全面思考。其中，儒家孟子指出："尽其心者，知其性也；知其性，则知天矣。"⑦ 把心、性、天融为一体，"天人合一"在这里的体现是心、性、天相通的境界。荀子从天人二分的视角出发，指出"天有其时，地有其财，人有其治"⑧，人应该积极主动地赞天地之化育，"明参日月，大满八极，夫是之谓大人"⑨。道家老子从天下万物生于"道"的认识出发，提出"人法地、地法天、天法道、道法自然"⑩ 之说，将人视作是自然的一部分。庄子主张"天与人不相胜也"⑪，因此应消灭天人之间的对立，使人的生命归于自然的本真，所以庄子说："其一也一，其

---

① 墨子［M］. 吴旭民，校点. 上海：上海古籍出版社，2022：142.
② 庄子［M］. 方勇，校点. 上海：上海古籍出版社，2022：174.
③ 同②49.
④ 冯友兰. 中国哲学史［M］. 台北：台湾商务印书馆，1996：55.
⑤ 论语·大学·中庸［M］. 上海：上海古籍出版社，2023：209.
⑥ 荀子［M］. 耿芸，标校. 上海：上海古籍出版社，2022：199.
⑦ 孟子［M］. 上海：上海古籍出版社，2022：180.
⑧ 同⑥.
⑨ 同⑥256.
⑩ 老子［M］. 刘思禾，校点. 上海：上海古籍出版社，2023：52.
⑪ 同②72.

不一也一。其一与天为徒，其不一与人为徒，天与人不相胜也，是之谓真人。"① 即天与人总是合一的，把天与人看作不是互相对立的才是"真人"，这成为庄子天人合一思想最明确的表述。

在生死之辨上，先秦诸子以务实而理性的态度对生死问题进行考量。对于人而言，生死问题是每个人都必须要面对和思考的重要问题，儒家对待生死问题的态度是"死生有命，富贵在天"②，采取了一种较为超然洒脱的态度，在其人生至道的追求中，更加看重生前，而非死后。正是因为此，孔子说："未知生，焉知死"③，认为在生时应尽可能地发挥出个人的人生价值，尽自己的责任为国家而努力，在死后则实现"不朽"的意义。《左传·襄公二十四年》载有一段故事，表达了儒家所倡导的"不朽"之观念：

> 襄公二十四年春，穆叔如晋。范宣子逆之，问焉，曰："古人有言曰：'死而不朽'，何谓也？"穆叔未对。宣子曰："昔匄之祖，自虞以上，为陶唐氏，在夏为御龙氏，在商为豕韦氏，在周为唐、杜氏，晋主夏盟为范氏，其是之谓乎？"穆叔曰："以豹所闻，此之谓世禄，非不朽也。鲁有先大夫曰臧文仲，既没，其言立。其是之谓乎？豹闻之，太上有立德，其次有立功，其次有立言，虽久不废，此之谓不朽。若夫保姓受氏，以守宗祊，世不绝祀，无国无之。禄之大者，不可谓不朽。"④

意为：襄公二十四年春季，穆叔到了晋国，范宣子迎接他，询问他说："古人有话说，'死而不朽'，这是说的什么？"穆叔没有回答。范宣子说："从前匄的祖先，从虞舜以上是陶唐氏，在夏朝是御龙氏，在商朝是豕韦氏，在周朝是唐杜氏，晋国主持中原盟会的时候是范氏，恐怕所说的不朽就是这个吧！"穆叔说："据豹所听到的，这叫作世禄，不是不朽。鲁国有一位先大夫叫臧文仲，死了以后，他的话世代不废，所谓不朽，说的就是这个吧！豹听说：'最高的是树立德行，其次是树立功业，再其次是树立言论。'能做到这样，虽然死了也久久不会废弃，这叫作不朽。像这样保存姓、接受氏，用业守

---

① 庄子 [M].方勇，校点. 上海：上海古籍出版社，2022：72.
② 论语·大学·中庸 [M]. 上海：上海古籍出版社，2023：141.
③ 同②129.
④ 左丘明. 左传（下）[M].杜预，集解. 上海：上海古籍出版社，2015：602.

住宗庙，世世代代不断绝祭祀。没有一个国家没有这种情况。这只是官禄中的大的，不能说是不朽。"

　　所谓"三不朽"，即是立德、立功、立言，这一思想一直影响着中国社会，为春秋战国时期许多思想家所继承。例如，在立德方面，孔子曾说："齐景公有马千驷，死之日，民无德而称焉。伯夷、叔齐饿于首阳之下，民到于今称之。"① 意思是齐景公虽有马千匹，但死了以后谁都不觉得他有什么好行为可以称颂。伯夷、叔齐两人饿死在首阳山下，大家到现在还称颂他们。在孔子看来，齐景公无德，因而无赞；伯夷、叔齐有德，所以"不朽"。在立功方面，孟子讲，"君子创业垂统，为可继也"②，即功垂千古。由此可见，先秦儒家主张人应该或以德、或以言、或以功，或兼而有之，使自己不朽于世。

　　道家对待生死的态度持"生死齐一"的自然立场。老子认为"人法地，地法天，天法道，道法自然"③，人的生死都是自然的，如果人能够顺应自然同于"道"，则能体现出一种超越生死的境界。相比于老子，庄子对生死问题有着较多的思考和讨论，庄子认为生和死都是人的自然现象，"死生，命也，其有夜旦之常，天也。人之有所不得与，皆物之情也"④。死亡是人生第一位的并无法跨越的界限，"人生天地之间，若白驹之过却，忽然而已"⑤。正是因为此，人对待生死必须要有"不知说（悦）生，不知恶死"⑥ 的洒脱超然的心境，如果真懂得生死不过是自然现象，便会懂得人是可以无拘无束地来，又无拘无束地去的，进而将生死置之度外。总的来看，道家学派对于生与死的问题更加具有辩证法的睿智，同时也更加理性地看待生老病死等自然现象。但是由于道家更多地将生死齐一，相应地也不可避免会消解生的价值，在这一点上，显然儒家"未知生，焉知死"的生死观对人而言更具有积极意义。

【课后思考】

　　1. 如何看待中华优秀传统文化在新时代所具有的重要意义和价值？

---

①　论语·大学·中庸［M］. 上海：上海古籍出版社，2023：200.
②　孟子［M］. 上海：上海古籍出版社，2022：29.
③　老子［M］. 刘思禾，校点. 上海：上海古籍出版社，2023：52.
④　庄子［M］. 方勇，校点. 上海：上海古籍出版社，2022：72.
⑤　同④256.
⑥　同④71.

2. 先秦诸子百家争鸣在中国思想史上的重要性体现在哪里？

【延伸阅读】

1. 卡尔·西奥多·雅斯贝斯：《历史的起源与目标》，魏楚雄、俞新天译，华夏出版社，1989年。

2. 汤一介：《新轴心时代与中国文化的建构》，江西人民出版社，2007年。

3. 张远山：《寓言的密码：轴心时代的中国思想探源》，复旦大学出版社，2005年。

4. 吕思勉：《先秦学术概论》，中国人民大学出版社，2011年。

5. 李中华：《中国文化通义》，世界图书出版公司，2020年。

第二讲　中国思想的起源：
夏商周时代的思想

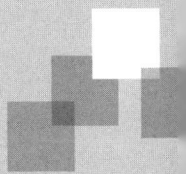

了解先秦诸子百家思想的产生、形成以及所呈现的思想特点，一定要从其古代溯源谈起。中国上古时期的夏商周三个朝代是中国文明产生的重要源头，其中商周时期，特别是西周时期所形成的多种思想观念以及构成的制度体系成为春秋战国时期诸子百家思考的重要元素。

一、上古时期的思想意识萌芽

中国是世界上最早的文明古国之一，至今已有五千多年的文明史。在中华民族形成的历史进程中，夏商周是三个前后相续共主的时期，夏最早，商取代夏作为共主，其后周打败商，接任共主。夏人为共主时，商人与商文化同时出现；商人为共主时，周人和周文化也已经存在，由此可以认为，夏商周三代文化是前后相继发展而来的。从现有考古发现的遗迹可以得出，商朝时期已经具备了相当完善的政治宗教体制，有着鲜明的宗教祭祀文化特征。周人在承袭商文化部分思想的同时，推动了一种新的道德文化的流转，成为对后世影响深远的文化形态。

就本质而言，古代各族是在幻想与神话中经历了自己的史前时期。处于商周时期的中国人在这一时期思考最多的是人与外在世界的关系问题，体现在思考如何处理好人与自然、人与祖先、人与神灵的关系方面。也正是由于此，商周时期的意识形式主要表现为宗教和神话，其世界观采取有神论的形态。从现有各种历史文献和考古资料可以看出，这一时期的政治、经济、文化都带有十分浓厚的宗教神秘色彩。

中国思想在上古时期的发展过程中，从灵魂不死观念起始，与此相联系，早期的原始宗教经历了万物有灵、自然崇拜、图腾崇拜和祖先崇拜等几个不同阶段，神话中所反映出来的观念是中国上古时期思想的重要内容。这种多元宗教文化的产生主要与当时社会生产力的发展阶段以及人们直观的思维方式密切相关。由于生产力发展极度落后，人们思想意识严重不足，使得上古时期的中国人对于很多自然现象的生成变化不能做出合理的解释，相应地产生了对自然界的恐惧和盲目崇拜心理。于是，在上古时期处于蒙昧阶段的中国人形成了最为早期的宗教信仰。

　　我们先来看两个案例。第一个，在我国考古发掘的北京周口店山顶洞人的墓葬中，以燧石、石器、石珠、穿孔兽牙等物作为随葬品，并在死者身旁撒有红色铁矿粉；第二个，在仰韶文化的墓葬中，许多死者的头部向西方安放，在葬具上必凿一孔。

　　这两个案例充分表明古代人们对于灵魂不死思想的一种认知。红色象征着血液，象征着生命，撒红色铁矿石，即是希望死者再生，避灾祛病，永不死亡。而死者头部向西方安放，并在葬具上必凿一孔则意指相信死者的"灵魂"在尸解后可以自由出入于地面，并通过葬具上的孔与天地相通。这两个案例充分反映出古代人们对灵魂不死观念的认同。恩格斯指出："在远古时代，人们还完全不知道自己身体的构造，并且受梦中景象的影响，于是就产生一种观念：他们的思维和感觉不是他们身体的活动，而是一种独特的、寓于这个身体之中而在人死亡时就离开身体的灵魂的活动。从这个时候起，人们不得不思考这种灵魂对外部世界的关系。如果灵魂在人死时离开肉体而继续活着，那就没有理由去设想它本身还会死亡；这样就产生了灵魂不死的观念，这种观念在那个发展阶段出现决不是一种安慰，而是一种不可抗拒的命运。"[1]

　　灵魂不死观念在中国由来已久，早在夏时期，人们就认为人死后灵魂是不死的，可以归于水，在《国语》和《山海经》中均记载过夏族的祖先鲧死后化为水中精灵的故事，意在表明人的灵魂以水为归宿。此外，人们还认为，人死后灵魂可以归于山、归于天，如此等等，都成为灵魂不死思想的重要体现。周人的灵魂不死观念影响最深，在周人看来，人死后魂魄化为气，形成为精神，而形体则化为野土，成为鬼，这一观点一直被看作是中国古代灵魂不死观念的代表。春秋时期《管子》关于"凡人之生也，天出其精，地出其形，合此以为人"[2] 的认识显然便是受这种观念的影响。

　　此外，关于万物有灵和自然崇拜的观念在那一时期也较为盛行。万物有灵观念和自然崇拜活动在距今 7 000～5 000 年的仰韶文化时代很盛行。上古时期，人们长期同自然界混于一体，由此认为自然界的各种事物和现象都有神灵，于是所有影响人类生活的自然物、自然力，纷纷被幻化为形形色色的神

① 马克思恩格斯选集（第 4 卷）［M］. 北京：人民出版社，2012：229-230.
② 管子［M］. 刘晓艺，校点. 上海：上海古籍出版社，2022：333.

灵，"山林、川谷、丘陵，能出云，为风雨，见怪物，皆曰神"①。从天地日月、雷雨风云到水火山石等具体的自然物，几乎一切自然现象都化为人们崇拜的对象，无一不成为人们崇拜的自然神。自然崇拜则是在生产力极其低下的条件下，伴随着人类思想的早期自觉而形成的一种原始信仰。上古时期，人们普遍认为万物均有灵，自然界也不例外，加之人们的生产资料和生活资料完全依赖于大自然的恩赐而产生出对大自然依赖和恐惧的双重情感，最终形成了早期的自然崇拜。这一时期人们形成的自然崇拜多是对自然界的一种纯动物式的意识，"面对强大的不可抗拒的自然力量，先民们既无能为力，束手无策，显得渺小而脆弱，又无法解释各种自然现象，因而对自然充满了敬畏之情，认为变幻莫测的自然现象背后皆有神灵支配，万物皆有灵性，于是，先民们想象出各种被人格化的自然神灵，对他们膜拜，祈求他们为自己禳灾赐福。"② 例如，辽宁省海城市的小孤山人类遗址出土了"拜日骨盘"，表明太阳崇拜之悠久；《山海经》中有关于河神的描述，"朝阳之谷，神曰天吴，是为水伯。在蚕蚕北两水间。其为兽也，八首人面，八足八尾，背青黄"③。将河水之神设想为一个叫"天吴"的兽，它有八足八尾八个脑袋，长着人的面孔，这些都体现出较为明显的自然崇拜。

随着人类农业文明的发展以及生产力带动下人们的生活逐渐稳定，生活水平逐渐提高，特别是早期家庭的萌生和血缘意识的觉醒，人们开始重视和思考自身的血缘关系，形成了上古时期最为原始的图腾崇拜。图腾崇拜是用动物（个别用植物）来解释本氏族的来源，认为本氏族与某种动物（植物）有着血缘关系。作为早期宗教形态，图腾崇拜是古代人们血缘关系意识较为薄弱的产物，反映了早期氏族社会独特的亲缘关系。在古代人们看来，其所崇拜的对象与本族祖先有过血的交流，或曾与本族发生过某种特殊关系，由此成为了本族的保护神，而图腾在成为崇拜对象的同时最后又成为该族的重要标记。典籍中常有图腾崇拜的记载，如《诗经·玄鸟》中"天命玄鸟，降而生商"的说法、《史记·殷本纪》关于简狄食玄鸟卵而生契的记载、晚商铜器"玄鸟妇壶"上"玄鸟妇"三字合书的铭文、甲骨文中在殷人先祖称谓上加鸟图腾符号的刻辞等，都是殷人图腾崇拜的有力证明。同时，古代时期对于龙的图腾崇拜也较为

---

① 礼记（下）[M]. 胡平生，张萌，译注. 北京：中华书局，2017：885.
② 马新. 原始崇拜体系与中国文化精神的起点 [J]. 东岳论丛，2005，26（1）：68-74.
③ 山海经 [M]. 方韬，译注. 北京：中华书局，2011：249.

突出，将龙形容为角似鹿、头似驼、眼似兔、项似蛇、腹似蜃、鳞似鱼、爪似鹰、掌似虎、耳似牛的动物。中国目前发现的最早的龙形图案来自于兴隆洼文化查海遗址（公元前 10 000—前 7 000 年），挖掘出一条长约 19.7 米，用红褐色石块堆砌、摆放的龙。2002 年，河南省偃师市二里头遗址出土了长度大小仅有 0.2~0.9 厘米的大型绿松石龙形器，成为远古图腾崇拜的重要体现。

随着父系氏族的出现，明确的亲族世系得以确立，加之对祖先亡灵的超自然能力以及可以庇佑家族成员的观念不断强化，人与人的关系日渐突出，人们转而崇拜在征服自然和氏族斗争中作出重大贡献的人物，开始把氏族或部落的始祖之神从动物移到男性英雄人物身上，图腾崇拜逐渐趋于衰落，代之而起的是祖先崇拜。祖先崇拜不是一个彼世的灵魂，而是一种家庭地位和家庭角色的象征，祖先作为崇拜的对象不仅模糊了生与死的界限，同时也消解了人与神的界限。对祖先的崇拜主要表现在对氏族首领的崇拜上，氏族首领作为智识、能力、德性方面最出色的人在尘世中居于高位，生前给部族带来了繁荣和强大，在他们死后，人们认为氏族首领的不死灵魂仍会在暗中保佑自己的部落和子孙后代，因此，那些有功有德的首领就被称为"祖宗"而成为崇拜的对象。中国的祖先崇拜向阶级宗教的转变，经历了夏、商、周、秦，至汉代方才勉强完成。

二、殷周时期的思想

殷周时期，是中国文化和中国思想开始确立和成型的时期。在有信史可考的意义上，殷周时代的思想可以算作是中国传统文化思想的源头。

（一）商和周

商，又称殷商。成汤灭夏之后，建国为商，是中国历史上第二个朝代，也是第一个有直接文字记载的王朝。商朝历经 31 帝，传至商纣而亡，政权维系大约 500 年。商族是兴起于黄河中下游的一个部落，传说它的始祖契与夏禹同时。商族部落首领商汤率部落士兵于鸣条之战灭夏后，以"商"为国号，在亳建立商朝。之后，商朝国都频繁迁移，商朝中期，商王盘庚迁都于殷地并长久固定下来，国都得以稳定，时间达二百多年，因此商朝又被后世称为"殷"或"殷商"。甲骨卜辞、古本《竹书纪年》等早期文献均称这个朝代为"商"，《尚书》《史记》等文献称呼商朝为"殷"，这两种称呼并见于先秦的文献中。元明时代的今本《竹书纪年》等文献称它为"殷商"。

19 世纪末 20 世纪初，河南安阳殷墟甲骨文的出土标志着进入有据可考的实证分析时代。迄今为止，出自殷墟刻写有文字的兽骨和龟甲总数已超过 16 万片，包括数百片完整的卜甲或卜骨，单字约 4 500 个，内容涉及祖先庙号、祭祀活动、狩猎征伐、天文历法、气象月相、农事百工、生老病死等。甲骨文的存在，说明自殷商时期就有了文字，这些文字是由掌握卜筮和记事的巫、史所书写和保管的典册，是中国迄今为止所发现的最早一批文献。

周，是中国历史上继商朝之后第三个奴隶制王朝。周本是一个与商同样有着悠久历史的部族，作为偏处西方的"小邦"，周曾长期附属于商。在灭商之前，周部落因为遭到戎、狄等西北地区部落的侵扰，首领古公亶父率领周人迁移到岐山下的平原定居下来，生活于渭河流域，以姬为姓。在季历统治期间，周已发展为商朝属下一强大方国，为商西伯。随着商的没落，周自公元前 12 世纪末在渭水流域兴起，并在该地区建立都邑，先后征服了周围的若干戎族，实力逐渐发展壮大。根据《尚书》记载，周国兴盛于周文王姬昌作国君的时候，国势逐渐强盛。在周文王领导下，周首先讨伐西方犬戎、密须等小国，以固后方，接着东伐耆国（在今山西长治西南），又伐邘（即孟，在今河南沁阳），最后伐崇国，深入到商朝势力范围，为武王灭商打下基础。周文王崩逝后，姬发继位，号为武王。武王对内重用贤良，以姜太公为军师，以其弟姬旦为太宰；对外联合诸侯国，孤立商王朝，为灭商创造了条件。同时，周武王在沣水东岸建立新都镐京（今陕西省西安市），并举行了历史上有名的"盟津观兵"。两年后，武王起兵，联合西方及西南方各部落，率兵向商都城朝歌（今河南淇县）进发，与商纣军队大战于牧野（今河南淇县南），周军获胜，纣王于鹿台身背珠宝玉器自焚，商朝灭亡。武王灭商以后，就以"周"为朝代名，周朝建立，定都镐京。殷、周在社会结构和文化思想上秉承了前后相承的传统，也就是《论语·为政》里所说的"周因于殷礼"，故而在思想历史上往往殷周并称，统称为殷周时期的思想。

（二）殷周时期的重要思想

1. 殷商时期的尊神文化

"殷人尊神"，这是商的重要文化精神。孔子曾指出："殷人尊神，率民以事神，先鬼而后礼，先罚而后赏，尊而不亲。其民之敝，荡而不静，

胜而无耻。"① 这充分点明了殷商时期特有的文化价值取向，凸显出殷人"率
民以事神，先鬼而后礼"的行为特征。殷人尊神的宗教观念对于维护奴隶主
阶级的统治具有莫大好处，大大增强了奴隶主阶级的权威性，冲淡了阶级压迫
的残酷性，是殷代奴隶主阶级延续野蛮统治 500 年之久的重要原因。

其一，殷人迷信鬼神、上帝，具有上帝崇拜。在殷商时代的宗教观念中，
最重要的当属上帝观念。之所以会产生这种上帝崇拜，根本原因在于殷商奴隶
制的建立需要在宗教上出现比诸神更具有强力的神来维护奴隶主的统治地位，
是巩固统治地位在意识形态层面的反映，即是说，政治上的一元化在宗教信仰
上也要求一元化。殷人将宇宙万物的最高主宰和权威称为"上帝"，认为上帝
的命令是至高无上的，不容置疑和违反，具有绝对权威，是人们行为应当遵循
的道德标准，人们必须"恪谨天命""奉若天道"，对上帝表现出恭敬和服从，
如果违背了上帝的命令，就会受到上帝的惩罚。在神性上，上帝既能够支配气
象的出现，如卜辞中有记载"帝令雨足年""今二月帝不令雨"等相关文字，
同时也可以支配社会现象和社会统治者，如降祸、降灾等。特别是殷人认为上
帝决定人之祸福，故其敬事上帝的目的在于去灾避祸，求顺致福。此外，殷人
还认为，上帝根本不是关照下民、博爱人间的仁慈之神，而是喜怒无常、高高
在上的神（上帝只是"全能"而非"全善"）。人只能战战兢兢每日占卜、每
日祭祀，谄媚讨好祈求上帝的福佑。可以认为，上帝崇拜在殷商宗教和政治生
活中占据极其崇高的地位，几乎成为一切行为的根本标准。

其二，殷人有着浓厚的祖先崇拜思想。祖先崇拜与上帝崇拜一样，是殷人
最重要的宗教活动。商代甲骨文统计显示，"命辞中占最大量的是卜问有关祭
祀的事项。卜问祭祀的内容包括：祭祀对象、祭祀日期、祭法、献祭的牺牲及
酒肉的品种和数量等。祭祀的对象包括：祖先（先王、先妣）、旧臣、帝、东
母、西母、日、月、土地、山川等，而最经常问卜的是对祖先的祭祀"②。殷
人对祖先抱持一种"事死如事生，事亡如事存"的认真态度，认为祖先虽然
死了，但灵魂依旧存在，地位、权威、享受、情感也都和活着的时候一样，因
此殷人幻想其强有力的祖先可以在死后一样能降祸或授福于子孙，进而在求告
上帝的同时，亦同时向祖先进行求告，要求子孙随时举行各种祭祀，请祖先来

---

① 刘沅. 十三经恒解［M］. 成都：巴蜀书社，2016：408.

② 朱天顺. 中国古代宗教初探［M］. 上海：上海人民出版社，1982：166-167.

享用。此外，在殷人的祖先崇拜中，崇拜者只崇拜自己的祖先，不管别人的祖先；祖先也只照顾自己的子孙，不管别人的子孙，这一现象一直保持在后来的文化中。殷人的祖先崇拜是王室的特权，仅君王有主持自己祖先和氏族所有祖先祭祀的权利，君王既可以通过占卜做决定，也可以通过祈祷和献祭影响祖先意志，因此，作为祖先世界与此世关联的唯一合法存在，人类秩序中的君王成为唯一与上帝沟通的对等者，这也从某种程度上固化和提升了君王的统治地位。

其三，殷人的思想观念还体现在祭祀活动的隆重性。在殷人看来，人死亡是鬼魂离开了人间，但可以到阴间继续生活，因此，对于与死者关系密切的生者来说，使死者安乐地生活于地下成为生者的一种公认义务，也正是由于此，殷人特别流行厚葬之风，这突出地表现在棺椁的讲究、随葬品种类和数目的繁多以及坟墓建造规模的宏大上，商王武丁的妻子妇好之墓便是一种体现。殷商时期家族组织的雏形已形成，殷代已是父系社会，重男轻女，实行族外婚制，王后统称为"妇"，妇皆有姓，立为后者，如有子继位，死后立庙，得享各种祭祀；王的配偶中，嫡后限一人，但妃嫔可多至数十人，亦皆称"妇"。妇好是一位英勇善战的女将军，在其去世后，她的丧葬经过精心的安排。妇好墓中殉葬 16 人，其中 8 人性别、年龄不明，另 8 人有男性 4 人、女性 2 人、儿童 2人，殉葬狗 6 只。所殉女性和儿童，用于伺候妇好阴间日常生活，男性用于侍卫妇好。妇好墓最下层有腰坑 1 个，其中埋有殉葬人 1 人，殉狗 1 只，用以"先死以除路"。此外，妇好墓中还有随葬物品 1 928 件，包含各种玉器、乐器、石器、青铜器等，都是具有很高水平的珍品。由此可见，在古代人们眼里，宗教生活与社会生活是一体化的，也正因如此，殷人对宗教祭祀活动极其看重，所谓"国之大事，在祀与戎"。作为整个族群共同参与的一种公开活动，不仅通过祭祀活动形成对个人义务的确认，同时也"潜移默化地灌输和强化宗族社会的基本规范，加强个人对传统和群体的认同，使个人的思想与行为规范化、社会化，从而使传统得以持久地延续和传承"①。

2. 周时期的宗教思想和道德观念

周时期的宗教思想相比于殷商时期有了很大的进步，祖先崇拜和殷一样，仍是周代宗教的主要部分。周人的祖先与神的世界虽仍保持密切关系，

---

① 刘苹. 殷商宗教观及其文化意义 [J]. 学习与探索，1991（1）：4-10.

但与殷不同的是，周人的祖先已不是神，而是人间的主宰。同时，对于上帝的崇拜，相比于殷商时期以一种被动的心态将上帝当作主动支配社会命运的中心力量来崇拜，周时期的上帝崇拜增加了许多积极的成分，不仅将上帝的神威进一步扩大，而且提出了新的天命观思想，但由于上帝和天所代表的意义大致相同，也常常造成帝、天相结合或混合的现象。如"予惟小子，不敢替上帝命。天休于宁王，兴我小邦周"①，"惟时怙冒闻于上帝，帝休，天乃大命文王殪戎殷，诞受厥命越厥邦厥民。惟时叙"② 等，都体现出将上帝和天混用的现象。

周朝时期，天帝的神性与社会道德、政治制度更加紧密地结合在一起，周统治者充分利用这一思想，将道德规范和社会制度都称为天意，从而满足了其统治的需要。同时，为了确保自己政权的合理化，西周时期的统治者承袭了殷商时期极力把君权神化的思想，认为自身的君权是接受天命而建立的，《尚书·周书·武成》篇就曾指出，"我文考文王克成厥勋，诞膺天命，以抚方夏"③，意思是我文考文王能够成就其功勋，大受天命，安抚四方部落，这是中国思想史上首次出现的王者受命于天的观念。同时，周统治者还指出"侯服于周，天命靡常"④，被授予的天命并不具有永恒性，仅授命于有德者，统治者唯有修德才可以得受"大命"。出于此种认识，周朝的子孙把文王武王塑造成道德的典范，所谓"文王之德之纯""惟我周王灵承于旅，克堪用德，惟典神天"⑤，文王知人善任，能任用有德之人，武王不废文王法度，"率惟谋从容德"⑥（努力奉行宽厚大德），因而得受此"丕丕基"（宏大基业）。这种思想与祖先崇拜的宗教活动结合以后，因信奉先王之德而更加增进了道德意识。与此同时，周统治者还认识到，巩固王权，获得天长久的眷顾，也要落脚在修德上，即"若德裕乃身，不废在王命"⑦，意思是时刻道德立身，才算是不废王命，"惟宁（文）王德延"方可不失大命。而其中，最大的道德就是能够爱护本国本族的贵族和人民，善于体察社会的变化趋势，去祸降福，开疆拓土，

---

① 尚书 [M]．王世舜，王翠叶，译．北京：中华书局，2012：172.

② 同①181.

③ 同①444.

④ 魏徵，等，编纂．群书治要 [M]．北京：中华书局：2014：45.

⑤ 同①282.

⑥ 同①297.

⑦ 同①182.

光大先王之业。可以看到，西周时期的统治者在没有完全摆脱天命观思想的情况下，结合自身统治需要，对政治统治规律不断进行新的探索和解释。在周统治者看来，殷视君王为天下之王，强调对王唯命是从，至尊至敬，无条件地献身牺牲，因无德奢靡而丧国，周要深刻汲取殷的教训，要"克明峻德"，只有敬德才能真正地保有天下。出于这一认识，周时期提出了"以德配天""明德慎罚""敬德保民"的政治伦理思想，使敬天祀祖与道德之间互相增强，开启了中国传统德治主义的先河，这是使中国文化没有继续向宗教的超越性发展，反而向道德与社会的世俗化发展的最大关键。

3. 殷周时期的宗法制度和宗法观念

宗法制度是一种起源于原始社会末期的、以血缘宗法关系为基础的社会组织制度。由于它基本上是在血缘关系的基础上发展起来的，并且在其产生之初就存在着阶级之间的奴役和对抗，因此这种制度的形式和内容大大便于统治者用来巩固和加强自己的统治。统治阶级可以利用氏族、宗教、贵族之间的血缘纽带来促进统治阶级的团结，掩盖剥削和压迫的实质，使其成为掌握在统治者手中的有力工具。① 具体而言，殷商时期的宗法制主要出现在殷商后期，但由于殷商是建立在以殷王室为核心的松散政治联盟基础上，因而宗法制度在殷商时期并没有成为全民性的统一社会组织。与周朝的宗法制相比，殷商的宗法制是一种不太成熟的宗法制度，并不十分完善。殷商时期的宗法制主要体现在：一是重视始祖和已故的列祖列宗，把始祖与上帝相等列，把始祖、列祖列宗的祭祀放在首位，以求先祖先王的庇佑，如帝乙便为其父文丁和其祖父武乙均设立了宗堂与秘堂，以供后人祭祀；二是注重大宗或王族之直系，直系即为嫡系，在殷王族中具有至高无上的地位。从《殷本纪》和殷墟卜辞中可见，殷朝从康丁之后，王位继承便开始实行父子相继制，均实行嫡子继承制，废除了兄终弟及制，如康丁传子武乙，武乙传子文丁，文丁传子帝乙，帝乙传子帝辛，使殷人宗法制的建立有了基础保证。

西周王朝建立后，在商朝基础上进行了多方面的改造，其中宗法制度达到了非常完善的地步，成为我国宗法制度史上最为严密和典型的宗法制度。首先，西周统治者利用宗族血缘关系，实行政治上的分封，把族权与政权紧密结合在一起。其主要特点是嫡长子的继承制和余子的分封制，以及与之相适应的

---

① 参见钱宗范. 周代宗法制度研究 [M]. 桂林：广西师范大学出版社，1989：24.

大宗与小宗之分。按照宗法制的原则"立嫡以长不以贤，立子以贵不以长"，大宗掌握着宗庙祭祀的特权，实际上掌握了国家的权力。从等级关系上看，大宗与小宗是一种从属关系，小宗必须服从于大宗，周天子即是天下的大宗，也是政治上的共主。与嫡长子世代相袭的原则相适应，大宗"百世不迁"，小宗"五世则迁"，在五世之后形成疏远的族属。同时，天子对于诸侯，诸侯对于卿大夫，卿大夫对于士，士对于庶人，都是以"天然尊长"的身份出现，以族权强化君权，从而不断加强周天子和贵族的专制统治，也正因如此，周人有着浓厚的维持、光大宗族的观念。周时期的贵族喜欢作铭，目的是颂扬祖先征讨敌国、克敌获物、开疆扩土等功绩，并使后代子孙效法，把宗族发扬光大。其次，周时期的彝器中表现着对孝友伦理的极端重视，将其看作是重要的政治准则。周成王时期，有鉴于殷商末年道德废弛，父子、兄弟关系恶化不利于社会稳定发展，于是提出了孝友伦理的重要性，即"元恶大憝，矧惟不孝不友"①。"孝"是子敬事父，是亲亲的核心，关系到一个家庭、宗族内首领的地位和权威，也关系到祖传父、父传子这种纵向的宗法继承礼制；"友"是兄有爱弟，是尊尊的核心，关系到一个家庭、宗族内部嫡庶的分别和诸子排列的稳定，即关系到朋辈之间横向关系的协调。通过孝友伦理的宣扬，明晰了父子之间的关系为"父慈子孝"，兄弟之间的关系为"兄友弟恭"，并指出父子关系和兄弟关系对治国平天下的重要性，也正因如此，在周时期的文献中常有"孝友唯型""孝友訏明"等记载。

【知识拓展】

周公，姓姬名旦，是周文王姬昌第四子，周武王姬发的弟弟，周武王死后，他辅佐成王治理国家。因其采邑在周，爵位为上公，故称周公。周公是西周初期杰出的政治家、军事家、思想家、教育家，被尊为"元圣"和儒学先驱、奠基人。周公一生的功绩可概括为："一年救乱，二年克殷，三年践奄，四年建侯卫，五年营成周，六年制礼乐，七年致政成王。"②

周公摄政七年，提出了各方面的根本性典章制度，完善了宗法制、分封

---

① 尚书［M］. 王世舜，王翠叶，译. 北京：中华书局，2014，189.
② 郑学富. 孺子其明［N］. 中华读书报，2020-07-01.

制、嫡长子继承法和井田制，其以宗法血缘为纽带，把家族和国家融合在一起，把政治和伦理融合在一起，对中国封建社会产生了极大的影响，为周族八百年的统治奠定了重要基础。此外，周公制礼作乐，使中国成为礼仪之邦。周公所制定的"礼"，是维护统治者等级制度的政治准则、道德规范和各项典章制度的总称，后来发展为区分贵贱尊卑的等级教条。"乐"则是配合各贵族礼仪活动而制作的舞乐。舞乐的规模，必须同其享受的级别保持一致。周公制定的西周礼乐制度、各种典章制度和思想道德规范，成为中国几千年政治统治和道德思想的源头，影响了周以后近 3 000 年的中华文明史。东周时期，礼法得不到实施，雅乐制度无法贯彻，社会失序，被视为"礼崩乐坏"。此时，恢复西周时期的礼乐制度就成为孔子一生所追求的目标。周公受孔子推崇，其思想对儒家思想的形成起到了奠基性的作用，所以被儒家尊为圣人。汉代思想家还将周公和孔子并称，唐朝唐高祖李渊遵照古制尊周公旦为文圣。近代著名历史学家夏曾佑评价周公说："孔子之前，黄帝之后，于中国有大关系者，周公一人而已。"[①]

【课后思考】

1. 为什么说中华文明的主流思想来自周文化？
2. 殷周时期的思想对先秦诸子百家形成了哪些重要影响？

【延伸阅读】

1. 黎虎：《夏商周史话》，北京出版社，1984 年。
2. 钱宗范：《周代宗法制度研究》，广西师范大学出版社，1989 年。
3. 王晖：《商周文化比较研究》，人民出版社，2000 年。
4. 王震中：《中国文明起源的比较研究》，中国社会科学出版社，2013 年。

[①]　夏曾佑. 中国古代史 [M]. 石家庄：河北教育出版社，2000：37.

第三讲　儒家创始人孔子以"仁"为核心的思想

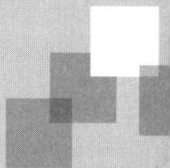

　　在中国思想历史的发展长河中，没有哪一个学派能够像儒家学派这样产生如此广泛而又深远的影响。在一定程度上，我们可以认为儒家思想基本体现了中华优秀传统文化的核心价值，彰显了中华民族的精神和灵魂，同时也代表了传统中国人的基本精神和行为准则。作为儒家思想的创始人，孔子建立了我国历史上第一个以"仁""礼"为核心的较为完整的学说体系，对其后两千多年中国思想的流变产生了巨大影响。儒家思想一直以来与现实政治相结合成为我国漫长封建社会的正统思想。

一、孔子的生平及其主要思想观念

　　孔子的一生以道德追求为至上目标，积极探求至真至善的人格境界，不仅形成了个人积极进取、乐观向上、求真务实的性格品质，而且在政治主张及教育实践方面均展现出独到的思想见解，对后世产生了深远影响。

（一）儒家的来历

　　孔子创立的儒家学派为何称为"儒家"？先来看什么是"儒"，"儒"本是一种社会职业，是一个社会阶层，与"掌礼"有着密切的关系，在婚丧祭祀时，协助完成礼节仪式，相当于司仪，是与西周时期的王官学相关的职业，"王官学存在的主要理由就在于为封建贵族提供适当的教育训练，使他们能清楚自己在宗法中的地位，内化这个位置应有的对应行为，也就是合于礼而行事。因而礼官必须具备双重角色任务：一方面他们是知识的保守者，负责掌管这套传统知识；另一方面他们也是教育者，要负责将这套知识源源不断地教给下一代宗法成员"①。随着春秋时期礼崩乐坏，封建宗法难以维系，"儒"从周代王官学下专管记事和迷信职业的巫、史、祝、卜中分化出来，在不断试图恢复原来"礼"的驱动下，"儒"开始用礼仪知识谋生，成为东周时代背景下最早崛起的派别，即"儒家"。墨子曾对儒家这一身份进行过抨击，指出："夫夏乞麦禾。五谷既收，大丧是随。子姓皆从，得厌饮食。毕治数丧，足以至

---

① 杨照. 讲给大家的中国历史02：文明的基因［M］. 北京：中信出版社，2020：227.

矣。因人之家翠以为,恃人之野以为樽。富人有丧,乃大说喜曰:'此衣食之端也!'。"① 意思是儒家夏天就乞食麦子和稻子,五谷收齐了,谁家有大丧就跟从人家办理丧事混饭吃,子孙全都跟随前去,以此得到饱食。丧事办完了,就大吃大喝。他们只要替人办过几场丧事,他们的生活就足够了。这些儒者依仗人家而尊贵,依仗人家的田野收入而富足。富人有丧,他们就非常高兴地说:"这是衣食的来源啊!"以此指明儒家学者曲学以应世的存在状态。

对于"儒",《汉书·艺文志》也指出:"儒家者流,盖出于司徒之官。助人君,顺阴阳,明教化者也。游文于六经之中,留意于仁义之际,祖述尧、舜,宪章文、武,宗师仲尼,以重其言,于道最为高。"② 按照《说文解字》解释:"儒,柔也。术士之称。"③ 段玉裁在《说文解字注》中说:"儒之言优也,柔也。能安人,能服人。"④《淮南子·要略》称:"孔子修成、康之道,述周公之训,以教七十子,使服其衣冠,修其篇籍,故儒者之学生焉。"⑤ 总之,经过孔子的努力,"儒"渐渐脱离了单纯的谋生职业,被赋予道德和思想的担当。儒家的理想,就是对西周原有礼制的恢复,通过将礼乐制度理论化,使其成为春秋战国时期治国安邦的模范和标准。

(二)孔子的生平及其主要思想观念

1. 孔子的生平

孔子(公元前551年—前479年),春秋末期鲁国人,生于鲁国陬邑昌平乡(今山东省曲阜市东南),因父母曾为生子而祷于尼丘山,故名丘,字仲尼,其远祖是宋国贵族殷王室后裔。孔子父亲是叔梁纥,母亲是颜徵在,3岁时父亲去世,17岁时母亲去世,服丧3年。孔子19岁时娶宋人亓官氏之女为妻,1年后生子,鲁昭公派人送鲤鱼表示祝贺,孔子遂将儿子取名为孔鲤,字伯鱼。据《孔子家语》和《史记》记载,孔子少时家境贫寒,15岁立志于学。及长,做过管理仓库的"委吏"和管理牛羊的"乘田"。他虚心好学,学无常师,相传曾问礼于老聃,学乐于苌弘,学琴于师襄。30岁时,已博学多

---

① 墨子 [M]. 吴旭民,校点. 上海:上海古籍出版社,2022:159.
② 魏徵,等,编纂. 群书治要 [M]. 北京:中华书局,2014:178.
③ 段玉裁. 说文解字注 [M]. 北京:中华书局,2013:370.
④ 同③.
⑤ 文史通义 [M]. 罗炳良,译. 北京:中华书局,2012:511-512.

才，成为当地较有名气的一位学者，并在阙里收徒授业，开创私人办学之先河。孔子51岁的时候，被任命为中都宰（主管中都地方的行政长官）；1年后升任司空，后又升任大司寇（负责践行法律法令，行使司法权的官员）；56岁时，又升至代理宰相，兼管外交事务。孔子的执政能力得到了广泛的认可，他在鲁国执政期间，鲁国内政外交等各个方面均大有起色，百姓各守礼法，社会秩序井然，呈现"路不拾遗，夜不闭户"的和谐景象。同时，孔子还通过外交手段，逼迫齐国把在战争中侵占的大片鲁国领地还给了鲁国。孔子这种杰出的执政能力让齐国感到威胁，恐于鲁国强大后兼并齐国，于是设计排挤孔子，精选了120匹良马和80名歌女给鲁国国君。鲁国国君果然沉溺于此，疏远了孔子，连续3天没有处理国家政事，并在国家大事中出现了严重失误。孔子对鲁国国君此举大失所望，深感政治抱负难以施展，于是带领颜回、子路、子贡、冉有等十余弟子离开"父母之邦"，开始了长达14年之久的周游列国生涯，是年孔子已55岁。孔子先后去了卫、宋、曹、齐、陈、蔡、楚等国，虽然在各国孔子均受到尊重，但由于孔子的政治主张与当时诸侯追求的霸道格格不入，始终未能得到重用以实施自己的政治主张，于是孔子在68岁时又回到鲁国，但也没有获得重用。从此，孔子停止了直接的政治活动，一面从事整理文化典籍，修订六经，一面广收弟子，大规模开展文化教育事业。相传孔子教授弟子3 000余人，其中精通六艺的弟子有72人。

　　孔子生活的鲁国，是西周时周公之子伯禽的封地。《左传·定公四年》记载说，周公平定武庚叛乱后，"是使之职事于鲁，以昭周公之明德。分之土田倍敦，祝、宗、卜、史，备物典策，官司彝器"①，即鲁国是周国封地中承担道德传扬、宗教祭祀、典物储备的重要之地，进而使其成为西周时期东部文化的中心。此外，鲁国的文物典籍保存很完整，被称为礼仪之邦。《左传·昭公二年》载："晋侯使韩宣子来聘……观书于大史氏，见《易象》与《鲁春秋》，曰：'周礼尽在鲁矣。吾乃今知周公之德，与周之所以王也。'"②鲁国的文化传统以及学术下移，对幼年的孔子思想影响很大，他15岁时便立志学"礼"，后来到周天子的首都洛邑学习周礼，30岁时"立"于礼，晚年重在整理文献，从事教育，其一生致力于将"礼"与"仁"的思想相融合，成为儒家思想的

---

① 左丘明. 左传（下）[M]. 杜预，集解. 上海：上海古籍出版社，2015：934.
② 同①708.

源头活水。《中庸》称赞孔子如"日月之明"，指出："仲尼祖述尧、舜，宪章文、武；上律天时，下袭水土。辟如天地之无不持载，无不覆帱，辟如四时之错行，如日月之代明。"① 王充《论衡》评价孔子说"孔子道德之祖，诸子之中最卓者也"②，李贽甚至评价孔子说"天不生仲尼，万古长如夜"③，足见孔子的伟大。

2. 孔子的性格与人品

第一，积极进取的精神。孔子是典型的"知其不可为而为之"④ 者，他把儒家的"仁学"与积极有为的人生态度相结合，办塾学、周游列国，一生梦想以周礼匡扶乱世，结果是"发愤忘食，乐以忘忧，不知老之将至云尔"⑤。孔子特别主张积极入世，在《论语·微子》中有这样一段话：

> 长沮、桀溺耦而耕，孔子过之，使子路问津焉。长沮曰："夫执舆者为谁？"子路曰："为孔丘。"曰："是鲁孔丘与？"曰："是也。"曰："是知津矣。"
>
> 问于桀溺。桀溺曰："子为谁？"曰："为仲由。"曰："是鲁孔丘之徒与？"对曰："然。"曰："滔滔者天下皆是也，而谁以易之？且而与其从辟人之士也，岂若从辟世之士哉。"耰而不辍。
>
> 子路行以告。夫子怃然曰："鸟兽不可与同群，吾非斯人之徒与而谁与？天下有道，丘不与易也。"⑥

大意是：长沮、桀溺两个人在一起耕地，孔子经过那里，叫子路去问问渡口在哪里。长沮问："那位驾车的是谁？"子路说："是孔丘。"长沮问："是鲁国的孔丘吗？"子路说："是的。"长沮说："他知道渡口在哪里。"子路又去问桀溺，桀溺说："你是谁？"子路说："我是仲由。"桀溺说："是鲁国孔丘的门徒吗？"子路回答说："是的。"桀溺说："滔滔洪水一样的坏东西到处都是，

---

① 朱熹. 四书章句集注［M］. 北京：中华书局，2011：38.

② 王充. 论衡［M］. 上海：上海古籍出版社，1990：32.

③ 黎靖德，编. 朱子语类（第6卷）［M］. 北京：中华书局，2020：2350.

④ 论语·大学·中庸［M］. 上海：上海古籍出版社，2023：178.

⑤ 同④89.

⑥ 同④216.

谁可以改变呢？你与其跟着孔丘这样逃避坏人的人，何不跟着我们这样躲避世道的人呢？"说完，还是继续把土不停。子路跑回来报告给孔子。孔子怅然若失地说："鸟兽是不能合群共处的，如果不跟人群打交道，又去跟谁打交道呢？如果天下太平，我就不会想要去改变它了。"

其中，"鸟兽不可与同群，吾非斯人之徒与而谁与？天下有道，丘不与易也"是孔子对长沮、桀溺为代表的避世之人（隐士）的一种回应。在孔子看来，即便是社会动乱，礼乐崩坏，也要积极入世，参与变革，而不是消极避世。特别是孔子强调，知识分子要担当道义，主张"士不可以不弘毅，任重而道远，仁以为己任，不亦重乎"。① 为了实践他仁学的"救世"主张，孔子不顾成败、不计得失奋斗了一生，是"知其不可为而为之"最鲜明的践行者。但是，孔子虽然主张入世，却极其反对随波逐流的混世态度。孔子认为，君子有所为有所不为，"邦有道，谷；邦无道，谷，耻也"②。当国家政治清明，社会和谐讲道德、兴仁义之时，有志之士应该出来为国家服务，当食其禄；而当国家政治黑暗、社会道法不明时，则应该兼济天下，努力救世，寻找挽救天下的机会。

第二，乐观向上的性格。严格地说，孔子的一生并不顺遂，他自己曾言，"吾少也贱，故多能鄙事"③，30 岁之前，孔子做过仓库保管员，养过牛羊，当过会计，未曾有什么可以称道的成就，直到 50 岁出仕，从中都宰做到大司寇，后开始周游列国，但也较少遇见愿意听他意见的国君，多数时间都是在路上颠沛流离。晚年，孔子最得意的弟子颜回以及儿子孔鲤不幸早逝，得意门生子路死于卫国内乱，接连遭受打击。但即便生活多艰，我们仍可以在《论语》中看到许多关于孔子乐观向上的品性。比如，《论语》开篇便讲了人生三乐："学而时习之，不亦说乎？有朋自远方来，不亦乐乎？人不知而不愠，不亦君子乎？"④ 此外，《论语·述而》记载："叶公问孔子于子路，子路不对。子曰：'女奚不曰，其为人也，发愤忘食，乐以忘忧，不知老之将至云尔。'"⑤ 大意是，叶公私下问子路："孔子究竟是个怎样的人？"子路不知该如何回答。孔

① 论语·大学·中庸 [M]. 上海：上海古籍出版社，2023：99.
② 同①163.
③ 同①107.
④ 同①17.
⑤ 同①89.

子知道了就跟子路说："你应该告诉他，你这个老师，当他专注于一件事的时候，会连吃饭都忘了，整个人投入其中，更忘掉了所有忧虑，连自己老了都不知道。"孔子回答这句话时，时年 63 岁，仍然坚持着"不知老之将至"的快乐，足见其人生态度的积极性。

其实，细看整部《论语》都充满了"乐"，这个"乐"，讲的就是人生的快乐，以及怎样拥有快乐。比如"学而时习之，不亦说乎"，这是学习的快乐；"饭疏食，饮水，曲肱而枕之，乐亦在其中矣"①，这是生活的快乐；"贤哉，回也！一箪食，一瓢饮，在陋巷，人不堪其忧，回也不改其乐"②，这是心境的快乐。孟子曾说："大人者，不失其赤子之心者也。"③ 真正的伟人，他的思想可以是深刻而丰富的，他的经历也可以是坎坷而复杂的，然而，他的灵魂是充满快乐的。孔子便是这样的人。

第三，求真务实的态度。无论是在做学问还是了解事物方面，孔子一直秉持实事求是的态度。在治学上，孔子曾指出："夏礼，吾能言之，杞不足征也；殷礼，吾能言之，宋不足征也。文献不足故也。足，则吾能征之矣。"④ 意思是"夏代的礼仪制度，我能说一说，但它的后代杞国不足以作证明；殷代的礼仪制度，我能说一说，但它的后代宋国不足以作证明。这是因为杞、宋两国的历史资料和知礼人才不足的缘故。如果有足够的历史资料和懂礼的人才，我就可以验证这两代的礼了"。孔子虽然熟知各朝的礼法，但由于不能通过杞、宋两国现存的典籍以及相关贤人进行验证，便对古礼持保留的态度，不敢妄言，这种治学态度充分表明孔子所具有的实事求是的人生立场。在教育子路时，孔子也指出："知之为知之，不知为不知，是知也。"⑤ 孔子认为，探求学问或了解事物，应采取诚实的态度，懂得就是懂得，不懂就是不懂，切不可不实事求是。正是由这一认知出发，孔子进一步提出"子绝四：毋意，毋必，毋固，毋我"⑥，即在了解事物过程中不随意猜测，不非此不可，不固执己见，不只考虑自己，唯我独是，旨在反对以私意主观地看待问题，固执己见，而是要从客观、全面、变化的视角看待问题，多闻、多见、多实，这是从孔子实事

① 论语·大学·中庸［M］. 上海：上海古籍出版社，2023：87.

② 同①73.

③ 孟子［M］. 上海：上海古籍出版社，2022：110.

④ 同①39-40.

⑤ 同①32.

⑥ 同①106.

求是的求学认知和做人态度中彰显出的大智慧。

3. 孔子的政治主张

孔子生活的时代，正值我国奴隶制解体、新的封建生产关系开始形成的时期。面对礼崩乐坏的社会现实，孔子以其所向往的周初盛世为目标，立足于社会发展的现实需求，不仅提出了由小康向大同过渡的政治理想，而且提出了许多具有现实意义的政治主张。

第一，"有道"的理想社会。作为一个现实感相当强烈的"时者"，孔子以天下为己任，志在匡时济世，对自己心目中的理想社会做出了理性思考和细致描述，其中鲜明地体现在其所追求的"有道"社会中："天下有道，则礼乐征伐自天子出……天下有道，则政不在大夫。天下有道，则庶人不议。"① "君君，臣臣，父父，子子。"② "老者安之……少者怀之。"③ 在孔子看来，理想的社会应该一切权力集中于最高统治者，大臣恪尽职守，不丝毫懈怠，百姓安居乐业，对国家大事不会因为不合于道而议论纷纷。同时，理想的社会贵贱有等、上下有序，能够使老者安享晚年，年幼者得到悉心抚养，健康成长，百姓对当权者没有任何的不满。在此基础上，孔子进一步指出，天下"有道""为政在人""其人存则其政举，其人亡则其政息"④，要实现"有道"的政治理想，关键在于最高统治者能够"修己以敬""为政以德"。可以说，孔子对理想社会的设想是十分明晰的，"有道"成为他政治观念的一贯目标。

第二，主张取信于民。取信于民是孔子对为政者的基本要求，也是他所主张的治国之道。孔子认为，统治者只有取得民众的充分信任，才有可能去发动民众、组织民众，树立自己的统治威信，顺利而快速地推行自己的政治主张，使施政取得成效。《论语·颜渊》中记载子贡问政于孔子的一段话：

> 子贡问政，子曰："足食，足兵，民信之矣。"子贡曰："必不得已而去，于斯三者何先？"曰："去兵。"子贡曰："必不得已而去，于斯二者

---

① 论语·大学·中庸 [M]. 上海：上海古籍出版社，2023：197.

② 同①145.

③ 同①67.

④ 朱熹. 四书章句集注 [M]. 北京：中华书局，2011：29.

何先?"曰:"去食。自古皆有死,民无信不立。"①

子贡与老师探讨如何才能维系一个政权的稳固,孔子指出要抓三件事情:粮食充足,保障百姓的吃饭问题,是社会稳定的基础;拥有足够的武器装备和国防预算,兵源充足,是国家安全的基础;百姓信赖政府,对政府忠诚有信心,维护政治信用,是立国的根基所在。子贡说:"如果不得不削减,那么在三项中先从哪一项开始呢?"孔子说:"削减军备。"子贡说:"如果不得不再作削减,那么其余的两项中削减哪一项呢?"孔子说:"削减粮食。自古以来人总是要死的,如果老百姓对统治者不信任,那么国家就没有了立国的基础。"对于国家政治生命来说,百姓的信任是政权存在的基础,丧失了这一基础,国家就失去了它存在的理由和依据。

春秋时期,诸侯国的政权都在剧烈的动荡之中,孔子观察到了"信"在治国中的作用,进而明确表示立国之本在于民众对政府的充分信任。孔子对"民"十分重视,把"民"与"牲畜"相区分,反对任意屠杀劳动者。同时,把"不教而杀"列为"四恶"之首,认为"不教而杀谓之虐,不戒视成谓之暴,慢令致期谓之贼;犹之与人也,出纳之吝,谓之有司"②,即未施以教化却滥加刑杀,就是虐政;未预先告知却责其成功,就是暴政;需缓慢行事却强令限期,就是苛政;应施惠于人却吝啬不舍,就是小气,正是基于此,孔子主张对"民"要在"富之"的基础上"教之"。在《子路》篇中对此有相关记载:"子适卫,冉有仆。子曰:'庶矣哉!'冉有曰:'既庶矣,又何加焉?'曰:'富之。'曰:'既富矣,又何加焉?'曰:'教之。'"③ 孔子到卫国去,冉有赶车。孔子说:"这里的人真多啊!"冉有说:"人已经多了,下一步该怎么办呢?"孔子说:"让他们富裕起来。"冉有说:"已经富裕了,下一步又该怎么办呢?"孔子说:"教育他们。"孔子认为,"富之""教之"是执政治国的大事。"教之"就是要通过教化的手段提高民众的文化素质和道德修养,使民众能够充分理解为政者的善政举措,拥护统治者的统治。同时,通过教育的教化使民众互相劝勉,促进社会文明进步。《论语·为政》中记载:"季康子问:'使民敬、忠以劝,如之何?'子曰:'临之以庄则敬,孝慈则忠,举善而

① 论语·大学·中庸 [M]. 上海:上海古籍出版社,2023:142-143.

② 同①231.

③ 同①154.

教不能则劝.'"① 季康子问:"要使民众恭敬、忠心而勤勉,该如何去做呢?"
孔子说:"你治民众和天下时以庄重和威严,百姓自然恭敬;你孝敬父母、慈
爱幼小,民众自然会尽忠于你;你任用善良之人,教导无能者,民众自然勤
勉。"此外,教育还可以使民众主动保家卫国,抵御外侮,即"善人教民七
年,亦可以即戎矣""以不教民战,是谓弃之"②。善人教导民众 7 年时间,就
可以让他们去作战了,但如果国君和诸侯不教化、训练民众,而让民众去作
战,这样做就是抛弃了自己的民众。总之,孔子认为,对民众施行终生教育教
化是一种国家责任,诸侯国君、贵族大夫、权臣官吏都应该负起这种对民众进
行文化知识、道德品格、礼制法规等方面教育教化的责任,完成对民众教育教
化的任务。

第三,提倡举贤才。"为政在人",是孔子所提出的一项重要政治主张,
在《论语》中有这样一段话:"子言卫灵公之无道也。康子曰:'夫如是,奚
而不丧?'孔子曰:'仲叔圉治宾客,祝鮀治宗庙,王孙贾治军旅。夫如是,
奚其丧?'"③ 孔子讲到灵公昏庸无道,季康子问:"既然如此,为什么卫国不
垮台呢?"孔子指出,卫国大夫仲叔圉、祝鮀、王孙贾各有所长,三位依靠自
身的才能进行外交、内务和军事的领导,使卫国免于垮台。《子路》篇也提
到,"仲弓为季氏宰,问政。子曰:'先有司,赦小过,举贤才。'"④ 仲弓做
了季氏的总管,问如何处理政事,孔子说:"自己先给下属主管人员做表率,
原谅他人的小错误,提拔贤能的人。"孔子认为,用人如何是决定一个国家命
运的重要因素,有了贤才,"尊贤使能,俊杰在位",可以维持国家政治秩序,
更好地治国安邦,进而"有天下"。《论语》中孔子反复列举了任人唯贤的重
要性,如"舜有臣五人而天下治"⑤,"管仲相桓公,霸诸侯,一匡天下,民到
于今受其赐"⑥,特别强调"为政在人""政在选臣"。在对待贤人的原则以及
用贤上,孔子一是主张广开才路,不论亲疏,"内称不避亲,外举不避怨"⑦,
即举荐身边的人,即使是亲属也不回避;举荐外面的人,即使是仇敌也不躲

① 论语·大学·中庸 [M]. 上海:上海古籍出版社,2023:33.
② 同①162.
③ 同①171.
④ 同①151.
⑤ 同①103.
⑥ 同①170.
⑦ 孔子家语 [M]. 王国轩,王秀梅,译注. 北京:中华书局,2011:42.

避；二是主张使人如器，无求备于一人。"器之"就是量才适用，像对器具一样，什么样的器具派什么样的用场。当孟武伯同孔子谈论孔门弟子有谁可以从政时，孔子如数家珍似的回答说："由也，千乘之国，可使治其赋也……求也，千室之邑，百乘之家，可使为之宰也……赤也，束带立于朝，可使与宾客言也。"① 仲由，在拥有一千辆兵车的国家里，可以让他管理军事；冉求，可以让他在一个有千户人家的公邑或有一百辆兵车的采邑里当总管；公西赤，可以让他穿着礼服，站在朝廷上，接待贵宾。这充分表明了孔子因才施政的人才观。

4. 孔子的教学实践

随着春秋时期"学在官府"局面被打破，"天子失官，学在四夷"成为社会发展的一种趋势。孔子回应时代发展诉求，提出建立国家、统治人民，首先要设学施教，成为中国历史上开展平民教育的先锋。

第一，在教育方式上，孔子开展"私人讲学"。春秋时期，由于奴隶制崩溃，官办学校日趋没落，当时学校不再兴建，只有少数诸侯国的执政者还关注教育，如鲁僖公立"泮宫"，郑子产"不毁乡校"，甚至有贵族公开表明："可以无学，无学不害。"② 新兴的地主阶级为了从事经济活动与争夺政治权利，迫切需要文化知识和培养为本阶级服务的人才，相应地，自然加速了私学的产生。私学自产生起直到封建社会末期，在中国教育史上起着十分重要的作用，成为社会进步和文化发展的重要支撑。特别是在春秋末期，私人办学已成为一种风气，其中，以孔、墨两大学派所办私学规模最大，成效也最为显著。《史记·孔子世家》中记载"孔子以诗书礼乐教，弟子盖三千焉，身通六艺者七十有二人"③，形成了一个规模庞大的教学组织。墨子在《墨子·公输》篇中，自称弟子三百，相比于同时期众多创办私学之人，孔子招收的学生最多，培养的人才也最盛，是那一时期任何诸子学派都所不及的。

第二，在教育对象上，孔子主张"有教无类"。不同于奴隶贵族制度下教育看族类、看贵贱、看出身、看年龄，孔子扩大了教育对象的范围，他所接收

---

① 论语·大学·中庸 [M]. 上海：上海古籍出版社，2023：59.
② 左丘明. 左传（下）[M]. 杜预，集解. 上海：上海古籍出版社，2015：831.
③ 司马迁. 史记 [M]. 北京：中华书局，2009：329.

的学生不分贵贱，不分年龄大小，不分智力差别，不分性格异同，不分能力大小，他曾说："自行束脩以上，吾未尝无诲焉。"① 意思是只要是主动给我十条干肉作为见面礼物的，我从没有不给予教诲的。孔子奉行有教无类的教育宗旨，孔子的学生中，有如南宫敬叔、孟懿子的贵族，有农耕之家出身后"结驷连骑"（形容排场阔绰）的子贡，也有"一箪食、一瓢饮"的颜回和仅比孔子小 9 岁的子路，还有比孔子小 53 岁的公孙龙等。从才能差别上看，孔子言"德行：颜渊、闵子骞、冉伯牛、仲弓。言语：宰我、子贡。政事：冉有、季路。文学：子游、子夏"②。从性格异同上看，"柴也愚，参也鲁，师也辟，由也喭"③ 等。从地域国别看，孔子的学生多为鲁国人，但秦、晋、郑、宋、陈、蔡、楚、吴的学生也均有包含。同时，孔子的有教无类还体现在对各种类别的人都一视同仁。南郭惠子问于子贡曰："夫子之门何其杂也？"子贡曰："君子正身以俟，欲来者不拒，欲去者不止。且夫良医之门多病人，檃栝之侧多枉木，是以杂也。"④ 在子贡看来，孔子的门下混杂是因为"君子端正自己的身心来等待求学的人，想来的不拒绝，想走的不阻止。况且良医的门前多病人，矫正竹木工具的旁边多弯木，所以孔子的门下鱼龙混杂啊。"

第三，在教育内容上，孔子进行了全面性的教育实践。孔子继承了西周时期德、行、仪、艺的教育内容，在培养学生礼、乐、射、御、书、数的基础上加以改革，将文、行、忠、信作为教育纲目，即"子以四教：文、行、忠、信"⑤，形成了较为全面的教育内容。具体而言，孔子的四种教育内容分别是历代文献、社会生活的实践、对待别人的忠心以及与人交际的信实，包含了文、行、德诸方面，其中对道德的培养分量最大。在教材上，孔子采用《诗》《书》《礼》《乐》《易》《春秋》等作为教材。《诗》即《诗经》，是我国最早的诗歌选集；《书》即《尚书》，是我国古代的历史文献汇编；《礼》即《士礼》，传于后世称《仪礼》，是士和君子需要掌握的礼仪规范；《乐》传至秦因焚书而散佚，是各种美育教育形式的总称⑥。这 4 本书在西周时期就作为教材，春秋教以《礼》《乐》，冬夏教以《诗》《书》。孔子在继承此传统的基础上，对

---

① 论语·大学·中庸 [M]. 上海：上海古籍出版社，2023：84.

② 同①126.

③ 同①132.

④ 荀子 [M]. 耿芸，标校. 上海：上海古籍出版社，2022：365.

⑤ 同①91.

⑥ 参见杨柱：孔子教育思想对当代素质教育的启示 [J]. 孔子研究，2007（1）：50-55.

4 本书重新进行整理修订，用作教材。此外，《易》即《周易》，是一部巫筮之书，孔子晚年喜《易》，因而也将《周易》作为教材。《春秋》是我国第一部编年史，孔子根据鲁国历史《春秋》改写了一本《春秋》并也用作了私学教材。六种教材各有不同的侧重点，发挥不同的教育作用，即"《礼》以节人，《乐》以发和，《书》以道事，《诗》以达意，《易》以道化，《春秋》以道义"①。

5. 孔子的门人代表

第一，好学者颜回。在孔子的众多学生中，颜回是他最为钟爱的学生之一。颜回，字子渊，《论语》书中为颜渊，其中有关颜渊的语录有 22 句。颜回以德行著称，在孔门弟子中被列为德行第一，很受孔子的欣赏和器重。孔子在与学生的言谈之中，经常说颜回闻一而知十，不仅众多弟子不如颜回，连孔子本人也同样不如颜回。孔子曾多次在《论语》中称赞颜回：

子曰："贤哉，回也！一箪食，一瓢饮，在陋巷。人不堪其忧，回也不改其乐。贤哉，回也！"②

季康子问："弟子孰为好学？"孔子对曰："有颜回者好学，不幸短命死矣！今也则亡。"③

哀公问："弟子孰为好学？"孔子对曰："有颜回者好学，不迁怒，不贰过，不幸短命死矣！今也则亡，未闻好学者也。"④

子曰："语之而不惰者，其回也与！"⑤

子曰："回也，其心三月不违仁，其余则日月至焉而已矣。"⑥

子谓颜渊，曰："惜乎！吾见其进也，未见其止也。"⑦

孔子之所以喜爱颜回，在于其为人最接近于孔子的理想人格，颜回学而不厌，一心向学修德，并且安贫乐道，对孔子的学说深信不疑，他曾深切地感叹说："仰之弥高，钻之弥坚，瞻之在前，忽焉在后。夫子循循善诱人，博我以

---

① 文史通义 [M]. 罗炳良，译注. 北京：中华书局，2012：828.

② 论语·大学·中庸 [M]. 上海：上海古籍出版社，2023：73.

③ 同②128.

④ 同②69.

⑤ 同②112.

⑥ 同②72.

⑦ 同②113.

文，约我以礼，欲罢不能。既竭吾才，如有所立卓尔，虽欲从之，末由也已。"① 意思是："老师的学问越仰望，越觉得高；越努力钻研越觉得深；看着以为要赶上了，结果仍然是落在后面。老师善于有次序地引导我，用各种文献来丰富我的知识，用礼法来约束我的行为，使我想停止学习都不可能。我竭尽全力，仍然像有座高山矗立在眼前。我想攀上去，但觉得无路可走。"充分表达出颜回对于孔子的崇敬与赞叹，也正是因此，孔子最为欣赏颜回，对颜回的要求似乎也是最高的。在《论语》中，曾记载过颜回问仁的一段语录：

> 颜渊问仁。子曰："克己复礼为仁。一日克己复礼，天下归仁焉。为仁由己，而由人乎哉？"颜渊曰："请问其目。"子曰："非礼勿视，非礼勿听，非礼勿言，非礼勿动。"颜渊曰："回虽不敏，请事斯语矣。"②

颜回向孔子请教什么是"仁"。孔子说："约束自己，践行礼制就是仁。能尽一日做到克己复礼，全天下都将归顺于仁德境界了。想成仁在于自己，难道在于别人吗？"颜回问："请问要怎么做？"孔子说："不合于礼的不要看，不合于礼的不要听，不合于礼的不要说，不合于礼的不要做。"颜回说："我虽驽钝，听罢教诲自愿奉行。""非礼勿视，非礼勿听，非礼勿言，非礼勿动"这是孔子对于一个人道德境界的最高表达，他讲给了颜回，表明他对于颜回道德上的认可。但遗憾的是颜回不幸早逝，在听闻颜回去世的消息时，"子哭之恸"③，一个"恸"字充分表达了孔子的悲痛之情，从此之后，孔子常常怀念感叹再没有像颜回那样的好学生了。

第二，为政者冉有、子路。孔子去世后，七十子徒散游诸侯，成就大的当了诸侯国君的老师和卿相，成就小的结交、教导士大夫，有的则隐居不仕。其中，冉有、子路便是为政卿相的典型代表。冉求，字子有，通称冉有，比孔子小29岁，鲁国定陶（今山东菏泽）人。冉有长于为政，多才多艺，擅长理财，曾长期担任季氏家宰。由于季氏是鲁国最大的权臣，冉有其实是鲁国最有权势的人物之一。公元前484年，冉有率左师抵抗入侵的齐军，身先士卒，以

① 论语·大学·中庸 [M]. 上海：上海古籍出版社，2023：108-109.
② 同①139.
③ 同①129.

步兵执长矛的突击战术取得胜利。季氏问冉有军事才能是谁教的，冉有趁机说服季康子迎回了周游列国14年的孔子。孔子曾指出，"求也，千室之邑，百乘之家，可使为之宰也"①，充分肯定了冉有的从政才能。

仲由，字子路，鲁国卞（今山东平邑仲村镇）人。子路是对孔子最为忠诚也是陪伴孔子最久的弟子，为儒家思想的发展和发扬作出了不可磨灭的贡献，被誉为"孔门十哲"，世人皆称其为先贤。子路有两个长处，一是"闻过则喜"，喜欢听别人说他的不足之处；二是主张人人平等，不媚贵不仇富。子路曾经数度做官，当过卫国的大夫，也做过卫国孔悝的蒲邑宰。《论语》里曾记载："子路问政。子曰：'先之，劳之。'请益。曰：'无倦。'"② 孔子教导子路，为政者"自己先要身体力行带好头，然后让老百姓辛勤劳作"。子路请求多讲一些，孔子指出，为政者不要倦怠。按照老师的教诲，子路热心政治，关心民生疾苦，在社会问题上孜孜不倦地学习和研究，同时，热心耿直的性格又使得子路积极入世治世，这一切都让子路在政治方面的才能大有增进。孔子曾不止一次地赞赏子路："千乘之国，可使治其赋也。"甚至向其他人推荐子路，认为子路办事干净利落，果断干脆，"可谓具臣矣"。不幸的是，子路在卫国从政时为救主死于卫国内乱，临死之前都在践行着老师"君子即便死了，也不能丧失礼仪风度，冠冕也不可凌乱"的教诲。子路过世的消息传来，孔子当即泪流满面，分外悲痛，不过一年便也与世长辞。

第三，善言语者宰我、子贡。宰予，字子我，亦称宰我，春秋末期鲁国人，孔子的著名弟子，曾随孔子周游列国，游历期间孔子派遣他使于齐国、楚国。宰我思维活跃，性格爽朗，口齿伶俐，擅长辞辩，是为数不多的敢于质疑孔子学说的弟子之一。《史记·仲尼弟子列传》记载宰我与孔子的一段对话颇具代表性：

> 宰予字子我。利口辩辞。既受业，问："三年之丧不已久乎？君子三年不为礼，礼必坏；三年不为乐，乐必崩。旧谷既没，新谷既升，钻燧改火，期可已矣。"子曰："于汝安乎？"曰："安。""汝安则为之。君子居丧，食旨不甘，闻乐不乐，故弗为也。"宰我出，子曰："予之不仁也！

---

① 论语·大学·中庸［M］．上海：上海古籍出版社，2023：59．
② 同①151．

子生三年，然后免于父母之怀。夫三年之丧，天下之通义也。"①

大意为：宰我，字子我，善于辞辩，受业于孔子后，问孔子说："父母去世后，服丧三年，时间太久了。君子三年不习礼，礼一定会败坏；三年不演奏音乐，音乐一定会荒废。旧谷已经吃完，新谷已经登场，取火用的燧木已经轮换了一遍，服丧一年就可以了。"孔子说："丧期不到三年就吃稻米，穿锦缎，对你来说心安吗？"宰我说："心安。"孔子说："你心安，就那样做吧！君子服丧，吃美味不觉得香甜，听音乐不感到快乐，所以不那样做。现在你心安，就那样去做吧！"宰我出去了，孔子说："宰我不仁啊！孩子生下来三年后，才能完全脱离父母的怀抱。三年丧期，是天下通行的丧礼。"由于宰我的这一番言行，孔子曾认为宰我是一个不仁的人。

子贡，复姓端木，名赐，卫国（今河南省鹤壁市浚县）人，孔门十哲之一，《论语》中记录有关孔子及弟子对话交流的言论中，子贡出现的次数较多。孔子曾多次称赞子贡能够做到"告诸往而知来者""赐之敏贤于丘也"，并把他比作尊贵的"瑚琏"之器（古代祭祀时用的最贵重的器皿）。子贡以"言语"见长。孔子被困于陈、蔡之间"绝粮"，危急时刻，孔子派子贡到达楚国，经过一番言辞，楚昭王派兵迎接孔子，孔子危机得免。子贡常在鲁、卫任职和参与政治活动。聘问各国诸侯时，所到之处，"国君无不分庭与之抗礼"。据传，齐将伐鲁时，孔子听说这件事，对门下弟子们说："鲁国是祖宗坟墓所在的地方，是我们出生的国家，我们的祖国危险到这种地步，诸位为什么不挺身而出呢？"子路请求前去，孔子制止了他，子张、子石请行，孔子也没有允许，当子贡请求时，孔子允许。子贡这一出行，保全了鲁国，扰乱了齐国，灭掉了吴国，使晋国强大而使越国称霸，可以说，"子贡一使，使势相破，十年之中，五国各有变"②。子贡无上地崇敬孔子，与孔子的情感格外深厚。他曾说："他人之贤者，丘陵也，犹可逾也；仲尼，日月也，无得而逾焉。"③ 他人的贤能，好比丘陵，还可以逾越；但孔子就好比是日月，是无法逾越的。孔子死后，弟子皆"三年心丧毕，相诀而去"，唯有子贡在孔子的坟冢旁建了一所茅屋，在此一共守丧六年，然后才离去。

---

① 司马迁. 史记［M］. 北京：中华书局，2009：411.

② 同①413.

③ 论语·大学·中庸［M］. 上海：上海古籍出版社，2023：228.

二、孔子以"仁""礼"为核心的思想

对于思想流派来说，最重要的是其核心思想，孔子作为儒家学派的重要代表人物，其核心思想体现为"仁"与"礼"。

(一)"仁"学思想及其基本内容

"仁"是孔子最具代表性的思想，是其思想体系的核心。在《论语》中，涉及"仁"的有60章，"仁"字出现109次。何谓"仁"？许慎在《说文解字》中释之为："仁，亲也，从人，从二。"① 孔子从未对"仁"进行过明确界定，在孔子的心目中，"仁"的含义是多方面的，"仁"表现在对待父母上，即是"孝"；表现在对待君主上，即是"忠"；表现在对待兄长上，即是"悌"；表现在对待朋友上，即是"信"。总体来看，"仁"的思想具有两个方面的意义：一是重视人的作用，注重人内心的修养；二是协调人与人之间的相互关系，蕴含着人我关系中人与人之间的尊重与友爱，同时肯定每个人都有仁义之心，人同此心，心同此理。细数《论语》，关于"仁"的说法很多，最重要的有以下几条：

> 樊迟问仁。子曰："爱人。"②
> 子曰："仁远乎哉？我欲仁，斯仁至矣。"③
> 仲弓问仁。子曰："出门如见大宾，使民如承大祭。己所不欲，勿施于人。在邦无怨，在家无怨。"④
> 子曰："夫仁者，己欲立而立人，己欲达而达人。能近取譬，可谓仁之方也已。"⑤
> 子张问仁于孔子。孔子曰："能行五者于天下，为仁矣。"请问之。曰："恭、宽、信、敏、惠。恭则不侮，宽则得众，信则人任焉，敏则有

---

① 段玉裁. 说文解字注 [M]. 北京：中华书局，2013：369.
② 论语·大学·中庸 [M]. 上海：上海古籍出版社，2023：149.
③ 同②92.
④ 同②140.
⑤ 同②80.

功，惠则足以使人。"①

　　颜渊问仁。子曰："克己复礼为仁。一日克己复礼，天下归仁焉。为仁由己，而由人乎哉？"颜渊曰："请问其目。"子曰："非礼勿视，非礼勿听，非礼勿言，非礼勿动。"②

　　孔子将"仁"推崇到一个极高的位置，在孔子思想中，"仁"是一种内在的需求，是固有的秩序，是人之为人的必然追求。

1. 关于"仁者爱人"

　　"仁者爱人"，这是孔子对"仁"的最基本界定。以"爱"来解释"仁"早已有之，《国语·周语下》载："爱人能仁""仁，文之爱也。"③《国语·楚语》载："明慈爱以导之仁。"④ 之后，孟子承孔子之言："仁者爱人，有礼者敬人。"⑤ 孔子的"仁者爱人"最重要表现为"孝悌"之爱。

　　"孝弟也者，其为仁之本与！"⑥"孝悌"在《论语》中被提到了很重要的地位，孔子要求"弟子入则孝，出则弟"⑦，把孝顺父母、敬重兄长的道德放在首位。曾子说："慎终追远，民德归厚矣。"⑧ 有子曰："其为人也孝弟，而好犯上者，鲜矣；不好犯上，而好作乱者，未之有也。"⑨ 意思是为人孝顺、尊敬兄长的人，喜欢冒犯长辈的很少见到；不喜欢冒犯长辈却喜欢犯上作乱的人，从未有过。孔子认为，孝敬父母、尊重兄长，这是仁道的根本，体现出孝悌乃君子所务之本。

　　"悌"的本意是敬重兄长。推演开来，"悌"所提倡的就是兄友弟恭，就是兄弟姐妹之间的和睦相处。孔子认为，存有一份热忱的手足之情，是"仁"的重要体现。《论语》记载："子路问曰：'何如斯可谓之士矣？'子曰：'切切、偲偲、怡怡如也，可谓士矣。朋友切切、偲偲，

---

① 论语·大学·中庸 [M]. 上海：上海古籍出版社，2023：204.
② 同①139.
③ 国语 [M]. 陈桐生，译注. 北京：中华书局，2013：104.
④ 同③586.
⑤ 孟子 [M]. 上海：上海古籍出版社，2022：118.
⑥ 同①17-18.
⑦ 同①19.
⑧ 同①21.
⑨ 同①17.

兄弟怡怡。'"① 子路问："怎样才可以称为士呢?"孔子说："互相帮助督促而又和睦相处,就可以叫作士了,即朋友之间互相勉励督促,兄弟之间和睦相处。"这里,"怡怡"多解释为谦顺貌,和顺貌,和悦。兄弟以恩合,彼此和悦、和顺,即"兄弟怡怡"。

"孝"在《论语》中多次提及,孔子强调"孝",不仅仅要求单纯的物质奉养,而是要建立在"敬心"的基础上。孔子认为,孝顺父母要真心实意,只有物质奉养而无精神慰藉,与畜生无异。当子游问孝时,孔子答曰:"今之孝者,是谓能养。至于犬马,皆能有养;不敬,何以别乎?"② 当子夏问孝时,孔子答曰:"色难。"即尊敬父母要做到对父母和颜悦色,使父母心情愉快,并在精神方面得到慰藉。孔子要求作为子女要做到:父母有事,主动"服其劳";"父母在,不远游,游必有方"③;要时时惦念父母的年纪,一则为其高寿而喜,二则为其年迈而惧,同时还要做到对父母的隐和谏。《论语》中记载:"叶公语孔子曰:'吾党有直躬者,其父攘羊,而子证之。'孔子曰:'吾党之直者异于是:父为子隐,子为父隐,直在其中矣。'"④ 叶公告诉孔子说:"我的家乡有个正直坦率的人,他的父亲偷了人家的羊,他就去告发了父亲。"孔子说:"我家乡人的正直和你讲的这样的事不一样。父亲为儿子隐瞒,儿子为父亲隐瞒,正直就在其中了。"孔子把人间至亲而流露的情感作为"仁"的起点,"父为子隐",是因为爱子心切,"子为父隐"则体现了真诚孝心。当然,孔子主张为父母"隐"过,但并不主张对父母之过视而不见,子女对父母之过有"谏"的责任,这也是孝的一种体现。"事父母几谏(微谏),见志不从,又敬不违,劳而不怨。"⑤ 即侍奉父母,对他们的缺点应该委婉地劝止,如果自己的意见没有被采纳,仍然要对他们恭敬,不加违抗,只在心里忧愁而不怨恨。孔子特别主张父母有过,要和气怡色,柔声规劝。若规劝不入,等父母高兴时再劝谏,做到微谏不倦,劳而不怨,这就做到了"孝"。由此观之,孔子所讲的关于"为仁之本"的孝悌之爱不仅是一种原始单纯的爱亲情感,更是一种理性之爱。

---

① 论语·大学·中庸 [M]. 上海:上海古籍出版社,2023:161.

② 同①29.

③ 同①54.

④ 同①158.

⑤ 同③.

不仅如此，孔子讲爱亲更彰显出深远的政治价值。《孔子家语》载："子曰：立爱自亲始，教民睦也。立敬自长始，教民顺也。教以慈睦，而民贵有亲；教以敬长，而民贵用命。民既孝于亲，又顺以听命，措诸天下，无所不行。"① 对君主而言，治理天下，欲使民心和顺，不生悖逆之心，须教导人民孝顺父母，尊敬兄长，如此，让民众做天下任何事，没有不行的。可见，孔子把亲亲（孝悌）作为"仁"的根本是有其深刻意义的。

2. 关于"忠恕之道"

从"仁者爱人"的总原则出发，孔子提出了"忠恕之道"。《论语·里仁》中载："子曰：'参乎！吾道一以贯之。'"曾子曰："'唯。'子出，门人问曰：'何谓也？'曾子曰：'夫子之道，忠恕而已矣。'"② 孔子说："曾参呀！我的学说可以用一个原则贯通起来。"曾参答道："是的。"孔子走出以后，其他人问道："这是什么意思？"曾参说："夫子所讲的道，主要是忠恕而已。"

从孔子的整个思想体系来看，"忠"和"恕"两个方面的内容是仁者"爱人"总原则的引申和发展。"忠"，就是"己欲立而立人，己欲达而达人"，含有忠厚笃实，积极为人的意思，意在自己要站得住，也要使别人站得住；自己要事事行得通，也要使别人事事行得通，做到"将心比心""设身处地""由己推人"。"恕"，就是"己所不欲，勿施于人"，自己所不愿意的，也不要强加到别人身上去，是一种具有界限性的道德法则，含有推己及人、想他人所想之意。作为为仁之方，"忠"和"恕"是指导人行为的"黄金法则"。

在孔子那里，"忠"还具有更广泛的含义。诸如："君子不重则不威，学则不固。主忠信。无友不如己者。过则勿惮改。"③ "居处恭，执事敬，与人忠。虽之夷狄，不可弃也。"④ "为人谋而不忠乎？"⑤ 这里所说的"忠"，都包含着真心诚意，积极为人的意思。当然，还包含"君使臣以礼，臣事君以忠"⑥ 的忠心之意。就"恕"的内容来说，具有"宽恕""容人"的含义，就是孔子所提倡的"以直报怨，以德报德"的品德。总之，孔子的"忠恕之

① 孔子家语 [M]. 王国轩，王秀梅，译注. 北京：中华书局，2011：222.
② 论语·大学·中庸 [M]. 上海：上海古籍出版社，2023：52-53.
③ 同②20.
④ 同②158.
⑤ 同②18.
⑥ 同②43.

道",是一种推己及心以爱人的精神。"忠"者,有诚恳为人之心也;"恕"者,无丝毫害人之意也,两个方面的结合,就是"仁"。

基于"忠"和"恕"之道的仁爱原则,孔子提出了实行"仁"的最基本、最重要的方法:"能近取譬"。钱穆指出:"人能近就己身取譬,立见人之与我,大相近似。"① 孔子认为,人都是相似的,因此能够"将心比心",以心心相通一步一步地去施行"仁"。"近"有两种含义:一是近自己,以自己的感受来推己及人;二是近自己最亲近的人,指的是自己的家庭成员或其他亲近之人,以爱父母、兄弟、妻子之心去爱他人、爱一切人,其意义在于以孝悌等道德为基础,由爱家庭成员及其他亲近之人扩展到爱一切人。

3. 关于"恭、宽、信、敏、惠"

"子张问仁于孔子,孔子曰:'能行五者于天下,为仁矣。'请问之。曰:'恭、宽、信、敏、惠。'恭则不侮,宽则得众,信则人任焉,敏则有功,惠则足以使人。"② 在孔子看来,恭、宽、信、敏、惠是施行"仁"的具体条件。"恭"就是予人恭敬。孔子说"恭则不侮",即仪态恭敬就不会招致侮辱,要做到"与人恭而有礼"③。"宽"即宽厚,正所谓"躬自厚而薄责于人"④,宽厚就会得到众人拥护。"信"即诚信,诚信就能够得到别人的信任。"敏"即勤敏,"敏于事而慎于言"⑤,强调的是勤敏行事。"惠"即慈惠,施行恩惠、仁慈,就能差遣他人。做到了这五点,就是做到了仁,成为了一个"仁人"。总之,"仁"作为道德规范包含了多种道德内容,在这些道德内容中贯穿着"爱人"的基本原则,是仁爱精神的重要彰显。

(二)孔子的政治实践:"礼治"和"德治"

秉持着积极入世的主张,孔子根据种种社会弊端,从"礼治"与"德治"两个方面入手,形成了重要的政治实践思想。

1. 关于"礼治"

孔子谙习周礼,很重视"礼治",提倡以礼治国,在《论语》中谈到

---

① 钱穆. 论语新解 [M]. 北京:生活·读书·新知三联书店,2002:165.
② 论语·大学·中庸 [M]. 上海:上海古籍出版社,2023:204.
③ 同②141.
④ 同②186.
⑤ 同②23.

"礼"的有 42 章,"礼"字出现了 70 多次,足见其对于"礼"的重视。

在对待"礼"上,一方面,孔子将"礼"精神化,更进一步追求"礼"之本,即"礼"的根本精神,强调"礼"的人本立场,坚决反对以被动的方式去遵从"礼",指出"礼"是为了人而存在。另一方面,孔子将"礼"政治化,清楚地解释了"礼"存在的价值,认为"礼"的作用之一就是协调人与人之间的关系,创造理想的集体秩序,进而内化为人与人文明相处所需的秩序感,让人在"礼"之下安心地生活在群体中。孔子认为,"道之以政,齐之以刑,民免而无耻。道之以德,齐之以礼,有耻且格"①。如果人人都按照"礼"来行事,自然就能有知耻之心,能自我检点而归于正道,形成最好的社会,由此,原来依附在封建宗法制度中的"礼"被孔子独立出来,变成了普遍的政治理想与原则。

首先,孔子主张对周礼有所"因革"和"损益"。孔子认为"礼"不可尽废,也不可尽袭,而是要根据新的时代需要有所扬弃和损益。孔子指出:"殷因于夏礼,所损益,可知也;周因于殷礼,所损益,可知也;其或继周者,虽百世可知也。"② 殷商承袭夏朝而来,其所行治天下之礼,有损有益,其所以兴、所以亡,这是我们知道的;周朝承袭殷朝而来,其所行治天下之礼,有损有益,其所以兴、所以亡,这是我们知道的;后之视今,亦犹今之视昔。今后将继承周朝而兴、而亡的,虽百世之远,都可以提前知道。一方面,孔子主张"周监于二代,郁郁乎文哉!吾从周"③。孔子的"从周",继承的是周以三代为借鉴,不盲从、不妄改的损益精神。另一方面,孔子对周礼强调"礼不下庶人,刑不上大夫"的思想予以革新,主张"道之以德,齐之以礼",赋予礼以"仁"的崭新生命。同时,相比于殷周时期奢侈豪华的礼乐制度,孔子提倡朴素节俭之风,提出:"礼,与其奢也,宁俭;丧,与其易也,宁戚。"④ 即礼仪方面,与其一味寻求奢侈,不如俭约务实;办理丧事,与其在仪式上治备周全,不如内心真正悲伤。

其次,孔子将"仁"与"礼"相连,为"礼"注入了新的内涵。孔子反对把"礼"只当成一种空洞的形式,认为,"礼"之所以崩坏,部分原因在于

---

① 论语·大学·中庸 [M]. 上海:上海古籍出版社,2023:26-27.

② 同①34-35.

③ 同①42.

④ 同①37.

人们在认知"礼"时放错了重点，忽视了"礼"所应具有的内在精神与道理——"仁"，即"人而不仁，如礼何？人而不仁，如乐何？"① 孔子赋予"礼"以"仁"的新意，使"礼"从外在的祭祀宗教含义变成了内在于每个人的态度，"礼"成为表现仁德内容的重要形式。如当子夏问："'巧笑倩兮，美目盼兮，素以为绚兮。'何谓也？"子曰："绘事后素。"曰："礼后乎？"子曰："起予者商也！始可与言《诗》已矣。"② 孔子说绚丽的绘画后于素洁的底布，子夏马上联想到礼乐产生于具有仁义的品质，得到了孔子的赞赏。

最后，孔子认为"人无礼不生""社会无礼不行"，"礼"表现为一种规范和等级。孔子十分看重"礼"对于人的重要价值，认为"人无礼不生"，指出："不学礼，无以立。"③ 同时，"礼"对于维护社会人际关系和谐也具有重要价值。第一，"礼"作为一种规范，是协调社会人际关系的依据。孔子主张将人的行为都置于"礼"之下，要求人们"非礼勿视，非礼勿听，非礼勿言，非礼勿动"④，约束和规范人们的行为。而在"礼"的规范下，民众容易管理，有助于国家和社会保持公正合理的秩序，正所谓："上好礼，则民莫敢不敬。"⑤ 第二，"礼"作为贵贱等级的重要体现，蕴含"定伦立身"的意义。孔子特别看重君君、臣臣、父父、子子的等级，称为"正名"。"名不正，则言不顺；言不顺，则事不成；事不成，则礼乐不兴；礼乐不兴，则刑罚不中；刑罚不中，则民无所措手足。"⑥ 意思是名分不正，说话就不合乎情理；说话不合乎情理，事情就办不好；事情办不好，礼乐就不兴盛；礼乐没能兴盛，那么刑罚就会不准确合适；刑罚不合适，人民就会手足无措。在这里，孔子提出"正名"的目的在于维护"君君、臣臣、父父、子子"这一封建地主阶级巩固统治所不可缺少的等级秩序，同时伴以道德的"正名"，正所谓"夫礼者，所以定亲疏，决嫌疑，别同异，明是非也"⑦，即确定行事的规矩，规定是非善恶的标准。

2. 关于"德治"

作为有着极大政治抱负的人，孔子力求把自身的道德观念融入其治国思想

---

① 论语·大学·中庸 [M]. 上海：上海古籍出版社，2023：37.

② 同①39.

③ 同①201.

④ 同①139.

⑤ 同①153.

⑥ 同①152.

⑦ 魏徵，等，编纂. 群书治要 [M]. 北京：中华书局，2014：80.

之中，形成了较为系统的"德治"思想。

第一，只要"为政以德"，就能"众星共之"。孔子总结了历史上的统治经验，特别是周代统治者所提出的"以德配天""明德慎罚""敬德保民"的政治伦理思想，又鉴于早期奴隶主暴虐统治的现实状况，认定"尚力"者不得善终，"尚德"者终有天下。当季康子向孔子请教治国安邦的办法时，孔子回答说："政者，正也。子帅以正，孰敢不正？"① 又说："苟正其身矣，于从政乎何有？不能正其身，如正人何？""其身正，不令而行；其身不正，虽令不从。"② 只要统治者能够以德修身，行为正当，治理国家是不困难的。对此孔子还做了一个形象的比喻："君子之德风，小人之德草。草上之风，必偃。"③ 大意为为政者的道德品质就好比是风，平民百姓的道德品质就好比是草，当风吹到草上面的时候，草就会跟着风的方向倒，强调了为政者做好垂范表率的重要性。

第二，反对"暴"与"虐"，提倡"宽则得众"的统治方法。孔子在坚持"为政以德"的观念下，继承和发展了西周"明德慎罚"的思想。孔子指出："子为政，焉用杀？子欲善，而民善矣。"④ 道德和刑罚都是约束人们思想行为以维护社会秩序的手段，但刑罚只能弭祸于已发，不足以服民众之心，民众只是惧怕刑罚的威势而暂时收敛行为，不能达到根本治理国家的效果。但是德治不同，德治可以通过潜移默化的情感感召唤起民众的羞耻心，使人从内心产生向善之心，主动做出良善行为，具有更为长久的效用，是刑罚所达不到的治理方式。正所谓："道之以政，齐之以刑，民免而无耻。道之以德，齐之以礼，有耻且格。"⑤ 用政令来治理百姓，用刑罚来整顿他们，老百姓只求能免于犯罪免受惩罚，却没有廉耻之心；用道德引导百姓，用礼制去同化他们，百姓不仅会有羞耻之心，而且会有归服之心。为此，孔子极力反对单纯借用刑罚的手段来治理国家，主张实行以宽为主，宽猛相济的统治方法。

第三，主张"因民之所利而利之"，提出"富民""利民"。儒家的民本思想在诸子百家中影响最大，探讨也最为深刻，其理论上的创新在于将"重民"

---

① 论语·大学·中庸［M］. 上海：上海古籍出版社，2023：147.

② 同①154.

③ 同①.

④ 同①.

⑤ 同①26-27.

的观点与"仁政"结合起来，将"爱民保民"置于为政的政治观念核心。孔子曾指出："节用而爱人，使民以时。"① 不仅如此，孔子还积极主张适当减轻对劳动者的剥削，提倡"富民""利民"思想。孔子说："富与贵，是人之所欲也，不以其道得之，不处也。贫与贱，是人之所恶也，不以其道得之，不去也。"② 肯定了"人欲"是合乎情理的。但是孔子认为，满足这种欲望的方法要合乎"仁道"，要"因民之利而利之""择可劳而劳之"③，主张要顺应民情，因势利导提出推动经济发展的政策，让老百姓从中获利，这样百姓便不会怨恨。同时，孔子还主张藏富于民，认为安民之道就应像子产那样"其养民也惠，其使民也义"④。要尽可能地薄收赋税，《说苑》曾记载："鲁哀公问政于孔子，孔子回答说：'政有使民富且寿。'哀公曰：'何谓也？'孔子曰：'薄赋敛则民富。'"⑤ 即薄赋税，民则富矣，充分表明了减轻人民负担，养民、富民的主张。孔子特别指出，做一个统治者，应当"不患寡（贫）而患不均，不患贫（寡）而患不安。盖均无贫，和无寡，安无倾"⑥。意思是，作为一个统治者，不担忧人少而担忧不平均，不担忧贫穷而担忧不安定，人人均等便没有贫穷，和平安定便不觉得人少，国家安定便没有倾危，表达出孔子对善治、良政基本标准和要求的初步探讨以及对德治的全面思考。

三、孔子的道德修养及其理想人格

孔子创立儒家的最终落脚点在于成为一个什么样的人。在向着这一最终目标努力的过程中，孔子提出了其君子、仁者、圣人的理想人格，以及"为仁由己"的道德修养之方。

（一）"君子""仁者""圣人"的多层次理想人格

理想人格是人们塑造出来的心中所向往的人格典范，是期望人格所达到的最高境界。孔子把"君子""仁者""圣人"作为自己的理想人格，这种理想

---

① 论语·大学·中庸 [M]. 上海：上海古籍出版社，2023：19.
② 同①49.
③ 同①231.
④ 同①63.
⑤ 刘向. 说苑 [M]. 杨以滢，校. 上海：商务印书馆，1937：61.
⑥ 同①195.

人格"与天地合其德",是"仁"的道德理想的最佳体现。

1. "君子"的理想人格

"君子"一词早在《尚书》《易经》中已出现,但多指具有高位且有德的为政者。孔子在继承这一传统说法的基础上,把"君子"视为一种道德上的典范,定义为人们应该效法的理想人格。在《论语》中,"君子"一词成为仅次于"仁"的高频词汇。

孔子理想中的"君子"以内心的"仁"为根本,同时又是在外在行为上完全合乎"礼"的人。在《宪问》篇中,孔子对君子进行了颇具概括性的界定:"君子道者三,我无能焉:仁者不忧,知者不惑,勇者不惧。"① 即所谓的"知、仁、勇三达德","知"是具有渊博的道德知识,"仁"是具有泛爱的道德,"勇"是具有果敢刚毅的品行。孔子认为,"君子"总是以"仁"的道德原则来要求自己,"无终食之间违仁,造次必于是,颠沛必于是"②,君子没有一顿饭的时间背离仁德,匆忙紧迫时这样,颠沛流离时也是这样,君子是"仁"的真正体现者。基于这种观点,在《论语》中,孔子对君子进行了不同角度的界定。

如在性格上,君子"不忧不惧"③"泰而不骄"④"敬而无失"⑤"与人恭而有礼"⑥"文质彬彬"⑦,而且"知天、知命";在对待生活方面,"君子食无求饱,居无求安"⑧,一箪食,一瓢饮,曲肱而枕,也能安守贫困,总是保持愉快的情绪;在对待义利问题时,"君子义以为上"⑨"君子喻于义"⑩"君子之于天下也,无适也,无莫也,义之与比"⑪;在处理人际关系时,"君子周而不比"⑫"矜而不争,群而不党"⑬,能够做到亲近平易,无偏私,因此君子可

---

① 论语·大学·中庸 [M]. 上海:上海古籍出版社,2023:174.
② 同①49.
③ 同①141.
④ 同①161.
⑤ 同③.
⑥ 同③.
⑦ 同①76.
⑧ 同①23.
⑨ 同①212.
⑩ 同①53.
⑪ 同①51.
⑫ 同①31.
⑬ 同①188.

以"四海之内，皆兄弟也"①；在荣辱问题上，君子"怀德""济众"并"和而不同"②，"君子成人之美，不成人之恶"③，君子总是言行一致，信守自己的诺言，说到做到，"言之必可行"④，君子与人相和，出自真心，因此"君子坦荡荡"。孔子对于君子品性提出了诸多要求，要"泰而不骄"⑤，要"刚、毅、木、讷"，有仁有智有勇，要不断地"反求诸己"，特别是当君子犯错误时，还严格要求自己，从不掩饰自己的缺点和错误，孔子指出："君子之过也，如日月之食焉：过也，人皆见之；更也，人皆仰之。"⑥ 君子犯了过错所有人都看得见；改正了错误，所有人都仰望着他。当然，君子所具有的种种高尚品格不是为了自我成就，而是为了使百姓安乐，使天下太平。《宪问》篇中子路问君子，"子曰：'修己以敬。'曰：'如斯而已乎？'曰：'修己以安人。'曰：'如斯而已乎？'曰：'修己以安百姓。修己以安百姓，尧、舜其犹病诸！'"⑦ 大意是，子路问怎样做才合乎君子的标准。孔子说："提高自己的修养，对人严肃恭敬。"子路说："这样就够了吗？"孔子说："提高自己的修养，安抚别人。"子路说："这样就够了吗？"孔子说："提高自己的修养，安定百姓。提高自己的修养，安定百姓，恐怕尧、舜都难以做到啊！"由此体现了儒家内圣外王，治国平天下的政治抱负。

2. 仁者的要求

除君子外，孔子在理想人格上还提出了"仁者"，来看《论语》中关于仁者的表述：

> 子曰："不仁者不可以久处约，不可以长处乐。仁者安仁，知者利仁。"⑧
>
> 子曰："唯仁者能好人，能恶人。"⑨

---

① 论语·大学·中庸 [M]. 上海：上海古籍出版社，2023：141.
② 同①160.
③ 同①146.
④ 同①152.
⑤ 同①161.
⑥ 同①227.
⑦ 同①179.
⑧ 同①48.
⑨ 同⑧.

子曰："有德者必有言，有言者不必有德；仁者必有勇，勇者不必有仁。"①

子曰："……夫仁者，己欲立而立人，己欲达而达人……"②

子曰："能行五者于天下，为仁矣。"请问之。曰："恭、宽、信、敏、惠。"③

子曰："志士仁人，无求生以害仁，有杀身以成仁。"④

"仁"是孔子君子理想人格的核心要素，对君子而言，"仁"是其必须具备的道德要素，不得须臾离"仁"，否则就不能称之为君子。事实上，孔子时常把"仁者"与"君子"等同看待。"宰我问曰：'仁者，虽告之曰：'井有仁焉'，其从之也?'子曰：'何为其然也? 君子可逝也，不可陷也；可欺也，不可罔也。'"⑤ 宰我用"仁者"提问，而孔子答曰"君子"，在这里，"君子"与"仁者"成为具有同样含义的人格。孔子认为，仁者是最完美、最高尚的君子，当一个人成就了君子人格，即成为所谓的"仁者"。"仁者"既包括笃诚敬谨的态度，也包括坚韧不拔的精神；既有慈爱宽惠的襟怀，又有忠信友孝的品格。孔子自谦"圣"与"仁"是自己所不敢当的，但同样也指出"我欲仁，斯仁至矣"⑥，"仁者"并不遥不可及，是切实与具体的设定。

3. 圣人的理想境界

"圣人"，在《论语》中仅有4处。

子贡曰："如有博施于民而能济众，何如? 可谓仁乎?"子曰："何事于仁，必也圣乎! 尧、舜其犹病诸!"⑦

子曰："圣人，吾不得而见之矣；得见君子者，斯可矣。"⑧

孔子曰："君子有三畏：畏天命，畏大人，畏圣人之言。小人不知天

---

① 论语·大学·中庸 [M]. 上海：上海古籍出版社，2023：164.
② 同①80.
③ 同①204.
④ 同①184.
⑤ 同①79.
⑥ 同①92.
⑦ 同②.
⑧ 同①91.

命而不畏也，狎大人，侮圣人之言。"①

君子之道，焉可诬也？有始有卒者，其惟圣人乎！②

圣人在孔子那里是比君子和仁者更高的理想人格，是孔子理想人格中最高层次的终极人格，在孔子看来，圣人不仅仅是个人修养的最高境界，同时也具有最高的政治功业，是连尧舜都难以实现的理想人格。在《孔子家语》中，鲁哀公向孔子询问关于人才选拔的标准，孔子曰："人有五仪，有庸人，有士人，有君子，有贤人，有圣人。审此五者，则治道毕矣。"③ 在此，孔子将人分为五类，而圣人则位于五种人中的最高级。鲁哀公又问："什么样才是圣人？"孔子曰："所谓圣人者，德合于天地，变通无方，穷万事之终始，协庶品之自然，敷其大道而遂成情性。明并日月，化行若神。下民不知其德，睹者不识其邻。此谓圣人也。"④ 所谓圣人，就是与天地合其德，变通自如，达于八方。探究万事万物的终始，协和万事万物的自然法则，依照万事万物的自然规律来成就它们。光明如日月，教化如神灵。众人不知道他的德行，被教化后还不知道他就在自己的身边，这样的人就是圣人。圣人在孔子那里是真善美的化身，是具有纯粹仁的人，圣人不仅超越了君子，也超越了仁者，是将仁做到极致的最高理想，进而也成为孔子所设定的终极目标。

（二）"为仁由己"的道德修养方法

孔子认为，要培养"君子"甚至是"圣人"的理想人格，必须不断地进行道德修养。

1. 道德修养的目的

孔子给他的弟子们讲述了自己一生道德修养的过程，在《为政》篇中说到："吾十有五而志于学，三十而立，四十而不惑，五十而知天命，六十而耳顺，七十而从心所欲，不逾矩。"⑤ 在孔子看来，道德修养所达到的最高境界，应当是"从心所欲，不逾矩"，这是向君子人格不断迈进的一步，是道德境界

① 论语·大学·中庸［M］. 上海：上海古籍出版社，2023：199.
② 同①224.
③ 孔子家语［M］. 王国轩，王秀梅，译注. 北京：中华书局，2011：57.
④ 同③58.
⑤ 同①27.

不断提升的过程。在这种境界中，人在道德上是绝对自由、自觉与自主的，他和最高的道德已然融为一体。

2. 道德修养的方法

在道德修养上，孔子以"克己复礼"为原则，认为"礼"具有对道德很好的节制作用，只有一切行动都符合"礼"，思想和境界才能达到"仁"，这是外在"礼"化为内在"仁"的过程。孔子给人们提出了"克己"的具体要求，即"非礼勿视，非礼勿听，非礼勿言，非礼勿动"。①

孔子指出，一个人能否成为有仁德的人，关键在于个人是否能够努力修养，即"君子求诸己，小人求诸人"②"为仁由己，而由人乎哉?"③ 在具体做法上，一是要孜孜以学，做到"笃信好学，守死善道"④。孔子以自身的经历对学生说："我非生而知之者，好古，敏以求之者也。"⑤"吾尝终日不食，终夜不寝，以思，无益，不如学也。"⑥ 孔子说自己并不是生来就有知识的人，而是爱好古代的东西，勤奋敏捷地去求得知识。孔子指出，整天不吃、整夜不睡地去思索没有益处，不如去学习。"好仁不好学，其蔽也愚；好知不好学，其蔽也荡；好信不好学，其蔽也贼；好直不好学，其蔽也绞；好勇不好学，其蔽也乱；好刚不好学，其蔽也狂。"⑦ 大意是，爱好仁德而不好学习，便会使人愚蠢；爱好聪明而不好学习，便会流于放荡；爱好诚信而不好学习，便会容易受人利用而害了自己；爱好直率而不好学习，便会尖刻不通情理；爱好勇敢而不好学习，便会造成祸乱；爱好刚强而不好学习，便会陷于狂妄，进而充分点明了"学"的重要性。对此，孔子还提出了"九思"的自省之道："视思明，听思聪，色思温，貌思恭，言思忠，事思敬，疑思问，忿思难，见得思义。"⑧ 即看的时候要思考看明白了没；听的时候要思考听清楚了没；待人接物时，要想想脸色是否温和，样貌是否恭敬；说话时要想想是否忠实；做事时要想想是否严肃认真；有疑难时要想着询问；气愤发怒时要想想可能产生的后患；看见可得的要想想是否合于义，由此提出了学思结合的修养之方。二是要

---

① 论语·大学·中庸 [M]. 上海：上海古籍出版社，2023：139.
② 同①188.
③ 同①.
④ 同①101.
⑤ 同①89.
⑥ 同①190.
⑦ 同①205.
⑧ 同①199-200.

严以责己，自觉修身。孔子指出，"君子病无能焉，不病人之不己知也"①"不患人之不己知，患不知人也"②。君子只怕自己没有才能，不怕别人不知道自己；不忧虑别人不了解自己，只忧虑自己不了解别人。作为君子，要坚持做到"吾日三省吾身：为人谋而不忠乎？与朋友交而不信乎？传不习乎？"③要善于相互学习，取长补短，"三人行，必有我师焉。择其善者而从之，其不善者而改之"④。要"见贤思齐焉，见不贤而内自省也"⑤，对于来自各方面的意见，应当有分析地对待，凡是合理的意见，不但要接受，而且要"改之为贵"。孔子特别强调居上位的人，要做到"克己""修己""正身"。他说："苟正其身矣，于从政乎何有？不能正其身，如正人何？"⑥如果端正了自身的行为，管理政事还有什么困难呢？如果不能端正自身的行为，怎能使别人端正呢？这表明了为政者正身修德的重要性。三是要躬身笃行。积极笃行是道德修养的外化阶段，《中庸》中曾提到："博学之，审问之，慎思之，明辨之，笃行之。"⑦认为修身要广博地学习、详细地询问、慎重地思考、明白地辨别，最后落脚到切实地力行，即个人修养的关键在于于实处用力。孔子指出，"言必信，行必果"⑧，认为作为君子应注重言行一致，言出必行，唯有如此，才能做到"修己以安人""修己以安百姓"的理想圣人境界。总之，孔子的道德修养与理想人格相合一，具备了"修身、齐家、治国、平天下"的"内圣外王"之道。

【课后思考】

1. 如何理解孔子所提出的"仁""礼"思想？
2. 孔子个人道德修养的主张对青年大学生个人成长成才有哪些重要意义？

【当代审视】

在人我关系问题上，西方一直有着悠久的利己主义传统，这一观点认为人

---

① 论语·大学·中庸 [M]. 上海：上海古籍出版社，2023：187.
② 同①24.
③ 同①18.
④ 同①90.
⑤ 同①54.
⑥ 同①156.
⑦ 朱熹. 四书章句集注 [M]. 北京：中华书局，2011：32.
⑧ 同①158-159.

为了生存和发展从天性而言就是利己的，这是人的自然本能特性。之后，这一观点衍生出合理利己主义思想，认为人本性虽是自私的，但人会对自私之心有所克制，在追求满足个人利己之心的同时会顾及他人的利益。但从本质而言，这种羞答答的利己主义常常因利己主义的目的而在大多数情况下不得不放弃"合理"的"利他"手段而无法被真正地实现。

当前，伴随着改革开放和社会主义市场经济的发展，为利己主义思想的产生提供了现实场域，商品拜物教、货币拜物教导致利己主义不断滋生，在现实生活中屡见不鲜。而在社会主义道德教育中，由于缺乏对社会主义道德本质的深刻理解，促使一些人特别是青年大学生难以形成对社会主义道德的价值认同，逐渐产生对于利己主义合理性的认可。而在这一过程中，西方社会思潮渐次涌入，不断高扬利己主义的合理性，在一定程度上又揽收了相当数量的利己主义信奉者。虽然这些现象在当前社会主义道德建设过程中并不占据主流，但仍给我们带来了不可忽视的挑战。面对这一现实问题，孔子的"仁爱"思想无疑是一剂治愈的良药，印证着中华优秀传统文化的意义所在。

我们知道，作为社会存在的人，一定会与他人、集体和社会发生特定的关系，因此人绝不能满足于自然本能的存在，而是要超越自然本能，学会爱他人、爱自己，要以"仁爱"之道成就做人、做事的境界，以"尚义"思想冲破利己主义的藩篱，以"明礼"构建人际关系的和谐，以"谦让恭敬"调适人与人之间的紧张关系，进而抛却利己主义的狭隘思维，宽容和善待自己周围的人，设身处地、将心比心地为他人着想，构建出一种关怀他人、对周围及社会心存感恩并懂得以礼相待的社会公德氛围，这是西方个人主义思想所不能及的道德境界。青年大学生要认识到孔子"仁爱"思想的重要性，做"守仁""明义""懂礼"之人，成就自身高尚的道德品质，内化于心，外化于行。

【延伸阅读】

1. 张岱年：《孔子大辞典》，上海辞书出版社，1993 年。

2. 陈来：《孔夫子与现代世界》，北京大学出版社，2010 年。

3. 施忠连：《世界眼中的孔子》，中华书局，2010 年。

4. 钱穆：《孔子传》，生活·读书·新知三联书店，2012 年。

5. 伍晓明：《吾道一以贯之：重读孔子》，北京大学出版社，2013 年。

第四讲　墨子兼爱和义利并重的思想

继孔子创立儒家之后，战国初期，兴起了另一个具有重要影响力的学派——墨家，二者史称"儒墨显学"。如果说儒家代表的是没落贵族阶级的利益，那么墨家则代表的是社会中下层小生产劳动者的利益，他们强烈要求保护新兴小生产劳动者的物质需求和政治权利，形成了与儒家截然不同甚至对立的思想体系。秦汉之交，墨家渐次式微，逐渐退出了历史舞台。墨家最具代表性的当属墨子，兼爱、非命、尚贤、尚同、天志、明鬼、非攻、非乐、节用、节葬等观念成为墨子思想的核心。

一、墨子生平及其学派

春秋战国时期，伴随着社会生产力的发展，原有严格的社会秩序逐渐解体。这一时期，个体手工业者和农业生产者成为社会物质生产的重要力量，同时也成为一股不可忽视的社会力量，墨子代表的墨家学派正是在这样的社会背景下发展起来，提出了对后世具有深远影响的学说。

墨子人物简介

墨家在先秦时期影响很大，《韩非子·显学》指出："世之显学，儒、墨也。"[1] 孟子也指出："天下之言，不归杨，则归墨。"[2] 当时的百家争鸣有"非儒即墨"之说，汉代时期还常以"儒墨"并提、"孔墨"并举。

1. 墨子其人

墨子，名翟，春秋末期战国初期宋国人，略晚于孔子。墨子是墨家学派的创始人，著名的思想家、教育家、科学家、军事家。墨子是一个有相当文化知识又比较接近工农小生产者的士人，曾自诩说"上无君上之事，下无耕农之难"[3]，对"农与工肆之人"有着强烈同情之心。墨子勤奋好学，苦读博览，《庄子·天下》篇曾指出墨子"好学而博"，周游列国之时在车上会载有很多书籍，把读书看作是自己人生的第一要务。墨子道德高尚，屡屡被人称颂，程

---

① 韩非子 [M]. 姜俊俊，校点. 上海：上海古籍出版社，2019：553.
② 孟子 [M]. 上海：上海古籍出版社，2022：84.
③ 墨子 [M]. 吴旭民，校点. 上海：上海古籍出版社，2022：230.

颐、程颢就曾指出墨子具有至上的道德。

墨子曾师从儒者，学习孔子的儒学和《诗》《书》《春秋》等儒家典籍，后发现儒家学说的缺点，开始对其进行批判。《淮南子·要略》篇论述墨家兴起时指出："墨子学儒者之业，受孔子之术，以为其礼烦扰而不悦，厚葬靡财而贫民，服伤生而害事。故背周道而用夏政。"① 墨子主要批评儒者对待天、鬼神和命运的态度，以及厚葬久丧、奢靡礼乐的行为，认为儒家所讲的都是些华而不实的废话，因此自创学派。但应该看到的是，墨子构建其兼爱体系所使用的术语或概念，如孝、慈、仁、义等，基本上仍是儒者惯用的词汇。同时，兼爱、尚同、尚贤等主张也可以在《礼运》中找到思想痕迹，只是在具体走向上以不同的思路构建了自己的理论体系。

对于墨子，《史记·孟子荀卿列传》中对其介绍甚少，仅有 24 个字："盖墨翟，宋之大夫，善守御，为节用，或曰并孔子时，或曰在其后。"② 作为显赫一时的学派代表人物，为何司马迁如此吝惜笔墨，对墨子寥寥数语带过？如果说是因为司马迁对墨子学说不甚喜爱，他却在《史记》中表达过对于墨家的推崇："汉兴八十馀年矣，上方乡文学，招俊乂，以广儒墨，弘为举首。"③ "墨者亦尚尧舜道，言其德行……此墨子之所长，虽百家弗能废也。"④ 由此可见，应该不是司马迁对墨子怀有成见而故意不述，很大可能性在于战国末期墨家之学逐渐衰微，加之后世挤压难以发展，故司马迁写墨子时可参考的文献较少。

墨子一生的活动主要有两方面：一是广收弟子，积极宣传自己的学说；二是不遗余力地反对兼并战争。为宣传自己的主张，墨子广收门徒，据《吕氏春秋》所载，"孔墨之弟子徒属充满天下"⑤。由于弟子众多，形成了声势浩大的墨家学派，这个学派世代相传的领袖人物叫"钜子"。墨子为第一代"钜子"，他死后，孟胜、田襄子等人相继任之，继承了墨子的事业。墨家的成员都称为"墨者"，代代相传，所有墨者都服从"钜子"的指挥和指导，甚至可以"赴汤蹈火，死不旋踵"。对此《淮南子·泰族训》指出："墨子服役者百

① 淮南子 [M]. 陈广忠，译注. 北京：中华书局，2012：1267.

② 司马迁. 史记 [M]. 北京：中华书局，2006：457.

③ 同②660.

④ 同②759.

⑤ 吕氏春秋 [M]. 张玉玲，译注. 太原：三晋出版社，2008：258.

八十人，皆可使赴火蹈刃，死不旋踵"①，充分体现了墨家任侠的精神。鲁迅对墨家精神非常推崇，在其著作《故事新编》的《铸剑》《非攻》篇中都可以看到墨家的影子。对于鲁迅而言，墨家团体所具有的摩顶放踵而利天下的担当精神和献身情怀在他所在的时代十分难能可贵，是当时中华民族最为需要的精神。墨子死后，墨家学派出现了分化，《韩非子·显学》篇说："孔、墨之后，儒分为八，墨离为三。"② 即相里氏之墨、相夫氏之墨、邓陵氏之墨三个学派。墨子一生的行迹很广，东到齐，北到郑、卫，并打算到越国，但终未成行。墨子多次访问楚国，献书给楚惠王。楚惠王打算以书社封墨子，但墨子最终没有接受。后来他又拒绝了楚王赐给他的封地，离开了楚国。越王邀请墨子做官，并许给他五百里的封地，墨子以"听我的劝告，按我讲的道理办事"作为前往条件，而不计较封地与爵禄，其目的是实现自己的政治抱负和思想主张，遭到越王拒绝。

2.《墨子》一书

研究墨家思想的资料，主要有《墨子》一书，其包含政治、经济、文化、科学、教育、军事诸方面的思想，原《墨子》有 71 篇，是经刘向、刘歆编撰整理的帛书，后散佚 18 篇，现存 53 篇。

《墨子》成书过程跨度很大，从战国初到战国末，共两百多年。书中一部分是墨子本人所著，一部分是墨子弟子们记载的墨子思想笔记，同时还有一部分是墨子后学的思想，由此可见《墨子》实际上是一部"墨学丛书"，总体上是墨子思想的完整体现。据考证，其中《尚贤》《尚同》《兼爱》《非攻》《节用》《节葬》《天志》《明鬼》《非乐》《非命》等篇为墨家学派思想精华，代表了墨子及其弟子的思想。

3. 墨子思想的特点

墨子思想的特征，可由著名的"三表法"予以表达。"何谓三表？子墨子言曰：'有本之者，有原之者，有用之者。'于何本之？上本之于古者圣王之事。于何原之？下原察百姓耳目之实。于何用之？废以为刑政。观其中国家百姓人民之利。此所谓言有三表也。"③ 其中，"上本之于古者圣王之事"，圣王主要是指夏禹，墨子沿用了托古的技巧，主张以历史记载中的前人经验为依

---

① 魏徵，等，编纂. 群书治要 [M]. 北京：中华书局，2014：510.
② 韩非子 [M]. 姜俊俊，校点. 上海：上海古籍出版社，2019：553.
③ 墨子 [M]. 吴旭民，校点. 上海：上海古籍出版社，2022：143.

据。"下原察百姓耳目之实",意指墨子认为任何事物是否真实,必须诉诸人的感官经验,因此主张以广大群众的实践经验为依据。"废以为刑政。观其中国家百姓人民之利",是以功利或效用作为价值判断的准则,墨子主张考察各种言论主张,凡是能对国家和人民有用并能够带来效益的,就是好的和最有价值的。总之,"实用"成为验证所有权威或传统观念的标准,凡是合乎"三表法"的要求,即为社会和国家的要求。

《汉书·艺文志》曾对墨家学派的思想特点进行了表述:"墨家者流,盖出于清庙之守。茅屋采椽,是以贵俭。养三老、五更,是以兼爱;选士大射,是以上贤。宗祀严父,是以右鬼;顺四时而行,是以非命;以孝视天下,是以上同。此其所长也。及蔽者为之,见俭之利,因以非礼乐,推兼爱之意,而不知别亲疏。"① 大意是,墨家学派出于古代掌管宗庙的官职,住在茅草盖顶采木为椽的房子里,注重节俭。奉养年老、更事致仕,所以主张兼爱。以大射礼选拔人才,所以崇尚贤人。尊敬祖先,所以崇敬鬼神。顺从四时做事,所以不相信命运。以孝道宣示天下,所以崇尚同心同德,这就是他们的长处。但眼光短浅的人,实行墨家学术,只看到节俭的好处,反对礼节,推广兼爱的旨意,而不知道分别亲疏远近。墨家学派关心物质生产、农耕、织纴、工匠等事物,强调现实,常被贵族士大夫称为"役夫之道"。在墨家思想中,重实用、尚功利成为其思想最重要的特点。

二、以"兼相爱""交相利"为核心的社会理想

墨子及其所创立的墨家是战国时期的一个特殊存在,他站在与儒家相对立的立场,从时代课题出发,提出了兼爱、非攻、尚贤、尚同、节用、节葬、非乐、非命、天志、明鬼等主张,被称为墨子"十论"。这些思想成为那个时代小工业生产者思想的缩影和对社会理想诉求的现实观照。

(一) 墨子的兼爱思想

"兼爱"是墨子思想的核心,正像"仁"是孔子思想的代表一样,"兼爱"体现了墨子对儒家"爱有等差"观念的一种否定,带有了一种乌托邦性质的

---

① 魏徵,等,编纂. 群书治要 [M]. 北京:中华书局,2014:179.

理想追求。

1. "兼爱"与"别相恶"

"天下兼相爱则治，相恶则乱"①，墨子将"兼爱"视为建构理想社会的良方，认为天下之乱根在于人与人之间的不相爱，臣对君不敬、子对父不孝、君与父不慈，大夫各爱其家、不爱异家，诸侯各爱其国、不爱异国，甚至是盗贼害人都是相互之间没有相爱导致的。为此，应从"兼爱"始，只要做到了"兼爱"，社会便会发展成为一个强不执弱、众不劫寡、富不侮贫、贵不傲贱、诈不谋愚的理想社会。

什么是"兼爱"？即是不分人我、不别亲疏，无所等差地爱一切人。细致地看，"兼爱"的真正含义是：在对象上，除"桀、纣、幽、厉"之类的暴君、暴徒之外，无人不可爱，无人可不爱，是一种尽爱、俱爱和周爱。"爱人，待周爱人，而后为爱人。不爱人，不待周不爱人，不失周爱：因为不爱人矣。"② 在主体上，人人皆可以爱人，人人对他人皆有责任，不分民族、阶级、等级、亲疏和人己。在时间上，"兼爱"具有一贯性。兼爱是持久的，不容割裂，"昔者之爱人也，非今之爱人也"③。在目的上，"兼爱"就是要让所有被爱者能得到现实的"利"，即"万民衣食之所以足也"④，从而感受到这种"无偏私之爱"。

墨子认为，"兼"与"别"是两个特有的相对概念。"兼"是人人相善的动因，"别"是人人相恶的原因，故而应该"兼以易别"。如果大家都在"兼爱"思想的指导下努力做一个"兼士"，不做"别士"，那么整个社会自然会变得十分美好。对此墨子列举了一个生动的例子：

> 使其一士者执别，使其一士者执兼。是故别士之言曰："吾岂能为吾友之身若为吾身，为吾友之亲若为吾亲。"是故退睹其友，饥即不食，寒即不衣，疾病不侍养，死丧不葬埋。别士之言若此，行若此。兼士之言不然，行亦不然，曰："吾闻为高士于天下者，必为其友之身若为其身，为其友之亲若为其亲，然后可以为高士天下。"是故退睹其友，饥则食之，

① 墨子 [M]. 吴旭民，校点. 上海：上海古籍出版社，2022：59.
② 同①215.
③ 同①211.
④ 同①72.

寒则衣之，疾病侍养之，死丧葬埋之。兼士之言若此，行若此。……然即敢问，不识将恶也。家室奉承亲戚，提挈妻子，而寄托之，不识于兼之有是乎？于别之有是乎哉？以为当其于此也，天下无愚夫愚妇，虽非兼之人，必寄托之于兼之有是也。此言而非兼，择即取兼，即此言行拂也。不识天下之士，所以皆闻兼而非之者，其故何也？①

这段话的大意为：一士主张别（相恶），另一士主张兼（相爱）。主张别（相恶）的士子说："我怎么能看待我朋友的身体，就像我的身体；看待我朋友的双亲，就像我的双亲。"所以他返身看到他朋友饥饿时不给他吃，受冻时不给他穿，有病时不侍候疗养，死亡后不给葬埋。主张别（相恶）的士子言论如此，行为如此。主张兼（相爱）的士人言论不是这样，行为也不是这样。他说："我听说作为天下的高士，必须对待朋友之身如自己之身，看待朋友的双亲如自己的双亲。这样以后就可以成为天下的高士。"所以他看到朋友饥饿时就给他吃，受冻时就给他穿，生病时前去服侍，死亡后给予葬埋。主张兼（相爱）的士人言论如此，行为也如此。……那么请问：他要托庇家室，奉养父母，寄顿自己的妻子，究竟是去拜托那主张兼（相爱）的人呢？还是去拜托那主张别（相恶）的人呢？我认为在这个时候，无论天下的愚夫愚妇，即使反对兼（相爱）的人，也必然要寄托给主张兼（相爱）的人。言语上否定兼（相爱），（找人帮忙）却选择兼（相爱）的人，这就是言行相违背。我不知道天下的人听到兼（相爱）而非议它的做法，原因在哪里？

墨子通过上述这一段话是想说明兼士爱人如己，别士自私自利，除非是愚笨之人，否则都会选择兼士，显然"兼士"才是更受社会欢迎的。

从"兼爱"出发，墨子进一步对孔子的"仁"学进行了改造。墨子认为，"兼即仁矣义矣"，主张凡兼爱之人就是仁人、善人。墨子把"仁""义"置于"兼爱"的从属地位，使"兼爱"取代了"仁"而成为最根本的规范。虽然墨子与孔子一样，都提到了"爱人"，但是孔子讲的"爱人"是以"孝悌""亲亲"为出发点，推己及人，建立在亲子血缘基础上的"爱有等差"；墨子讲的"爱人"，则是以"交相利"为出发点，不避亲疏，不分上下贵贱，没有差等之别的"爱无等差"。在爱利亲人的问题上，墨子认定只有"先从事乎爱利人之

---

① 墨子［M］．吴旭民，校点．上海：上海古籍出版社，2022：67．

亲"，然后，人才能"报我以爱利吾亲也"①。

对于墨子的"兼爱"，应注意以下几个方面：

第一，"兼爱"不等于"不爱己"，因为"爱人不外己，己在所爱之中。己在所爱，爱加于己。伦列之爱己，爱人也"②。意思是爱别人并非不爱自己，自己也在所爱之中。自己既在所爱之中，所以爱也就加于自己。

第二，"兼爱"并非不要个人利益，比如，墨子要求弟子出仕，在满足自己生活所需之后将多余的财物捐给组织。墨子真正反对的是"至有余力，不能以相劳；腐朽余财，不以相分"③，即有余力的人不帮助别人，有余财的人宁愿让它腐烂也不分给别人的行为。

第三，"兼爱"不等于要求绝对无差别的对待，而是"义可厚，厚之；义可薄，薄之；谓伦列。德行、君上、老长、亲戚，此皆所厚也"④。即是说，义理上可以厚爱的，就厚爱；义理上可以薄爱的，就薄爱。这便是所谓无等差的爱。同时，有德行的、在君位的、年长的、亲戚之类，都是应当厚爱的。

第四，"兼爱"要求对等互报，并非单向不求回报。"投我以桃，报之以李，即此言爱人者必见爱也，而恶人者必见恶也。"⑤"夫爱人者，人必从而爱之；利人者，人必从而利之；恶人者，人必从而恶之；害人者，人必从而害之。"⑥墨子认为，你对别人以爱相待，别人也会对你以爱相待，如能坚持对等互报的兼爱，便不会出现害人之恶。

2. "兼爱"与"非攻"

战国时期诸侯国之间战争不断，给国家和人民带来了沉重灾难，对此墨子将"兼爱"思想扩展到国与国之间的视域，提出了"非攻"思想，成为他理想社会的重要原则。

墨子的"非攻"思想带有鲜明的"正义性"，墨子指出，战争有"正义之战"与"不义之战"的区别，弱国遭到强国的进攻进行自卫反击、某国暴君残害百姓而百姓进行反抗等此类战争可称为"诛"，是正义之战；对于倚强凌

① 墨子 [M]. 吴旭民，校点. 上海：上海古籍出版社，2022：71.
② 同①207.
③ 同①42.
④ 同②.
⑤ 同①.
⑥ 同①61.

弱，以众劫寡，以富侮贫的战争，是与"兼相爱"宗旨相违背的非正义之战，是不道德的。墨子特别反对的是"不义之战"，历史上，止楚攻宋的故事是墨子"非攻"思想的实践典范。公元前 440 年，楚惠王利用公输般制造的云梯准备攻打宋国。墨子听到这个消息后，一面派弟子禽滑厘等 300 余人带着守城器械赶赴宋国，帮助宋国做好防御准备；一面置生死于不顾，从鲁国出发长途跋涉到楚国去说服楚王和公输般停止侵略战争。在与公输般的对话中，他批评公输般为楚国制造云梯攻打宋国是不义之举，指出这样做虽然不直接杀人，却要发动战争杀害众多的人，使公输般认识到帮助楚国制造攻城器械发动战争的错误。之后，墨子又用说理和推演相结合的方法，说服了楚惠王不再攻打宋国，这就是流传两千多年的"止楚攻宋"的故事。

对于攻伐战争，墨子从君王的立场进行了评论，指出："今且天下之王公大人士君子，中情将欲求兴天下之利，除天下之害，当若繁为攻伐，此实天下之巨害也。今欲为仁义，求为上士，尚欲中圣王之道，下欲中国家百姓之利，故当若非攻之为说，而将不可不察者，此也。"① 墨子认为，现在天下的王公大人士君子，如果内心确实想求得兴起天下的利益，除去天下的祸害，那么，假若频繁地进行攻伐，这实际上就是天下巨大的祸害。现在若想行仁义，求做上等的士人，上要符合圣王之道，下要符合国家百姓之利，因而对于像"非攻"这样的主张一定要认真审察。不仅如此，墨子还指出，非正义的战争对社会生产的破坏是巨大的，对交战双方国家的人民也极其有害，对此，墨子进行了深入的分析。

其一，攻伐战争造成人民的牺牲太大。在《非攻中》篇中，墨子一连列举了八个"不可胜数"，即战争使"百姓饥寒冻馁而死者，不可胜数"② "百姓之道疾病而死者，不可胜数"③ "丧师多，不可胜数"④ 等。同时，攻伐战争还会影响人口的繁衍。墨子指出："且大人惟毋（同贯）兴师以攻伐邻国，久者终年，速者数月，男女久不相见，此所以寡人之道也。"⑤

其二，攻伐战争耗费社会财富，对社会生产破坏大。墨子分析说，兴师攻

---

① 墨子［M］. 吴旭民，校点. 上海：上海古籍出版社，2022：86.

② 同①75.

③ 同②.

④ 同②.

⑤ 同①89.

伐，一般都发生在春秋两季，这样对于农业生产的危害特别大，"春则废民耕稼树艺，秋则废民获敛"①。而攻伐无罪之国时，侵略者总是"入其沟境，刈其禾稼，斩其树木，残其城郭，以御其沟池，焚烧其祖庙，攘杀其牺牲"②，使社会的方方面面均遭到破坏。

其三，攻伐战争对侵略者也没有什么好结果。墨子揭露了大国君主好名贪利的攻占动机，指出："今知氏大国之君，宽者然曰：'吾处大国而不攻小国，吾何以为大哉！'是以差论蚤牙之士，比列其舟车之卒，以攻罚无罪之国。"③大国的君主总是认为："我们处于大国地位而不攻打小国，我怎能成为大国呢？"因此差遣他们的爪牙，排列他们的舟车队伍，用以攻伐无罪的国家。对此种行为，墨子通过列举史实充分指明靠攻伐得利"非行道也"，攻伐战争只对极少数侵略者有利，他们假冒为善，是借由想名立于天下的名头，行侵略别国之实的卑劣行径，最终只会自取灭亡。

可以说，墨子的"非攻"思想是极其现实的，他对战争有着鲜明的立场，对此，冯友兰先生曾点评指出："墨翟反对兼并战争，但他不是简单的和平主义者；他只主张非攻，而不主张非战。他反对攻，却讲究守。他不主张'去兵'，而主张备兵，主张备兵自守。……墨翟一般地反对进攻，主张自卫。但以攻守为标准仍然不能区分战争的正义性与非正义性。"④

3. "兼爱"与"尚贤""尚同"

为了实现"兼相爱，交相利"的社会理想，墨子进一步提出了"尚贤""尚同"的主张。

墨子把"尚贤"看作是"为政之本"。墨子指出："入国而不存其士，则亡国矣。见贤而不急，则缓其君矣。非贤无急，非士无与虑国；缓贤忘士，而能以其国存者，未曾有也。"⑤ 意思是到一个国家主政却不能蓄贤纳士，国家就会灭亡。发现贤人而不急于举用，贤人就会怠慢其国君；国家没有贤才就不能处理急难，就不能与之谋虑国是；怠慢贤才、忘记良士却能使国家保存的，从未有过。因此，贤人对国家而言是十分重要的，正所谓"国有贤良之士众，

① 墨子［M］．吴旭民，校点．上海：上海古籍出版社，2022：75.
② 同①119.
③ 同②．
④ 冯友兰．中国哲学史新编（第1册）［M］．北京：人民出版社，1995：219.
⑤ 同①1.

则国家之治厚；贤良之士寡，则国家之治薄。故大人之务，将在于众贤而已"①。墨子甚至认为连天子都应该由"尚贤"选拔出来而治天下之民。

在"举贤才"的举措上，墨子主张选贤要"不党父兄，不偏贵富，不嬖颜色"②，"举义不辟贫贱""举义不辟疏""举义不辟远"③，即推选贤能应该注重考察是否有真才实学，而不应该讲亲疏、论贫富、看出身，更不该受美色的诱惑，只要是"贤者""能者"就应举而上之，富而贵之，以为官长。墨子特别看重在官吏任用上施行公平、平等原则，并且要坚持"事能"原则，即因才事用，对贤者的选拔要做到一视同仁，即便是地位低下的农与肆之人，"有能则举之，高予之爵，重予之禄，任之以事，断予之令"④，要听其言、观其行，根据个人的能力大小和特点而量才事用，墨子甚至指出，"官无常贵而民无终贱，有能则举之，无能则下之"⑤。可以说，墨子的尚贤观是与儒家截然对立的。儒家也讲举贤，但儒家的举贤从维护宗法家族的伦理准则出发，较为注重"笃于亲"，主张在服从于尊尊亲亲的血缘传统内"任人唯贤"，相比于墨子的尚贤，更具有贵族倾向。

在"尚贤"的基础上，墨子又进一步提出了"尚同"的主张。所谓"尚同"，就是"一同天下之义"⑥，使全社会都服从于一个最高统治者。从墨子的主观愿望来看，他希望整个社会都能做到"上同乎国君""上同乎天子"，但"上同乎国君"又有前提条件，那就是这个国君必须是"国之贤者"，是"天下之仁人也"，为此，墨子提出"选天下之贤可者，立以为天子"⑦ 的主张。在墨子的"尚同"设想中，统治者的意志和是非标准就是最高的标准，是人们思想和行为所应该遵循的准则，"上之所是，必皆是之；所非，必皆非之"⑧，正所谓古者圣人之所以能济事成功，留名于后世者，唯在于能以"尚同"为政者。"尚同"作为治国之本，可以"众其人民，治其刑政，定其社稷"⑨。

---

① 墨子 [M]. 吴旭民，校点. 上海：上海古籍出版社，2022：26.
② 同①29.
③ 同①26-27.
④ 同①27.
⑤ 同④.
⑥ 同①45.
⑦ 同①42.
⑧ 同①43.
⑨ 同①51.

【思考题】墨子为什么会提出"尚同"思想？

墨子"尚同"思想的构想，是针对当时社会纷乱、政局动荡的局面而提出的。在墨子看来，天下之所以混乱主要是由意见分歧所造成，"一人则一义，二人则二义，十人则十义。其人兹众，其所谓义者亦兹众。是以人是其义，以非人之义，故交相非也"①，一人有一种意见，两人就有两种不同的意见，十人就有十种意见。人越多，各种不同的意见也就越多。每个人都坚持自己的意见而认为别人的意见是错的，因而相互攻击。为了改变这种"交相非"、互相攻讦的乱源，就必须使民众的思想统一起来，集中于一个最高统治者，这样，便可以"治天下之国若治一家，使天下之民若使一夫"②。当然，由于墨子思想与孔子立异，再加之"三表法"的思想主旨，墨子"尚同"思想的提出难免是为了与分殊思想对立，兼以易别。"尚同"从某种程度上是为取消封建身份和来自礼乐的"分"，以及消弭贵族阶层的待遇而设定的。

（二）墨子"交相利"的思想准则

"义利问题"是春秋战国时期的核心议题，墨子同样结合他"兼爱"观念围绕"义利"问题展开了深入思考，形成了"义利相统一"的观点。

1. "重利"与"贵义"

何谓"义"？引用孔子的话说："义者，宜也。"③ 就儒家传统解释而言，"义"即宜，具有适宜、应当、公正、正义之义，是个人行为必须遵循的重要原则，要求主体在行为上选择"适宜"的"利"。正因如此，儒家将"义""利"相对，反对见利忘义。与儒家相反，墨子认为"义"与"利"是统一的，"义，利也"。墨子眼中的"利"以增进人们的需要和利益为目标，对"兴天下之利"进行了充分的肯定和强调，墨子指出，"利"有公私之分，最高层次的"利"，即是国与国不相攻，家与家不相篡，人与人不相害，君惠臣忠，父慈子孝，兄弟和睦，同时以"为万民兴利除害，富贵贫寡，安危治乱"④ 为目标，是"国家之治"与"天下之富"的统一，这是墨子最为提倡的"利"。

为了更好地实现"利"的目标，墨子以"义"来诠释"利"，将"义利"

① 墨子 [M]. 吴旭民，校点. 上海：上海古籍出版社，2022：42.

② 同①55.

③ 孔子家语 [M]. 王国轩，王秀梅，译注. 北京：中华书局，2011：221.

④ 同①49.

融合在了一起。《墨子·耕柱》有言曰："所谓贵良宝者，为其可以利也。……今用义为政于国家，人民必众，刑政必治，社稷必安。所为贵良宝者，可以利民也，而义可以利人，故曰：义，天下之良宝也。"① 意思是之所以认为宝物珍贵，是因为它可以使人得到利益。现在用"义"来施政于国家，人口必定增多，刑政必定得到治理，国家必定会安定。之所以认为宝物珍贵，是因为它能有利于人民，而义可以使人民得到利益，所以说义是天下的宝物，总之，"义"之为贵，在于其能"利人"。后期墨家对二者的关系表述得更为清晰："义，志以天下为芬，而能能利之，不必用。"② 即是说，"义"必须以"利天下"作为目的，是为"天下之利"服务的手段，二者是相通相联的。

2．"节用""节葬""非乐"

墨子从"兴国家之利"的思想出发，将其运用到治国之策中，形成了"节用""节葬""非乐"等政治主张。

"圣人为政一国，一国可倍也。大之为政天下，天下可倍也。其倍之，非外取地也；因其国家去其无足以倍之。"③ 墨子认为，节约能够使国力强盛，君王施政一国，使利益加倍不是因为扩大了土地，根本在于为其国家省去了无用的花费，因此，"凡足以奉给民用，则止，诸加费不加于民利者，圣王弗为"④。节约本身就表明了君王是否道德高尚，是否治国有方。正是因为此，墨子说："古者明王圣人所以王天下、正诸侯者，彼其爱民谨忠，利民谨厚；忠信相连，又示之以利。是以终身不餍，殁二十而不卷。古者明王圣人，其所以王天下、正诸侯者，此也。是故古者圣王制为节用之法。"⑤ 意思是古代贤明的君王圣人，能够一统天下、匡正诸侯的原因，是他们确实尽心爱护百姓，给百姓的利益丰厚，忠信结合，使百姓能看到利益。所以百姓对君王终身都不厌弃，毕生都不倦息，这是君王圣人能做天下帝王、做诸侯首领的原因。因此，贤明的君王圣人会制定出节约用度的法令以增进百姓利益。

基于上述认识，墨子从节用之法、饮食之法、宫室之法、舟车之法、衣服之法、节葬之法6个方面提出了节用所应把握的合理限度。墨子认为，执行了

---

① 墨子 [M]. 吴旭民，校点. 上海：上海古籍出版社，2022：221.

② 同①178.

③ 同①88.

④ 同①90.

⑤ 同④.

上述 6 种节用措施之后，就可以使整个社会消除奢侈浮华、厚葬靡费等各种浪费现象，从而不断增加万民之利。例如：在饮食之法方面，墨子认为饮食的目的在于"增气充虚，强体适腹"①，"强股肱，耳目聪明，则止"②，但当今之主却从老百姓那里暴敛钱财，蒸炙鱼鳖，面前陈列美味佳馔数十道，排列长达多丈远，以至冬天美食因来不及食用而冻成了冰，夏天美食因吃不完而腐坏变质。墨子进而指出，饮食以充饥补养，强壮身体即可，不需要极尽五味之调，芬香之和，也不用招致远方国家奇珍罕见的食物，否则便会因其物欲膨胀而导致国家之乱。

在舟车之法方面，墨子认为制造"舟车"的原则是"便民之事，全固轻利"③，"服重致远，乘之则安，引之则利；安以不伤人，利以速至"④，即车子载得重、行得远，乘坐平稳，牵引方便而快速，安稳而不会伤人，便利而能迅速到达即可，但当今之主制造舟车，却在"全固轻利"之外，又"饰车以文采，饰舟以刻镂"。妇女放弃其纺织本业，去修饰文采；男子离开耕稼本业，去刻镂舟车，以致人民饥寒，违背了建造舟车的目的和初衷。

在节葬之法方面，墨子非常痛恨当时盛行的厚葬、久丧的社会现象。在墨子看来，儒家主张厚葬、久丧是有害于富、众、治这三利的。厚葬使用的财富多，不用于活人却用于死人，造成百姓倾家荡产，特别还容易助长天子诸侯的杀殉之风，"天子杀殉，众者数百，寡者数十；将军大夫杀殉，众者数十，寡者数人"⑤。同时，久丧又会使生产停滞，政治停摆。依照礼制，君死，丧三年；父母死，丧三年；妻与长子死，丧三年；伯父、叔父、兄弟、庶子死，丧一年；姑姑、姐姐、外甥、舅父死，丧五月。如果这种厚葬、久丧的风气长此以往，"王公大人行此，则必不能蚤朝，五官六府，辟草木，实仓廪"，国家就不会得到很好的治理；"农夫行此，则必不能蚤出夜入，耕稼树艺"，国家就无法获得充足的粮食；"百工行此，则必不能修舟车，为器皿矣"，社会就会出现常用品的短缺；"妇人行此，则必不能夙兴夜寐，纺绩织纴细"，社会就会出现衣物的缺乏，人民的需求得不到满足，社会秩序就会混乱，最终

---

① 墨子 [M]. 吴旭民，校点. 上海：上海古籍出版社，2022：21.
② 同①90.
③ 同①22.
④ 同①92.
⑤ 同①95.

"国家必贫，人民必寡，刑政必乱"①。有鉴于此，墨子提出薄葬主张，即"棺三寸，足以朽体，衣衾三领，足以覆恶。……死者既已葬矣，生者必无久哭，而疾而从事，人为其所能，以交相利也"②。

在衣服之法方面，墨子认为衣服的实用性，只有六个字："适身体，和肌肤。""冬服绀緅之衣轻且暖，夏服絺绤之衣轻且清，则止。"③ 然而，当今之主却"以为锦绣文采靡曼之衣，铸金以为钩，珠玉以为珮；女工作文采，男工作刻镂，以为身服"④，竭尽钱财、劳力追求奢华，这本身即偏离了穿衣的根本目的。

不仅如此，墨子对儒家一直所赞颂的礼乐传统也进行了批判。他认为王公贵族制造乐器，为了满足自身声色欲望而不惜耗费民资耽于娱乐是极其错误的。当今之主撞巨钟、击鸣鼓、弹琴瑟、吹竽笙而扬干戚，为了听音乐，就要厚敛于民，置备一套乐器，这是夺民之利，掠民之财。有了乐器，还要找人来演奏，从事演奏的乐师，不仅不劳而获，还必须要精美的食物，穿着华丽的衣裳。如果吃得不好，脸色就不值得看；衣服不华美，身形动作就不值得看。国家中不劳而获的人多了，老百姓的负担必然就要加重，这些做法于民而言不但无利，反而是有害的。为此墨子得出结论："大钟、鸣鼓、琴瑟、竽笙之声，以求兴天下之利，除天下之害，而无补也。"⑤ "是故子墨子曰：'为乐非也！'"⑥

墨子提出"节用""节葬""非乐"的主张看似过于夸张，但实际上是从国家的角度出发，基于社会现实层面的一种思考。他批判的矛头不是对准丧葬、音乐等本身，而是针对王公贵族骄奢淫逸导致"饥者不得食，寒者不得衣，劳者不得息"的悲惨现状，特别是对社会财物浪费、人民利益得不到保障的反抗。可以肯定地说，作为一个代表小生产劳动者的现实主义实践家，墨子的思想不乏光辉的一面，表现出对社会下层人民和国家发展的深刻关怀。

---

① 墨子 [M]. 吴旭民，校点. 上海：上海古籍出版社，2022：97.
② 同①99.
③ 同①91.
④ 同①21.
⑤ 同①137.
⑥ 同⑤.

三、墨子其他思想概述

任何思想的产生都源于特定时代社会现实的需要，春秋战国时期，由于社会转型加剧，社会乱象丛生，那个时代的思想家对"天"与"人"关系问题的思考不绝如缕，墨子将天下混乱的根源归于世人天鬼观念的削弱，形成了反对天命观的重要思想。

（一）"天志"与"明鬼"

墨子指出，战国时期之所以战争频繁、礼崩乐坏、宗法关系名存实亡，一个最主要的原因在于包括统治者在内的人们对于天鬼信仰的逐渐缺失，对天鬼有无的分辨存在疑惑，对鬼神能够赏贤罚暴不明白，即"是以天下乱。此其故何以然也？则皆以疑惑鬼神之有与无之别，不明乎鬼神之能赏贤而罚暴也。"[1] 春秋战国时期是社会大变革的时代，传统宗教观念已出现了动摇，祸福由天所定的思想渐渐被人们所否定，郑国的子产曾说："天道远，人道迩，非所及也。"[2] 认为天道与人道两不相关。晋国的士弥牟也指出："薛征于人，宋征于鬼，宋罪大矣。且已无辞而抑我以神，诬我也。"[3] 认为援引鬼神是骗人的把戏，对天命、神、鬼表现出了普遍的怀疑。墨子此时仍站在宗教观念的立场，大倡尊天明鬼，指出"尚书夏书，其次商周之书，语数鬼神之有也，重有重之……以若书之说观之，则鬼神之有，岂可疑哉。"[4] 又说："古者圣王皆以鬼神为神明，而为祸福。"[5] 因此"圣王治天下也，必先鬼神而后人者。"[6]

墨子将尊天敬鬼视为圣王之道，"今天下之王公大人士君子，中实将欲求兴天下之利，除天下之害，当若鬼神之有也，将不可不尊明也，圣王之道也"。"今若使天下之人，借若信鬼神之能赏贤而暴罚也，则夫天下岂乱哉！"[7]

---

① 墨子［M］. 吴旭民，校点. 上海：上海古籍出版社，2022：123.
② 左丘明. 左传（下）［M］. 杜预，集解. 上海：上海古籍出版社，2015：829.
③ 同②925.
④ 同①131.
⑤ 同①237.
⑥ 同①129.
⑦ 同①123.

正因如此，墨子将"天志""明鬼"设定为像法一样具有赏罚功能的超现实力量，将其视为人间善恶是非的最高标准。一方面，墨子认为，所有人的言论行为都会受到天的监督，受到天的审查和裁决，即使是王公大人也不例外，在"天志"面前，人人平等，最高统治者亦是如此。"观其行，顺天之意，谓之善意行；反天之意，谓之不善意非。观其言谈，顺天之意，谓之善言谈；反天之意，谓之不善言谈。观其刑政，顺天之意，谓之善刑政；反天之意，谓之不善刑政。故置此以为法，立此以为仪，将以量度天下之王公大人卿大夫之仁与不仁，譬之犹分黑白也。"① 另一方面，鬼作为天的助手，同样也是神。墨子把鬼神分为"天鬼神""山水鬼神""人死而为鬼者"三种，这三种鬼神无处不在，无所不罚，有着强大的力量。"幽间广泽山林深谷，鬼神之明必知之""勇力强武，坚甲利兵，鬼神之罚必胜之"②。"天鬼"不仅赏罚无情，而且还至察至明，对于不廉洁的官吏、男盗女娼之徒、寇暴盗贼的小人、夺人财富以自利者，皆会监督。只要做了坏事，鬼神必可知之，知之则必罚之，罚之必能胜之，绝没有任何妥协的余地。由此可见，"天志""明鬼"成为墨子思想中重要的存在。

（二）"非命"而"尚力"

《墨子》中有这样两段话：

> 古之圣王发宪出令，设以为赏罚以劝贤。……执有命者之言曰："上之所赏，命固且赏，非贤故赏也。上之所罚，命固且罚，不暴故罚也。"是故入则不慈孝于亲戚，出则不弟长于乡里。坐处不度，出入无节，男女无辨。是故治官府则盗窃，守城则崩叛。君有难则不死，出亡则不送。此上之所罚，百姓之所非毁也。执有命者言曰："上之所罚，命固且罚，不暴故罚也。上之所赏，命固且赏，非贤故赏也。"以此为君则不义，为臣则不忠；为父则不慈，为子则不孝；为兄则不良，为弟则不弟。而强执此者，此持凶言之所自生，而暴人之道也。③
> 有强执有命以说议曰："寿夭贫富，安危治乱，固有天命，不可损

---

① 墨子［M］. 吴旭民，校点. 上海：上海古籍出版社，2022：114-115.
② 同①132.
③ 同①145.

益。穷达赏罚，幸否有极。人之知力，不能为焉。"群吏信之，则怠于分职；庶人信之，则怠于从事。不治则乱，农事缓则贫。贫且乱政之本，而儒者以为道教，是贼天下之人者也。①

这两段文字的意思是：古代圣王制定法律，颁布政令，设立赏罚，用来鼓励好人，制服坏人。主张有命运的人说："君王赞赏你，是你自己命里注定要得到赞赏，并不是因为事情干得好而得到赞赏。"所以，他们在家不孝顺父母，出门不尊敬师长，举动没有规矩，进出没有礼节，男女混杂。因此，派他们做官，就偷盗公物；派他们守城，就叛国投敌；国君遇难，不肯战死；国君逃亡，不肯护送；这样的行为是君王要严惩的，也是百姓所责备的。主张有命运的人说："君王严惩你，是你自己命里注定要受到严惩，并不是因为有罪行而受到严惩。君王要奖赏你，是你自己命里注定要得到奖赏，并不是因为贤能才给予奖赏。"因此，做君王的就不守正道，做臣子的就不忠诚，做父亲的就不爱护子女，做儿子的就不孝顺父母，做哥哥的不关心弟弟，做弟弟的不尊敬兄长。坚决主张有命运的言论的人，如果强行地认可这种说法，就会成为一切不良言论产生的根源，是使人道德败坏的源头。

儒者顽固地坚持有命论，以辩说道："长寿、夭折、贫穷、富有、安定、危险、治理、混乱，本来就有天命，不能减损也不能增加。穷困、显达、奖赏、惩罚、幸运、倒霉都有定数，人的知识和力量是无所作为的。"众官吏听信了这些话，则对于自己分内的职责懈怠；普通人相信了这些话，则会从事劳作懈怠。官吏不治理就要混乱，农事迟缓就要贫困，既贫困又混乱，就违背了治政的目的，而儒家的人却以此作为教导，这是残害天下的人。

显然，这是墨子对儒家"命定"思想发出的一种质疑。在墨子看来，饱饥、暖寒、治乱、荣辱、贵贱、安危等，都不应该由命所定，所谓"命定"观念实为"暴人之道""圣王治患""天下之厚害"。如果统治者大力宣扬"命富则富，命贫则贫；命众则众，命寡则寡；命治则治，命乱则乱；命寿则寿，命夭则夭"②，只会使"上不听治，下不从事"，导致社会混乱。基于此，墨子提出了强力从事的主张，指出民众若想富贵达利，社会若想国泰民安，都

---

① 墨子［M］. 吴旭民，校点. 上海：上海古籍出版社，2022：158-159.

② 同①142.

应当依靠"强"与"力"二字。

墨子认为,作为人,"赖其力者生,不赖其力者不生"①,人只有依靠自己的力量,从事生产劳动,改造自然,创造财富,方能求得生存。"强必富,不强必贫。强必饱,不强必饥。""强必煖,不强必寒。"② 为此墨子大声疾呼:"官无常贵而民无终贱。"③ 号召广大劳动者通过自己的努力改变自己的命运。可以看到,墨子以"强"与"力",断然否定了命定论思想,充分表明了小生产劳动者作为社会财富的创造者,对自身劳动能力、创造能力的充分肯定。

【思考题】墨家学说为什么会在成为"显学"之后而逐渐式微?

1. 直接原因

一方面,长期军事作战造成大量人员损失。"墨子服役者百八十人,皆可使赴火蹈刃,死不旋踵。"④ 由于具有鲜明的献身精神,战国时代的频繁战争导致墨家学派人员不断减少,后继乏人。

另一方面,焚书坑儒对墨家典籍的破坏。秦统一六国后,秦始皇任用李斯辅佐朝政,李斯认为儒墨皆为"愚诬之学",明主决不能进行宣扬,进而主张焚书坑儒,这场焚书坑儒对墨家学派是一次毁灭性的打击,从此一蹶不振。

2. 社会历史原因

第一,墨家"非攻"思想与战国后期大一统的社会发展趋势存在冲突,与诸侯争霸之意图相违背。

第二,墨家"尚贤"思想与统治阶级的封建集权思想相违背。墨子主张人不论年幼年长、富贵贫贱,都是天的臣民,因此应选天下之贤能者立以为天子,选贤使能,任人唯贤。这一思想显示出下层平民意图提高社会地位和参与政治的主观愿望,但站在统治阶级的立场是断不可取的。同时,这种朴素的民主平等思想在当时的中国也明显缺乏社会基础。

第三,墨家崇尚的"任侠"精神与统治者需要的顺民思想大相径庭。墨家作为游侠形式的存在具有藐视封建权威的行为,是对建立安定有序社会环境的潜在威胁,韩非就把游侠定义为"五蠹"之一,要求严禁。而墨家作为组

① 墨子 [M]. 吴旭民, 校点. 上海: 上海古籍出版社, 2022: 139.

② 同①155.

③ 同①27.

④ 魏徵, 等, 编纂. 群书治要 [M]. 北京: 中华书局, 2014: 510.

织严密、纪律严格的社会团体，是具有极强号召力和权力集中的组织，这对任何一个统治者而言都是一种不安定的存在，因此，虽然墨子主张"兼爱""非攻"，但统治者也必然会对墨家这样的团体感到忧惧，使其难以发展。

3. 自身原因

第一，墨家"兼爱"思想缺乏在人性上实现的可能性。"兼爱"倡导无差别、一视同仁地爱一切人的主张虽然美好，但不符合人性发展的实际，也忽略了宗法制度、血缘关系的社会现实，这仅仅是墨子所设想的一种理想社会图景，不可能实现。

第二，墨家"节用""节葬""非乐"的思想与社会现实需要存在矛盾，在一定程度上是对人们物质欲望的抑制。墨子反对一切不必要的奢侈浪费，甚至认为音乐和一切文娱、艺术都是无用的，进而反复强调节俭求富。站在今天的时代背景下，墨子"节用"思想具有重要的时代价值，但在当时战国时期的背景下，这样的观点显然不符合王公贵族的"身份"所需，同时也与社会发展的趋势相抵牾，从这一视角看，墨家思想遭到后来的抵制也就不可避免。

第三，不能与时俱进，也是墨家学派衰落的一个重要原因。一种学说要想获得长久的生命力，必须不断完善与发展。春秋战国时期各家学术流派，如儒家、道家、法家等，其学说都经由后人不断完善而被注入新的内涵。除创始人外，也不断涌现出重要的代表人物，使学派得以承袭发展，如儒家的孟子、荀子，道家的老子、庄子，法家的管子、商鞅、韩非子，等等。反观墨家，墨子之后并没有出现特别有影响力的人物，也没有提出超越墨子的理论与学说，进而导致了墨家学派的衰弱。

【知识拓展】

儒墨之辩

① 墨家和儒家代表的利益即社会基础不同。墨家代表的是手工业生产者、商人、自耕农以及下层官吏，以现实的物质利益为基础，反对爱有等差；儒家代表的是传统贵族以及文人，强调爱有等差，主张爱由近及远。

② 儒家和墨家都重视政治和社会问题。儒家重视的是德治和教化；墨家重视的是国家、人民之利。

③ 儒墨皆"贵义"。儒家所说的"义"属于"仁"，是重要的道德范畴；

墨子所说的"义"在于求利，是为"天下之利"服务的手段。

④ 儒家和墨家皆"尚贤"。儒家所尚的贤含有亲疏意义；墨家所尚的贤主要靠"能"来规定，不看亲疏、不看富贵、不看出身。

【课后思考】

1. 墨子"兼爱"思想是否过于理想化，请简要说明？
2. 请思考墨子"十论"所具有的现实意义有哪些？

【当代审视】

中华优秀传统文化具有丰富的任人唯贤的思想观念和历史实践，形成了中华民族优良的"敬贤、重贤、爱贤"的传统。其中，墨子的人才观是中华优秀传统文化中最具代表性的观点，提出了"有能则举之，无能则下之"[①] 的选贤主张。墨子坚持认为，选贤要"不党父兄，不偏富贵，不嬖颜色"[②]，只要是"贤者""能者"就举而上之，富而贵之，以为官长。这样，无论是农夫也好，百工、商人也罢，只要德才兼备，都有机会被赏识和重用。墨子的这一人才观打破了儒家一直所坚持的血缘和阶级界限，为战国时期下层阶级的崛起奠定了思想基础。在其之后，"尚贤"逐渐成为一种社会潮流，被历朝历代所普遍推行。

纵观中国几千年的历史，"国以人兴，政以才治""能安天下者，唯在用得贤才"的观点一直是为政者治国的重要思想。正是因为此，龚自珍在目睹世危时艰的现状时，发出了"我劝天公重抖擞，不拘一格降人才"的呐喊；陈独秀痛感国之危亡将近，欲挽狂澜于既倒，着手创办了《新青年》，以期唤醒一批"敏于自觉，勇于所为"的新青年，以此为苦难的中国开辟一条光明的道路。

习近平总书记指出："'两个一百年'奋斗目标的实现、中华民族伟大复兴中国梦的实现，归根到底靠人才、靠教育。"[③] 习近平总书记的观点为我们明确指出了中华民族伟大复兴与优秀人才之间的密切关系。在国际竞争中，哪

① 墨子［M］. 吴旭民，校点. 上海：上海古籍出版社，2022：27.
② 同①29.
③ 做党和人民满意的好老师——同北京师范大学师生代表座谈时的讲话［N］. 人民日报，2014-09-10.

个国家能够培养、造就一大批青年人才，哪个国家就能够占据优势。立足于国家强盛和中华民族复兴的伟大目标，青年人才在民族未来发展中具有举足轻重的作用，青年一代的理想信念、精神状态、综合素质不仅体现一个国家的发展活力，同时也是影响国家核心竞争力的重要因素。一直以来，党和国家高度关注青年人才的培养，在人才的发现、培育、举荐、支持等方面不断铺路搭桥，破除论资排辈、求全责备等陈旧观念，使青年优秀人才不断脱颖而出。

青年大学生要继承和发扬中华优秀传统文化中的人才思想，善于、勇于抓住时代机遇，展现自己的抱负和激情。一个人怀揣成才的能力对于自己而言是发展的前提，是成就一番事业的底气，青年人应具备崇高远大、坚定不移的理想信念；具备敢于担当、时不我待的责任意识；具备勇于创新、改变世界的伟大魄力；具备脚踏实地、锐意进取的实干精神。通过胸怀理想不断锤炼品格，通过艰苦奋斗不断增强本领才干，使自己变得越来越好。同时，一个人具备成才的能力对于国家而言是希望，是重托，是支撑。新时代，青年的使命是实现中华民族伟大复兴的中国梦，国家的前途、民族的命运、人民的幸福，是当代青年必须和必将承担的重任。如今，时代已经为青年提供了建功立业、实现梦想的广阔舞台，广大青年要迎难而上，融入社会发展的浪潮中，与时代同行，与历史同向，努力使自己成为新时代的弄潮儿，创造伟大历史。

【延伸阅读】

1. 王桐龄：《儒墨之异同》，上海书店，1992 年。

2. 刑兆良：《墨子评传》，南京大学出版社，1993 年。

3. 徐希燕：《墨子研究——墨子学说的现代诠释》，商务印书馆，2001 年。

4. 杨俊光：《〈墨经〉研究》，南京大学出版社，2002 年。

第五讲　孟子对儒家思想的继承和发展

继孔子开创儒家学派以后，由于孔门弟子思考视域及资质的差异，不同弟子沿着孔子思想的不同视角对孔子学说进行扬弃和发挥，形成了诸多派别，其中最具影响力也是最重要的学派分支是子思学派，《韩非子·显学》最早有"子思之儒"的提法，并将子思学派列为儒家八派之一。孟子便来自于"子思学派"，其自幼受儒学熏陶，服膺孔子、曾子和子思的思想，成为战国中期百家争鸣高潮时儒家思想的重要代表人物。孟子不仅对儒家思想做了进一步的补充和完善，而且在某些思想领域进行了突破性的探索，成为捍卫并发展儒家学说的卓越之人。

一、孟子的人物简介

孟子，名轲，字子舆，邹（今山东邹县）人，战国时期著名的思想家、教育家。孟子是鲁国贵族孟孙氏的后代，也曾周游列国，到过齐国、宋国，经过滕国、梁国。齐宣王继位时，孟子曾任齐国卿相，后来辞职离齐，回到故乡。孟子经常出入于各国王府侯门，地位显赫。关于孟子的生卒，较为流行的说法是孟子生于公元前 372 年，卒于公元前 289 年，享年 83 岁，是与庄子处于同一时代的思想家。

孟子曾"受业子思之门人"，子思学派注重人内心省察的修养功夫，主张"性善""尽心知性知天"以及"思诚"等观点，这些观点在孟子的思想中均有所体现。孟子对孔子充满敬仰，《孟子·公孙丑上》篇曾记载孟子说："乃所愿，则学孔子也"[1]，将继承和发展孔子思想作为自身的使命。孟子认为，虽然古代有很多伟大的圣人，但"自有生民以来，未有孔子也"[2]，正因如此，孟子将自身所学与孔子创立的儒家学说进行融合，对儒家子思学派思想做进一步的论证和思考，使儒家学说有了更为系统的发展。宋代学者将《孟子》列为必读经典，并将孟子与孔子合称为"孔孟"，称其学说为"孔孟之道"。南宋朱熹把《孟子》跟《论语》《大学》《中庸》合称为"四书"，元朝至顺元年，加封孟子为"亚圣公"，被尊称为"亚圣"，地位仅次于孔子。随着"四

---

[1] 孟子 [M]. 上海：上海古籍出版社，2022：36.
[2] 同[1].

书"的广泛传播，孟子的思想对中国传统社会后期产生了深远影响。

孟子一生与孔子一样，带领他的学生周游列国，宣传他的人性论、义利观和仁政思想，即所谓"以儒道游于诸侯"，常常是后车数十乘，从者数百人。《史记·孟子荀卿列传》曾记载孟子周游列国时的情景："孟轲，驺人也。受业子思之门人。道既通，游事齐宣王，宣王不能用。适梁，梁惠王不果所言，则见以为迂远而阔于事情。当是之时，秦用商君，富国强兵；楚、魏用吴起，战胜弱敌；齐威王、宣王用孙子、田忌之徒，而诸侯东面朝齐。天下方务于合从连衡，以攻伐为贤，而孟轲乃述唐、虞、三代之德，是以所如者不合。退而与万章之徒序诗书，述仲尼之意，作孟子七篇。"① 这表明孟子在讲究实力竞争的战国时代并没有提出契合社会需求的政治观点，空讲仁政王道，最终郁郁不得志，转而著书立说。今存的《孟子》七篇分别为《梁惠王》《公孙丑》《滕文公》《离娄》《万章》《告子》《尽心》，每篇各分为上下，共十四卷。《孟子》一书主要记载了孟子的"仁政""性善""义利之辩""存心""养性"等思想，同时也包含孟子周游列国的游说活动和与杨朱、许行、告子等人的辩论材料。

孟子以好辩而闻名于当世，他的学生公都子问："外人皆称夫子好辩，敢问何也？"孟子回答："予岂好辩哉？予不得已也。"② 这个"不得已"道出了孟子自身强烈的责任感，在王霸、经权、义利、舜跖、人性等方面均能够看到孟子的好辩，孟子的辩不是为了辩而辩，而是为了更好地彰显其政治主张并捍卫孔子之道，他并不是好与人争辩，而是在那样一个时代，"辩"是一种承担圣道的无可奈何，需要以言辩去除邪说并切实推行仁政。

孟子可看作是中国第一位具有现代精神气质的知识分子，有着鲜明的"士"的自觉。"士"是继天子、诸侯、大夫三个社会等级后贵族阶层最低的一个阶层，处在庶民之上。战国时代"社会阶级的流动，即上层贵族的下降和下层庶民的上升。由于士阶层适处于贵族与庶人之间，是上下流动的汇合之所，士的人数遂不免随之大增。这就导使士阶层在社会性格上发生了基本的改变"③。在战国时期凡是具有一定知识、文化和技能，且在社会上具有一定影响力的人，都可以称为"士"，虽然政治地位较低，但是"士"在当时是最具

---

① 司马迁. 史记［M］. 北京：中华书局，2006：455.
② 孟子［M］. 上海：上海古籍出版社，2022：83.
③ 余英时. 士与中国文化［M］. 上海：上海人民出版社，2013：10.

有影响力的阶层，孟子认为"士之仕也，犹农夫之耕也"①，意思是士做官如同农夫耕田，都是一种本职，并且士有着士的原则，表现为一种鲜明的桀骜精神和不羁风骨。孟子曾说："我无官守，我无言责也，则吾进退，岂不绰绰然有余裕哉？"② 即我既无官职，又无进言的责任，我进退去留有很大的自由和回旋余地。《孟子·尽心下》也曾记载过孟子的一段话："说大人，则藐之，勿视其巍巍然。堂高数仞，榱题数尺，我得志，弗为也。食前方丈，侍妾数百人，我得志，弗为也。般乐饮酒，驱骋田猎，后车千乘，我得志，弗为也。在彼者，皆我所不为也；在我者，皆古之制也，吾何畏彼哉？"③ 孟子的意思是："游说诸侯，就要藐视他，不要把他高高在上的样子放在眼里。殿堂几丈高，屋檐几尺宽，我如果得志，不这样干。菜肴满桌，姬妾几百，我如果得志，不这样干。饮酒作乐，驰驱畋猎，跟随的车子多达千辆，我如果得志，不这样干。那人所干的，都是我所不干的；我所干的，都符合古代制度，我为什么要怕那人呢？"充分表明了孟子以自身所具有的高度德性对整个世界所表现出的大无畏精神。同时，孟子有着强烈的知识分子的自觉，他曾说："天之生此民也，使先知觉后知，使先觉觉后觉。予，天民之先觉者也。予将以斯道觉斯民也。非予觉之而谁也？"④ 在孟子看来，作为士应以先知先觉启发后知后觉，这不仅是士的责任，也是士的一种义务。面对时代对士无事而食、不耕而食的责难，孟子以士"尚志"的立场，指明了士所应具有的弘扬"仁义"的政治和文化价值，将士视为传承民族精神的重要载体，因此，孟子认为，社会分工自有士的一席之地，士不该被贬低，而应该被认可。

二、孟子的性善论及"五伦"说

在孔子那里，人性并没有作为一个独立的问题而被专门思考，孔子只提到"性相近也，习相远也"，《中庸》一书也仅仅提到"天命之谓性"，直至孟子，他站在性善论的立场，对人性问题进行了多方面的探索和论证，建立了儒家较

---

① 孟子［M］. 上海：上海古籍出版社，2022：77.

② 同①52.

③ 同①217.

④ 同①132.

为系统的人性理论，奠定了中国人性论与中国道德哲学的基调，这一思想也成为孟子思想学说中最具有代表性的观点。

（一）孟子的性善论

1. 性善论

孟子的性善论并不是凭空而出，从思想发展来看，主要体现出他对三种同时代不同人性观的思考和超越。在孟子时代，比较流行的人性观点有三种：第一种是"人性无善无不善"的观点，告子即持此种观点。告子指出："性，犹杞柳也；义，犹桮棬也。以人性为仁义，犹以杞柳为桮棬。""性犹湍水也，决诸东方则东流，决诸西方则西流。人性之无分于善不善也，犹水之无分于东西也。"① 告子认为，人性并没有所谓的善恶之分，皆因外在环境影响加之于人，使人性发生改变。他比喻人生下来犹如柳条和湍水，至于后来柳条被人编成篮子还是筐子，湍水向哪个方向流走，均与人性无关。第二种是"人性有善有恶"的观点。这种观点认为，人生下来就有善恶的不同，是血统和外界改变不了的必然人性。据《论衡·本性篇》记载："宓子贱、漆雕开、公孙尼子之徒，亦论情性，与世子相出入，皆言性有善有恶。"② 意思是宓子贱、漆雕开、公孙尼等人持有善有恶的人性论观点。第三种是"性可以为善，可以为不善"的观点。持这种观点的人认识到环境对人性善恶的影响，认为在人性中本来就包含着善与恶的双重因素，人既可以做坏事，也可以做好事，"是故文、武兴，则民好善；幽、厉兴，则民好暴"③，一个人的人性好恶，主要还是看其所处的社会环境。

孟子对当时提出的三种人性观均持否定态度，特别是对告子所提出的"生之谓性"的"性无善无不善"观点进行了严肃的批驳。

> 告子曰："生之谓性。"孟子曰："生之谓性也，犹白之谓白与?"曰："然。""白羽之白也，犹白雪之白；白雪之白，犹白玉之白与?"曰："然。""然则犬之性犹牛之性，牛之性犹人之性与?"
>
> 孟子曰："水信无分于东西，无分于上下乎? 人性之善也，犹水之就

---

① 孟子［M］. 上海：上海古籍出版社，2022：149.
② 陈来.《性自命出》：沉睡了两千馀年的文献［J］. 文史知识，1999（9）：41-45.
③ 同①153.

下也。人无有不善，水无有不下。今夫水，搏而跃之，可使过额；激而行之，可使在山。是岂水之性哉？其势则然也。人之可使为不善，其性亦犹是也。"①

　　告子说："天生的东西叫作天性。"孟子说："天生的东西叫作天性，就像所有物体的白色都叫作白吗？"告子回答说："是的。"孟子说："白羽毛的白，就像白雪的白；白雪的白就像白玉的白吗？"告子说："是的。"孟子说："那么，狗的天性就像牛的天性，牛的天性就像人的天性吗？"

　　孟子说："水的确无所谓向东流向西流，但是，也无所谓向上流向下流吗？人性向善，就像水往低处流一样。人性没有不善良的，水没有不向低处流的。当然，如果水受拍打而飞溅起来，能使它高过额头；加压迫使它倒行，能使它流上山冈。这难道是水的本性吗？形势迫使它如此的。人可以迫使他做坏事，本性的改变也像这样。"

　　那么，孟子的性善主要是指什么内容？

　　首先，性善是"人禽之辩"的本质依据。孟子将人性看作是人之所以为人的特性，是人所异于禽兽的特殊本质。他指出："人之所以异于禽兽者几希，庶民去之，君子存之。"② "人之有道也，饱食、暖衣、逸居而无教，则近于禽兽。"③ 在孟子看来，动物"与我不同类"，人之性与动物之性具有本质差异，人如果只追求饱食暖衣，则与禽兽没有什么区别，但人具有道德心，正所谓"无恻隐之心，非人也；无羞恶之心，非人也；无辞让之心，非人也；无是非之心，非人也"④，由此将人性问题的思考上升到社会属性的道德层面。

　　其次，性善是"大体小体之别"的体现。孟子把人之所以为人的"自性"同人与生俱来的本能相区别，提出"大体"与"小体"的分别。孟子弟子公都子曾问孟子："同样是人，为什么有的人能成为有德的人，而有的人却只能成为无德的小人？"孟子回答指出，这是人具有"大体"和"小体"差别的原因，"体有贵贱，有小大。无以小害大，无以贱害贵。养其小者为小人，养其

---

① 孟子［M］. 上海：上海古籍出版社，2022：149.

② 同①113.

③ 同①69.

④ 同①44.

大者为大人"①。"大体"指人心，是人之所以为人的根据，即人的道德属性；"小体"指"耳目之官"，是人与生俱来的本能，即人的生物属性，如口好味、耳好声、目好色等生理欲望的追求。一个人"从其大体为大人，从其小体为小人"，如果将心中的仁义道德确立起来，则耳目之欲于人不会扰乱，因而，作为人"先立乎其大者，则其小者弗能夺也"②。

最后，人之所以为恶是因为性善丧失的缘故。孟子极力论证人性是善的，但在现实生活中，会发现他的性善论与实际存在着巨大的反差，社会上有许多人只顾纵欲，不做仁义礼智的道德之事。对此，孟子指出这些社会现象的出现并不是对性善观点的否定，而是由于外在环境的影响和自身努力不够，孟子列举了诸多事例来说明他的这一观点。例如，丰收的年月，青年人懒惰的多；歉收的年月，青年人强暴的多。并非天生就有这样的不同，而是外在环境，"其所以陷溺其心者然也"③。再如，一起播种在土地里的麦子，成熟后却收获不同，原因在于"地有肥硗、雨露之养、人事之不齐也"④；童山原有很秀美的树林，但由于经常砍伐和牛羊啃食，结果变成了光秃秃的山，人们看见那光秃秃的样子，便以为这山不曾有过大树。因此，人做恶事并不是人性本不善，皆是外在环境使然。

为了更好地说明性善论，孟子对人性的内容做了具体的阐述："口之于味也，有同耆焉；耳之于声也，有同听焉；目之于色也，有同美焉。至于心，独无所同然乎？心之所同然者何也？谓理也，义也。圣人先得我心之所同然耳。故理义之悦我心，犹刍豢之悦我口。"⑤口对于味道，有相同嗜好；耳朵对于声音，有相同听觉；眼睛对于颜色，有相同美感。一说到心，难道就没有相同的地方了？心相同的地方在哪里？在理，在义。人性就是"心之同"，即人的思想意识、情感方面的特征，是理、义。同时，"仁之于父子也，义之于君臣也，礼之于宾主也，智之于贤者也，圣人之于天道也，命也。有性焉，君子不谓命也"⑥。仁对于父子，义对于君臣，礼对于宾主，智慧对于贤者，圣人对于天道能够实现与否，属于命运，也是天性使然，所以君子不会以命运为借口

① 孟子［M］. 上海：上海古籍出版社，2022：161.
② 同①161-162.
③ 同①154.
④ 同③.
⑤ 同①155.
⑥ 同①212.

而不去顺从天性。孟子认为，感官欲望的满足依赖于客观条件，这不能称为性，只有依靠主观努力提升的道德，才是性的本质内涵，才可称为性。基于这样的思考视域，孟子进一步指出："恻隐之心，仁之端也；羞恶之心，义之端也；辞让之心，礼之端也；是非之心，智之端也。人之有是四端也，犹其有四体也。"① 人的本性具有仁、义、礼、智四端，这四端求则得之，舍则失之，需要"扩而充之"，要不断通过后天的努力将这些善端加以发挥，使善心逐步生成并体现出来，进而使善性不失，成为真正的人，"苟能充之，足以保四海；苟不充之，不足以事父母"②。这里的"扩而充之"，便为个体道德修养与道德教育留下了广阔的空间。最后，孟子指出，善性平等地赋予我们每一个人，人只要培养自己的善性，"皆可以为尧、舜"③，从根本上保障了人与人之间的平等性。

2. 良知说

在人性论的基础上，孟子进一步提出了他的良知良能说，这一思想对后来的儒学，特别是阳明心学的发展产生了重要影响。

何谓良知良能？孟子确切地提及"良知"仅在《尽心上》一处："人之所不学而能者，其良能也；所不虑而知者，其良知也。孩提之童，无不知爱其亲者；及其长也，无不知敬其兄也。亲亲，仁也；敬长，义也。无他，达之天下也。"④ 在孟子看来，人所具有的良知生而本有，孩提之童都知爱其亲，及其长都知敬其兄，是"天之所与我者"。任何人不需要专门的外向学习都可以具有良知，无论是爱亲敬长还是君子远庖厨，都是良知良能的体现。良知是一个人成就道德的根据，是德性之思，这种德性之思内在于每一个人，当一个人能自觉运用这一良知时，就可以成为圣人了。同时，孟子还指出，一个人的良知始终存在，它会使人产生相应的道德情感，形成自然向上的力量，一旦良知判别事物是善的，便会外化为道德行为，使身心得到满足，体验到真正的快乐。而当把良知进一步扩充、存养之后，便会获得丰富的内容，即仁义礼智这些具体的道德规范。总之，孟子的良知是人所固有的，它既可以明辨是非，亦可使人行善去恶。

---

① 孟子 [M]. 上海：上海古籍出版社，2022：44.
② 同①.
③ 同①166.
④ 同①186.

（二）"五伦"说

在儒家众多的思想中，"五伦"是最基础的一个，这一观念不仅"是整个道德系统的起点、社会性人际关系网络的主线，也是所有礼教活动赖以建基的中轴和良好社会风尚得以存续的根本保障。五伦观念经过先秦儒家（特别是孔、孟）的思想凝聚和义理提升之后，在后续两千多年的中华文化发展过程当中扮演了十分重要的角色，成为所谓'纲常名教'的中心，深刻地影响着华夏文明的价值选择、精神气质和基本走向，也规范了一代又一代的中国人之社会群体及个人行为模式和立身处世的根本准则。"① 孔子曾从自然发展和社会发展视角出发，在《易经·序卦传》中对"五伦"作过系统的论述："有天地然后有万物；有万物然后有男女，有男女然后有夫妇；有夫妇然后有父子，有父子然后有君臣，有君臣然后有上下，有上下然后礼义有所错。"② 孟子继承孔子的思想，明确地把父子、君臣、夫妇、兄弟、朋友作为社会关系中最基本的人伦关系并使之结构化，完善了孔子的人伦道德思考。

什么是"五伦"？"五伦"即五种对应的社会关系。《孟子·滕文公上》曰："人之有道也，饱食、暖衣、逸居而无教，则近于禽兽。圣人有忧之，使契为司徒，教以人伦：父子有亲，君臣有义，夫妇有别，长幼有序，朋友有信。"③《中庸》称此"五者"为"天下之达道"④。它不仅比较客观地概括了社会中人与人之间具有典型意义的五种对应的人伦关系，而且完善了人伦建构和伦理设计，规定了人伦关系双方双向互动的权利和义务，确定了中国伦理的基本结构。

第一，父子有亲。孟子特别看重父子之伦，以"父子有亲"概括出父子之间的伦理关系和原则，使其位于"五伦"之首，这是因为维护血缘亲亲关系是伦理生活中最重要的事，"事孰为大？事亲为大""事亲，事之本也"⑤。其中，父子之伦是一种最普遍、最基本的天然骨肉人伦关系，这种血缘人伦关系与生俱来，任何人不可也无法否认，因而孝亲是处理父子关系的基本原则，

---

① 景海峰. 五伦观念的再认识 [J]. 哲学研究，2008（5）：51-57.
② 黄寿祺，张善文. 周易译注 [M]. 上海：上海古籍出版社，2018：816.
③ 孟子 [M]. 上海：上海古籍出版社，2022：69.
④ 朱熹. 四书章句集注 [M]. 北京：中华书局，2011：30.
⑤ 同③101.

具有伦理普遍性的情感，"入则孝，出则悌，守先王之道"①。同时，"父"不只是作为"子"的自然生命来源，亦是民族得以延绵不绝的基础，父子相互亲爱，便可成为不可动摇的人伦延续依据。

第二，君臣有义。义者，宜也，君有君道，臣有臣道，君臣之间有相宜之义。孔子从名分观出发论证君臣所应当遵循的伦理规范，即"君使臣以礼，臣事君以忠"②。这里，孟子特别指出了君臣之间双向互动道德实践的必要性关系，突出强调了君臣之间的相互义务、职责和行为规范。"欲为君尽君道，欲为臣尽臣道，二者皆法尧、舜而已矣。"③ 尽管君王高高在上，但没有绝对优势，必须以"义礼"之道待臣、治民，否则臣民可能会对君主失去忠义之心。正所谓"君之视臣如手足，则臣视君如腹心；君之视臣如犬马，则臣视君如国人；君之视臣如土芥，则臣视君如寇仇"④。君主看待臣下如同自己的手足，臣下看待君主就会如同自己的腹心；君主看待臣下如同犬马，臣下看待君主就会如同路人；君主看待臣下如同泥土草芥，臣下看待君主就会如同仇人。

第三，夫妇有别。"别"是夫妇关系的准则，有内外之位，故曰别。一方面，夫妇之间有责任分工的差别，即男主外、女主内，既分工明确又各有侧重，既各有侧重又相互帮助合作，是构建和谐夫妻关系的基础。另一方面，夫妇之间蕴含着道德意义上的责任感或责任意识。丈夫要对妻子仁义、爱护，反过来，妻子要对丈夫顺从、体贴。夫妇一伦在人伦关系产生过程中具有特殊的地位，不仅是君臣、父子、长幼关系的源头，也是礼义道德产生的基础。即"男女有别，而后夫妇有义；夫妇有义，而后父子有亲；父子有亲，而后君臣有正。故曰：'婚礼者，礼之本也。'"⑤。由此可见，夫妇关系是"人之大伦"，是人伦之基、生命之本、社会之根。

第四，长幼有序。长幼兄弟之间要长惠幼顺，兄要对弟爱护、提携，弟要对兄恭敬、顺遂。《弟子规》中"兄道友，弟道恭"⑥，便是对长幼一伦双向道德要求的反映。孔子把兄弟关系概括为"兄弟怡怡"，指兄弟和悦相亲的样

① 孟子 [M]．上海：上海古籍出版社，2022：78.

② 论语·大学·中庸 [M]．上海：上海古籍出版社，2023：43.

③ 同①90.

④ 同①107.

⑤ 魏徵，等，编纂．群书治要 [M]．北京：中华书局，2014：94-95.

⑥ 李毓秀．弟子规 [M]．张志萍，译注．上海：上海古籍出版社，2010：30.

子。孟子进一步发扬孔子的这一思想，提出"长幼有序"，体现为血浓于水的手足之情。"孩提之童，无不知爱其亲者；及其长也，无不知敬其兄也。亲亲，仁也；敬长，义也；无他，达之天下也。"① 两三岁的小儿没有不知道爱他父母的；等到他长大，没有不知道敬爱哥哥的。亲爱父母是仁，敬爱哥哥是义，没有别的原因，只因这两种品德可以通达于天下。同时，为人弟要敬重兄长，"义之实，从兄是也"②，"徐行后长者谓之弟，疾行先长者谓之不弟"③，慢慢地跟在长者后面走，叫作悌，快步抢在长者前面走，叫作不悌。总之，在内要"兄弟怡怡"，在外则"四海之内皆兄弟"，最终达到"老吾老以及人之老，幼吾幼以及人之幼"的理想境界。

第五，朋友有信。朋友，是兄弟之情的扩充，是以"诚""信"为基础的人伦关系。孔子很注重朋友关系，指出："老者安之，朋友信之，少者怀之。"④ "与朋友交言而有信。"⑤ 信即是诚，朋友之间要以诚相待，以信交之。孟子沿袭孔子观点常讲"仁义忠信""孝悌忠信"，认为朋友之间"不挟长，不挟贵，不挟兄弟而友。友也者，友其德也，不可以有挟也"⑥。告诫人们不倚仗年龄大，不倚仗地位高，不倚仗兄弟的势力去交朋友。交朋友，交的是品德，不能够有什么倚仗。同时，孟子还指出，朋友之间要相互责善，即相互之间以善相责，补其短，续其长，使朋友成名成善，正所谓"责善，朋友之道也"⑦。

可以看出，孟子的"五伦"之中，父子、夫妇、兄弟是家庭血缘关系，君臣、朋友是社会伦理关系。"五伦"关系基本上涵盖了包括家庭关系、社会关系和政治关系在内的全部社会关系，从而使道德这一调节人际关系的上层建筑成为人现实生活中一切言行的依据和外在规范。孟子的"五伦"学说在当时具有重要的意义和价值，不仅进一步深化了人们对于人伦关系的认识，而且以"亲、义、别、序、信"这五种道德要求规范化了社会秩序，对维护社会稳定、统一人民思想、保障君主集权等级秩序均大有裨益。

---

① 孟子［M］. 上海：上海古籍出版社，2022：186.

② 同①104.

③ 同①166.

④ 论语·大学·中庸［M］. 上海：上海古籍出版社，2023：67.

⑤ 同④20.

⑥ 同①140.

⑦ 同①120.

三、孟子的道德体系：仁、义、礼、智

在先秦诸子百家中，孟子第一次将"仁义礼智"并举。孔子对智、仁、勇、义、礼、孝、悌等道德范畴均有涉及，其中，最为重视的是仁、义、礼、智、勇，还将"知（智）仁勇"称为"三达德"。但是，孔子对于道德范畴的思考没有形成系统化，孟子沿着孔子的思想并结合人性视角，进一步将仁、义、礼、智四个道德范畴加以提炼，由此形成了全新的道德范式。

孟子认为，仁、义、礼、智根植于人之本心和本性。"恻隐之心，仁也；羞恶之心，义也；恭敬之心，礼也；是非之心，智也。"① 人之所以为人，在于人有仁、义、礼、智四德："无恻隐之心，非人也；无羞恶之心，非人也；无辞让之心，非人也；无是非之心，非人也。"② 同时，孟子对仁、义、礼、智的地位和功用进行了全新阐释：仁者，"人之安宅也"③；义者，"人之正路也"④；礼者，"节文斯二者也"⑤；智者，"知斯二者弗去是也"⑥。"居仁由义""礼门义路""必仁且智"，形成了孟子完整的道德体系。

（一）仁

1. "恻隐之心，仁之端也"

孟子继承了孔子"仁"的思想，对"仁者，爱人"进行了新解，从人心理情感活动的角度出发，对什么是"仁"进行了深入探求，指出："仁，人心也。"⑦ 通过以"心"言"仁"，使"仁"成为道德实践的内在根源和动力，而且为"仁"找到了内在的心理根据，从而开辟了儒家以"心"论"仁"的新阶段。

孟子认为"仁"来自于人的恻隐之心。所谓恻隐之心，是人们发自内心的真实情感，是同情同类的本能情感，对此孟子设计了"恻隐之心"的经验情景：

① 孟子［M］. 上海：上海古籍出版社，2022：153.
② 同①44.
③ 同①45.
④ 同①96.
⑤ 同①104.
⑥ 同⑤.
⑦ 同①159.

所以谓人皆有不忍人之心者，今人乍见孺子将入于井，皆有怵惕恻隐之心。非所以内交于孺子之父母也，非所以要誉于乡党朋友也，非恶其声而然也。①

突然看见一个小孩将要掉进井里，人都会产生惊惧同情的心理——这不是因为想和这孩子的父母拉关系，不是因为想在乡邻朋友中博取声誉，也不是因为厌恶这孩子的哭叫声才产生这种惊惧同情心理。朱熹注曰："怵惕，惊动貌；恻，伤之切也。隐，痛之深也。"② 表明孟子这里的"不忍人之心"是对他人遭遇感同身受的同情心，是人自发而产生的直觉心，是爱之情感的道德心。同时，孟子也指出"为仁由己"，"仁"是个人主观愿望的选择，"仁者以其所爱及其所不爱。不仁者以其所不爱及其所爱"③。仁者与不仁者所表现出的不同行事方式完全在于个人内在的主观愿望。具体地看，首先，孟子的"恻隐之心"是一种主体方面所具有的普遍情感，任何人皆可有恻隐之心，同时，这种恻隐之心可以开放性地指向任何人，在对象性方面具有普遍性；其次，"恻隐之心"是一种纯真的情感，不包含任何"人欲之私"的成分，没有任何功利性的利害算计，不是出于个人私利才对他人产生同情心；最后，"恻隐之心"是人的本体、归宿，是一切德性的根源，人之为人、人之能为人的内在原因即在于这个"恻隐之心"，即"仁也者，人也"④，失去了此心，人就不成其为人。

2. 亲亲、仁民、爱物

在"仁"学思想的基础上，孟子明确提出"亲亲而仁民，仁民而爱物"这一命题。《孟子·尽心上》曰："君子之于物也，爱之而弗仁；于民也，仁之而弗亲。亲亲而仁民，仁民而爱物。"⑤ 意思是说，君子对于自然万物，爱惜却不建立相互亲爱的关系；对于万民，能建立起相互亲爱的关系却不亲近。正确的观念应该是亲爱亲近之人，进而与人民建立相互亲爱的关系，与人民建立相互亲爱的关系，进而爱惜万物。可以看出，孟子的仁爱思想始于亲，由近

---

① 孟子［M］. 上海：上海古籍出版社，2022：43-44.
② 朱熹. 四书章句集注［M］. 北京：中华书局，2011：221.
③ 同①203.
④ 同①209.
⑤ 同①201.

及远、由人及自然，推爱及物，其中，亲亲是仁的自然基础，仁民是仁的核心，爱物是仁的完成。

第一，亲亲。孟子认为，"亲亲"之情是人世间一切相亲相爱情感的基点，"仁之实，事亲是也"①"亲亲，仁也"②。"亲亲"就是亲爱自己的亲人，是具有血缘关系的亲情之爱，它是"仁"的要旨和根源，实践"仁"必须从"爱亲"做起。孟子指出，"未有仁而遗其亲者也"③，即"仁"产生于爱之孝。

第二，仁民。"仁民"就是以爱亲之心及于民众，从恻隐之心推及爱天下人，是由亲及疏、由近及远的推衍、扩充的过程和结果。孟子要求遇事要推己及人，"古之人所以大过人者，无他焉，善推其所为而已矣"④。推恩之为，是扩充其心的能为，若能"善推其所为"，则仁义之德不可胜用，进而由亲亲出发，"老吾老，以及人之老；幼吾幼，以及人之幼"⑤。为政者如果一切政治措施都由这一原则出发，则统一天下就像在手心里转动东西那么容易了。孟子由推恩所设定的仁民思想与孔子"泛爱众""四海之内皆兄弟也"的主张精神是一致的，都是由爱亲推及非亲以至于天下。

第三，爱物。仁爱虽然以同类之人为先，但不限于同类。儒家把仁爱之心推向天地万物，达到了与天地万物为一体的境界。从仁的角度看，"亲亲"是"仁"的自然基础，"仁民"是仁的重点和核心，"爱物"则是仁的最终完成。关于爱物，就是取之有时，用之有节，是对万物的爱护和保护，要尊重、保护自然界。孟子指出："今恩足以及禽兽，而功不至于百姓者，独何与？"⑥进而提出不仅要"恩及禽兽"，还要注重物的可持续发展。在孟子看来，人应该对万物施以博爱，惜物、爱物，这一思想后来被发展为"民胞物与""天地万物一体之仁"的生态伦理观念。

（二）义

1. "羞恶之心，义之端也"

为了更好地说明"义"的含义，孟子将其与"仁"内在地联结在一起，

---

① 孟子 [M]. 上海：上海古籍出版社，2022：104.
② 同①186.
③ 同①1.
④ 同①9.
⑤ 同④.
⑥ 同④.

提出了"仁宅义路"的观点。何谓"义"？孟子答曰："羞恶之心，义也。"①
按照朱熹的解释，羞恶之心实际上是人们在一定的道德认知基础上产生的内
疚感和正义感。羞恶之心能引发人们的自我约束，可视为耻心。孟子曾指
出："耻之于人大矣。""人不可以无耻。无耻之耻，无耻矣。"② 意在表明羞
耻感对人而言是至关重要的。孟子明确指出了几种可作为"耻"的表现：
第一，"故声闻过情，君子耻之"③，名誉声望超过了实际情形，是耻辱。第
二，"立乎人之本朝，而道不行，耻也"④。在朝廷做官，却不能推行自己的
主张，是耻辱。第三，用不正当的手段去求得富贵发财，是耻辱。如果说
"恻隐之心"是本能地由主体向客体的外推，"羞恶之心"则是从主体到客
体，又从客体返回到主体的自省或内视。这种从客体反射回来的自省与内
视，是主体的自觉意识，是"恻隐之心"的顺次而发，二者构成了相辅相
成的关系。

孟子进一步指出："仁，人之安宅也；义，人之正路也。"⑤"仁"是内在
的道德，如同安适的房宅，是人安身立命之本，为人处世之发源；"义"是有
所作为、有所取舍，是达至"仁"的必由之路和正确之路，依"仁"而行，
由此实现人道的真正落实。"仁"离开了"义"，就落不到实处；"义"离开了
"仁"，就失去了依据。"仁"根源于人的恻隐之心，较为内在，带有浓厚的感
情色彩；"义"根源于羞恶之心，较为外在，是对道德实践的制约和调适，带
有理性的性质。"居仁由义，大人之事备矣"⑥，在孟子的观点里，仁义联合在
一起，便可成为最高的道德观念。

2. 义利观

在中华优秀传统文化中，"义"是用来处理"利"的道德原则，"义利之
辨"是正确解决道义与利益取舍的问题。孟子认为，"义"具有至上的性质，
包含内在的价值，因而"何必曰利"，这一思想鲜明地体现在孟子与梁惠王、
宋牼的两次对话中：

---

① 孟子 [M]. 上海：上海古籍出版社，2022：153.
② 同①182.
③ 同①112.
④ 同①143.
⑤ 同①96.
⑥ 同①195.

　　孟子见梁惠王。王曰："叟，不远千里而来，亦将有以利吾国乎？"孟子对曰：

　　"王何必曰利？亦有仁义而已矣。王曰'何以利吾国'？大夫曰'何以利吾家'？士庶人曰'何以利吾身'？上下交征利而国危矣。万乘之国，弑其君者，必千乘之家；千乘之国，弑其君者，必百乘之家。万取千焉，千取百焉，不为不多矣。苟为后义而先利，不夺不餍。未有仁而遗其亲者也，未有义而后其君者也。王亦曰仁义而已矣，何必曰利？"①

　　宋牼将之楚，孟子遇于石丘。曰："先生将何之？"曰："吾闻秦楚构兵，我将见楚王说而罢之。楚王不悦，我将见秦王说而罢之，二王我将有所遇焉。"曰："轲也请无问其详，愿闻其指。说之将何如？"曰："我将言其不利也。"曰："先生之志则大矣，先生之号则不可。先生以利说秦楚之王，秦楚之王悦于利，以罢三军之师，是三军之士乐罢而悦于利也。为人臣者怀利以事其君，为人子者怀利以事其父，为人弟者怀利以事其兄。是君臣、父子、兄弟终去仁义，怀利以相接，然而不亡者，未之有也。先生以仁义说秦楚之王，秦楚之王悦于仁义，而罢三军之师，是三军之士乐罢而悦于仁义也。为人臣者怀仁义以事其君，为人子者怀仁义以事其父，为人弟者怀仁义以事其兄，是君臣、父子、兄弟去利，怀仁义以相接也。然而不王者，未之有也。何必曰利？"②

　　两段话的大意是：孟子进见梁惠王。惠王说："老先生不远千里长途的辛劳而来，是不是将给我国带来利益呢？"孟子答道："王何必非要说利呢？也要有仁义才行啊。如果王只是说'怎样才有利于我的国家呢？'大夫也说'怎样才有利于我的封地呢？'那一般士子和老百姓也都会说'怎样才有利于我自己呢？'这样，上上下下都互相追逐私利，国家便危险了！在拥有一万辆兵车的国家里，杀掉它的国君的，一定是拥有一千辆兵车的大夫；在拥有一千辆兵车的国家里，杀掉它的国君的，一定是拥有一百辆兵车的大夫。在一万辆里头，他就拥有一千辆，在一千辆里头，他就拥有一百辆，这些大夫的产业不能

---

① 孟子 [M]. 上海：上海古籍出版社，2022：1.
② 同①168.

不说是够多的了。假若他把'义'抛诸脑后而事事'利'字当先，那他不把国君的一切都剥夺，是不会满足的。从没有以'仁'存心的人会遗弃父母的，也没有以'义'存心的人会怠慢君上的。王只要讲仁义就可以了，为什么一定要讲'利'呢？"

宋牼准备到楚国去，孟子在石丘这个地方遇见他，就问："先生要到哪里去？"宋牼回答说："我听说秦国和楚国要开战，我要去面见楚王劝说他罢兵。假如楚王不听的话，我就去面见秦王劝他罢兵。这两个国君总会有一个听我话的。"孟子说："我不想问您详细情况，愿听听您的大意。您打算怎样去劝说他们呢？"宋牼回答说："我打算说说交战的不利之处。"孟子说："您的志向是很好的，然而您的提法却行不通。您用利来劝说秦王、楚王，秦王、楚王因为有利可图而欢喜，于是终止军事行动，这样的话，军队的将士就会为休战而高兴，从而喜欢利。做臣子的怀着利益之心去侍奉他的君主，做儿子的怀着利益之心去侍奉他的父亲，做弟弟的怀着利益之心去侍奉他的兄长，这就会导致君臣、父子、兄弟之间最终都会抛弃仁义，怀着利益之心交往，在这种情况下国家不灭亡的还没有过。您若以仁义去劝说秦王、楚王，秦王、楚王因喜欢仁义而高兴，于是撤除军队，这会使军队将士乐见休兵，进而喜欢仁义。做臣子的怀着仁义之心去侍奉他的君主，做儿子的怀着仁义之心去侍奉他的父亲，做弟弟的怀着仁义之心去侍奉兄长，会使君臣、父子、兄弟去除求利的念头，而怀着仁义之心交往，这样还不能统一天下，是不曾有过的。为什么一定要谈'利'呢？"

两段对话中，孟子鲜明地将义利冲突归因于人的欲望，上升为人性与人心，同时将解决义利矛盾的办法诉诸"仁义"。孟子认为："大人者，言不必信，行不必果，惟义所在"[①]，"义"在孟子那里具有优先原则，以"义"为先，可以有助于"利"的获得，而在义利冲突的情况下，择"义"则不能择"利"，要"利"必须弃"义"，二者不可兼得。对此，孟子的态度很鲜明："鱼，我所欲也；熊掌，亦我所欲也，二者不可得兼，舍鱼而取熊掌者也。生，亦我所欲也；义，亦我所欲也，二者不可得兼，舍生而取义者也。"[②] 为了"义"，在必要时甚至可以舍弃自己的生命，由此将"义"放

---

① 孟子 [M]. 上海：上海古籍出版社，2022：110.
② 同①158.

在了至高位置上。

（三）礼

儒家最为看重"礼"，孔子认为"人无礼不生"，指出："不学礼，无以立。"① 对于"礼"，孟子指出，"恭敬之心，礼也"②，"辞让之心，礼之端也"③。孟子认为，"礼"是人们道德精神境界的重要彰显，它体现在"礼之让""礼之谦卑"的道德行为上，表现为对他人的尊重和谦让。同时，"礼"的精神在于主敬，"敬"可看作是"礼"的精神实质，遵循主敬的"礼"，从内心就会产生恭敬之心，从而产生符合道德的"礼"的行为。

与此同时，孟子进一步将"礼"视为对仁义的节制和文饰，"礼之实，节文斯二者是也"④。这样的礼主要指行为的礼，规约着人们的行为，确保仁义的道德实践沿着正确的道路顺利进行，即"夫义，路也；礼，门也。惟君子能由是路，出入是门也"⑤。"言非礼义，谓之自暴也"⑥，一旦人按照"礼"的要求做到言行有节，合乎规范，就会如孟子所言："动容周旋中礼者，盛德之至也。"⑦ 可以认为，"礼"作为维护血缘宗法制下的尊卑结构和社会秩序的行为准则，经过儒家的改造，成为人们处理人际关系的行为规范，对造就和谐融洽的社会关系起到了重要作用。

（四）智

在孔子那里，"智"是三达德之一，是人之为人的重要美德。孟子在孔子思想的基础上，也将"智"视为一个基本的道德范畴，指出："是非之心，智之端也。"朱熹注："是，知其善而以为是也。非，知其恶而以为非也。"⑧ 引申义为人所具有的道德判断能力，即明辨是非，由"是非之心"而知是非，即为"智"。孟子认为，这种内在于人的、辨别是非的能力是人之所以为人的

---

① 论语·大学·中庸 [M]. 上海：上海古籍出版社，2023：201.
② 孟子 [M]. 上海：上海古籍出版社，2022：153.
③ 同②44.
④ 同②104.
⑤ 同②146.
⑥ 同②96.
⑦ 同②216.
⑧ 朱熹. 四书章句集注·孟子集注 [M]. 北京：中华书局，2011：221.

重要因素，如："无是非之心，非人也。"①

对于"智"与仁义的关系，孟子指出："仁之实，事亲是也；义之实，从兄是也；智之实，知斯二者弗去是也。"②"智"是对仁、义、礼各德目规范的反思，是对于仁义道德的理念、规范有正确、深刻和全面的认识和理解。孟子指出，如果把建立在血缘情感基础上的仁义道德情感上升为普遍的认知或理性、内化、升华为自己的道德良知，便会在行为中做到"爱而有别""智仁双全"。也正是由于此，"智"与"仁"是塑造圣人理想人格不可或缺的两个必要条件，"智"能促德，一方面，"智"能接受、认同和理解仁义道德；另一方面，在"智"的引导下，仁义"弗去"，实现对仁义道德的坚守，从而自觉地知仁晓义，达到圣人之境。

(五) 孟子的理想人格

理想人格是人们塑造出来的心中所向往的人格典范，是期望人格所达到的最高境界。孟子把"圣人"作为自己的理想人格，这种理想人格"与天地合其德"，是"仁"的道德理想的体现。孟子曾反复说："圣人，人伦之至也。"③"圣人，百世之师也。"④

在孔子那里，圣人是最高规格的理想人格，他博施于民而能济众，是普通人难以企及的层次，即便是尧舜也难以被称为圣人。孟子将圣人的规格进行了下放，认为圣人虽是"人伦之至"，但并非高不可攀，而是与凡人同类，圣人能为，人亦能为。圣人与凡人有着同样的善心善性，任何人只要善于修心养性，通过后天的努力都可以成为圣人，即"人皆可以为尧、舜"⑤。

孟子所追求的圣人有着鲜明的内涵。一是要能较好地处理人伦关系。"圣人，人伦之至也。欲为君尽君道，欲为臣尽臣道，二者皆法尧、舜而已矣。"⑥这种人伦关系既包含着孝悌之道的仁爱，也涵盖了君臣之间的忠信之意。二是要具有"以天下为己任"的忧患意识。"乐民之乐者，民亦乐其乐；忧民之忧

---

① 孟子 [M]. 上海：上海古籍出版社，2022：44.
② 同①104.
③ 同①90.
④ 同①208.
⑤ 同①166.
⑥ 同③.

者，民亦忧其忧。乐以天下，忧以天下，然而不王者，未之有也。"① 圣人应具有悲悯天下的情怀，做到以天下为己任，"老吾老以及人之老，幼吾幼以及人之幼"是孟子毕生追求的社会理想。三是圣人是多方面的，有的是品性高尚，有的是才能出众，有的是善于与人相处，展现出不同的特点。"伯夷，圣之清者也；伊尹，圣之任者也；柳下惠，圣之和者也；孔子，圣之时者也。孔子之谓集大成。"② 伯夷是圣人中最清高的；伊尹是圣人中最负责任的；柳下惠是圣人中最随和的；孔子是圣人中最识时务的，可以称为集大成者。四是圣人具有化育天下的使命。在孟子眼中，圣人是把心中美好的道德和兼济天下的责任充分发挥出来，化育天下造福苍生的人。孟子不仅将这一目标视为圣人责无旁贷的使命，同时还将其看作是人生的乐趣之一："君子有三乐，而王天下不与存焉。父母俱存，兄弟无故，一乐也。仰不愧于天，俯不怍于人，二乐也。得天下英才而教育之，三乐也。"③ 由此深刻表明了圣人以德行教化世人的伟大追求。

为了实现其圣人的理想人格，孟子提出了"存心""养心""尽心"的修养之道。首先，实现理想人格在于存心养性。孟子认为"恻隐之心""羞恶之心""是非之心"以及"辞让之心"是每个人都有的善端，这种善端容易受外在环境的影响，使仁义礼智丢失，为此，要通过后天的道德修养把失掉的善端找回来，即"学问之道无他，求其放心而已矣"④。在具体做法上，"君子以仁存心，以礼存心。仁者爱人，有礼者敬人"⑤。通过"以仁存心，以礼存心"的途径加以实现。其次，实现理想人格在于养心。在存心之后，还要进一步养之。人性虽天然为善，但并不意味着实然为善，还要进一步通过修养功夫保存仁义礼智的善性。一是要寡欲。"养心莫善于寡欲。其为人也寡欲，虽有不存焉者，寡矣；其为人也多欲，虽有存焉者，寡矣。"⑥ 通过节制人相应的感官欲望便可使人"饱乎仁义"，使良心和善性得到很好的保存。二是要养浩然之气。"我善养吾浩然之气。……其为气也，至大至刚，以直养而无害，则塞于天地之间。其为气也，配义与道，无是，馁也。是集义所生者，非义袭

---

① 孟子［M］．上海：上海古籍出版社，2022：19．
② 同①136．
③ 同①188．
④ 同①159．
⑤ 同①118．
⑥ 同①218．

而取之也。"① 浩然之气，合义与道，是平日修养积累而成，这是一种道德的气，是人最高本质的彰显，是人的生命力的体现，有了至大至刚的浩然之气，便可"居天下之广居，立天下之正位，行天下之大道"②。最后，实现理想人格在于尽心。尽心的过程是"反身而诚"（反躬自问诚实无欺）的过程。人具有道德反思的能力，可以通过"反身而诚"而"知性""知天"。通过反思，不仅可以知晓人之所以异于禽兽的缘由，懂得人之为人的高贵，同时还可以进一步与天地合其德，正所谓"尽其心者，知其性也。知其性，则知天矣。存其心，养其性，所以事天也。夭寿不贰，修身以俟之，所以立命也"③。意为充分扩张善良的本心，就懂得了人的本性；懂得了人的本性，就懂得天命了。保持人的本心，培养人的本性，这就是对待天命的方法。短命也好，长寿也好，都不三心二意，只是培养身心，等待天命，这就是安身立命的方法。孟子提出经由尽心来知晓人之善性，并不断发展，达到修身、立命的境界。

可以看出，孟子的理想人格不仅是内圣与外王的高度合一，同时也是普遍人格与孔门圣人理念的融合，这一理想人格时至今日对现代人格的塑造具有相当重要的借鉴意义。

四、孟子的政治实践

孟子所处的战国时代是一个充满变数的时代，孟子自己曾言："天下之生久矣，一治一乱。"④ 新登上历史舞台的新兴地主阶级，为巩固和加强自己的统治地位，围绕治国与治民两个维度进行不同程度的探索与思考。这一时期，各个学派利用诸侯割据的局面"著书言治乱之事"，孟子的政治思想即是在这样特殊的文化政治大背景下形成的。他接续孔子的仁政观念，贯彻伦理与政治合一的思想路线用以解决治理国家、统一天下的政治问题。其德治思想的核心是仁政的王道学说，包含三个方面的内涵：第一，"以不忍人之心，行不忍人之政"⑤；第二，"以力假仁者霸，……以德行仁者王"⑥；第三，"君仁莫不

---

① 孟子 [M]. 上海：上海古籍出版社，2022：35.
② 同①76.
③ 同①180.
④ 同①83.
⑤ 同①43.
⑥ 同①41.

仁，君义莫不义，君正莫不正"①。

（一）仁政说的原理

孟子极其推崇他的仁政观念，肯定地认为，离开了仁政，即使能够得到天下，也是一天都坐不安稳的，仁政是治国长治久安的重要保障。在《孟子》一书中，多次谈及"仁政""仁""德"等概念，这是因为在孟子的心中，只有"德性仁者"才可称为真正的王。

1. "以不忍人之心，行不忍人之政"

孟子的"仁政"学说，建立在他"性善论"的基础上。孟子说："人皆有不忍人之心。先王有不忍人之心，斯有不忍人之政矣。以不忍人之心，行不忍人之政，治天下可运之掌上。"② 人皆有不忍人之心，统治者亦如此，因此，统治者应将自己固有的仁爱之心推广到政治上，推行到政策上，以利济苍生，惠及百姓，做到了这一点自然会实现天下归顺。孟子以夏、商、周三代建国与亡国的原因说明行仁政的重要性："三代之得天下也以仁，其失天下也以不仁。国之所以废兴存亡者亦然。天子不仁，不保四海；诸侯不仁，不保社稷；卿大夫不仁，不保宗庙。"③ 为此，统治者要守住"不忍人之心""行不忍人之政"。

2. "以力假仁者霸……以德行仁者王"

孟子的仁政理想是"定于一"而王天下，而王天下就必须推崇"以德服人"的王道，反对"以力假仁"的霸道。孟子指出，霸者崇尚"力"，可以成为大国，但却短视，得到的只是国家而不是天下；王者崇尚"德"，可以一统天下，且具有长久性。霸者以力服人，但无法收服人心；王者以德服人，会使人心服。"以力服人者，非心服也，力不赡也；以德服人者，中心悦而诚服也，如七十子服孔子也。"④ 所以孟子劝梁惠王、齐宣王行仁政于民，认为只要实行仁政便可以"仁者无敌"，即"王如施仁政于民，省刑罚，薄税敛，深耕易耨。壮者以暇日修其孝悌忠信，入以事其父兄，出以事其长上，可使制梃以挞秦楚之坚甲利兵矣"⑤。意思是如果能够做到对人民施行仁政，废除严刑

① 孟子［M］. 上海：上海古籍出版社，2022：102.
② 同①43.
③ 同①91.
④ 同①41.
⑤ 同①6.

酷法，减免苛捐杂税，教育人民深耕土地，耘田除草。青壮年在农闲时学习孝顺老人、友爱兄弟、忠于国家、取信他人的道理，在家用来侍奉父母兄长，在外用来侍奉尊长，这样便可使他们成为拿起兵器便能打败秦楚的坚甲利兵了，进而"使天下仕者皆欲立于王之朝，耕者皆欲耕于王之野，商贾皆欲藏于王之市，行旅皆欲出于王之涂，天下之欲疾其君者皆欲赴愬于王：其若是，孰能御之？"① 一旦实施了仁政，履行了王道，无论是士人、耕者、商贩、旅客皆愿归顺于王与国家，这样的国家怎能不强大？

3. "君仁莫不仁，君义莫不义，君正莫不正"

君主修仁义之道而行仁政，有个成败的关键，那就是君王本身必须要保持不忍人之心的善性，为此，孟子提出了"正君心"的思想，即"君仁莫不仁，君义莫不义，君正莫不正"②。君王仁爱，就没有谁会不仁爱；君王坚守道义，就没有谁会违背道义；君王正派，就没有谁会不正派。在面对齐威王、滕文公、梁惠王、齐宣王时，孟子积极说服他们端正作为一国君王的善心，做一个实实在在的样板。在孟子看来，君王成为仁者并不难，关键在于想不想，当时很多君王都有成为仁者的潜能，齐宣王就是一个很好的例子。齐宣王在看到一头牛将要被祭钟时，亲见它战栗发抖的样子极其不忍，便命人以羊来代替牛。百姓不明其故，还以为齐宣王吝啬，但孟子知道这是齐宣王的不忍人之心。因此，孟子得出结论认为，对于任何君王而言，实施仁政并不是那么遥不可及的。

(二) 仁政说的运作

孟子仁政说的运作包含很多方面的内容，在经济、政治、教育以及统一天下方面均有涉及，其中有一条主线贯穿其中，那就是民本思想。

1. "以民为本"的民本思想

"民本"一词可见于《尚书·夏书·五子之歌》，即"民惟邦本，本固邦宁"③。"民为邦本"意为民众为国家的根本，只有人民稳定了，国家才能安宁，强调了人民对于国家具有不可替代的作用。春秋战国"百家争鸣"时代直至之后，"民本"思想不断获得进一步的发展，从"政之所兴，在顺民心；政之所

---

① 孟子 [M]. 上海：上海古籍出版社，2022：10.

② 同①102.

③ 保巴. 周易原旨易源奥义 [M]. 陈少彤，点校. 北京：中华书局，2009：69.

废，在逆民心"①，"得天下有道，得其民，斯得天下矣"②，再到"君者舟也，庶人者水也。水则载舟，水则覆舟"③，"夫民者，万世之本也"④，"为君之道，必须先存百姓"⑤ 等，一以贯之的民本思想成为古代社会政治稳定的根基。

【思考】为什么在先秦诸子百家中，很多学派的思想家均重视"民本"思想？

古代民本思想的提出，是历代统治阶层在总结历史兴衰存亡教训的基础上，出于政治统治需要而得出的政治智慧，这一思想的可贵之处在于强调了"民"在政治活动中的重要性和基础性作用。统治阶层意识到：政权的持久性如何才能长久保存？唯有重视民。这一政治主张将"民"的作用突出地显示在价值立场和工具立场中，价值立场认为人民最为"贵"，是政治的终极目标和最高价值；工具立场则认为唯有以民为贵，才能维持政权的长久性，即"中国古代的'民本'思想，可从两个主要方面去理解：一是说人民的利益是国家和社会的价值主体，二是说君主的权力只有得到人民的拥护才能稳固。……就两方面意义的统一而言，前者是价值判断，后者只是一种事实判断"⑥。

与"民本"密切相关的概念是"民主"，可以肯定的是，传统民本思想奠定了人民民主的价值基础，对于中国古代政治文明和封建政权的稳定发挥了巨大作用。正是因为统治者意识到了人民的巨大力量，才会主动地对人民予以重视，并对人民的需求给予满足。最为重要的在于，中国古代的"民本"思想可看作是"民主"思想的起点和桥梁，对"民主"观念的形成产生了濡染和改造的影响，塑造出中国式现代化民主思想的价值取向和思维方式。

孟子"民本"思想的内涵主要体现在三个方面。一是从人民在国家中的作用和地位的角度，蕴含"以民为本"的含义。"诸侯之宝三：土地，人民，政事。"⑦ 这里，孟子明确指出人民是国家之宝，是关涉国家存亡的重要元素。二是从君主施政的角度，蕴含"执政为民"的含义。孟子认为，国君在治理

① 管子 [M]. 刘晓艺，校点. 上海：上海古籍出版社，2022：2.

② 孟子 [M]. 上海：上海古籍出版社，2022：95.

③ 荀子 [M]. 耿芸，标校. 上海：上海古籍出版社，2022：90.

④ 新书 [M]. 方向东，译注. 北京：中华书局，2012：282.

⑤ 贞观政要集校 [M]. 吴兢，撰. 北京：中华书局，2009：2.

⑥ 李存山. 中国的民本与民主 [J]. 孔子研究，1997 (4)：5-15.

⑦ 同②214.

国家时，要设身处地从人民的立场出发，既要保民恤民，爱民如子，也要树立富民教民的意识，以提高人民的生活质量和道德素质作为执政方向和目标。"得天下有道，得其民，斯得天下矣；得其民有道，得其心，斯得民矣。"① 三是从民与君关系的角度，蕴含"民贵君轻"的含义。"民为贵，社稷次之，君为轻。"② 孟子突出强调了民在国家的地位，将其放在国家、君王之上，指出君王应以爱护人民为先，保证人民的利益，这也是孟子民本思想中最为核心和最有价值的部分。

2. 富民的经济政策

第一，制民恒产。孟子认为，民富是国家长存的保障，只有人民富有了，国家才能安定长久，即"养生丧死无憾，王道之始也"③。对此，孟子明确提出"民之为道也，有恒产者有恒心，无恒产者无恒心"④。在孟子看来，贤明的君王必须要使百姓有恒产，上足以事父母，下足以养妻儿，好年丰衣足食，荒年也不至于饿死，这是君王能否成就大业的根本。同时，治民恒产必须从划分田界开始，"经界既正，分田制禄可坐而定也"⑤，也就是要确保每个小农之家的土地数量，除劳作公田之外，可以吃穿自给自足，这样他们就会长久地固定在土地上，安居乐业，不会去触犯法律，为君王一统天下打下坚实的基础。

第二，"薄其税敛""取于民有制"。孟子继承了孔子"敛从其薄""使民以时"的思想，进一步提出"易其田畴，薄其税敛，民可使富也"⑥ 的轻徭薄赋思想。在比较了夏商周三代的税法之后，孟子认为，"夏后氏五十而贡，殷人七十而助，周人百亩而彻，其实皆什一也"⑦。夏朝时每家授田五十亩而实行贡法，商朝时每家授田七十亩而实行助法，周朝时每家授田一百亩而实行彻法，实际上征的税都是十分取一。但相比较而言，在田野上实行九分抽一的助法，在都城中实行十分抽一的税法，让人们自行交纳更好，因此，应减轻人民负担，增加公利的积累，控制君王私利的膨胀，"有布缕之征，粟米之征，力

① 孟子［M］. 上海：上海古籍出版社，2022：95.
② 同①208.
③ 同①4.
④ 同①64.
⑤ 同①65.
⑥ 同①190.
⑦ 同④.

役之征。君子用其一，缓其二。用其二，而民有殍。用其三，而父子离"①。有征收布帛的税赋，有征收粮食的税赋，有征收人力的税赋。君子在三者之中，用其中的一种，另外两种不同时使用。如果同时使用了两种，百姓就会饿死；如果同时使用了三种，那就父亲顾不了儿子，儿子顾不了父亲。真正的仁君应"省刑罚""制民之产""不违农时""薄税敛"，这样才能天下无敌。同时，君王还应坚持做到"取于民有制"，让民休养生息，不夺民时，不滥用民力，实现理想中的王道盛世。

3. 教民的育人政策

在实施了基本富民政策以后，还要对民进行教育，否则"饱食、暖衣、逸居而无教，则近于禽兽"②。关于教育的方式，孟子指出："君子之所以教者五：有如时雨化之者，有成德者，有达财者，有答问者，有私淑艾者。此五者，君子之所以教也。"③ 由于受教育者的情况千差万别，施教的具体方法也应该有所差异，这五种即是要坚持因材施教：有像及时雨灌溉万物那样教育人的，有以帮助人养成优良品德的方式来教育人的，有以引导发展人的特有才能来教育人的，有以解惑、回答疑难问题来教育人的，有以间接方式影响人自学成才来教育人的。对于教育的内容，孟子认为其核心是学文约礼，即实施礼教和德教，也就是孟子所说的"教以人伦"和"申之以孝悌之义"。

同时，孟子主张在教育过程中还必须遵循一定的原则和标准。"大匠诲人，必以规矩；学者亦必以规矩。"④ 教育还要做到专心致志。受教者在学习中要有所收获，必须坚持专心致志的学习态度。"今夫弈之为数，小数也；不专心致志，则不得也。"⑤ 此外，学习还应做到持之以恒。"虽有天下易生之物也，一日暴之，十日寒之，未有能生者也。"⑥ 即使是自然界容易生长的生物，如果只经阳光温暖照射一天，却让它寒冻十天，也不能存活，教育人同样如此，必须要持之以恒，持续不断。对于教育者，孟子同样提出了要求，主张身教重于言教。孟子认为"有大人者，正己而正物者也"⑦，教育者必须自身端

---

① 孟子［M］. 上海：上海古籍出版社，2022：214.

② 同①69.

③ 同①198-199.

④ 同①164.

⑤ 同①157.

⑥ 同⑤.

⑦ 同①188.

正，否则就不能教育别人，同时，教育者还必须自己首先清楚明白，然后才能使受教育者清楚明白，因为教育者担负着教民的重要责任，一定要正己正人。可以看出，孟子的育人政策十分清晰，从内容到方法，从教育者到受教育者都进行了思考，构建出了完备的体系。

【知识拓展】

古代民本思想的局限性在哪？其与我们今天所说的民主观念有何区别？如何理解中国式民主？

古代民本思想产生于封建时代，是封建王朝统治的历史产物，从其本质看，是存社稷、固君位的"治民"之道。古代民本思想认为，人民只是统治的对象，而不是国家的主人，人民没有任何参与政治的权利，民本只是作为"官本""君本"的政治工具，民没有政治的知情权和参与权，只是处于被教化、被统治的身份，因此，这一思想与现代民主思想是截然不同的，因为它既不包含人民主权思想，也不包含对人民权利主体的肯定和认可。

中国式全过程人民民主突出人民在社会历史发展中的决定性作用，人民在政治活动中以"整体"的形象出场来发挥作用，人民既是国家权力的重要来源，也是国家发展的根本目标，国家的一切利益均建立在人民意志与人民利益之上。而这恰恰建立在民本思想的基础之上，可以说，理想的人民民主是民本思想所向往的终极状态。

毋庸置疑，中国古代民本思想与全过程人民民主是有交集的，民本思想的价值性意义可以为现代民主政治提供思想前提和基础。也正因如此，中国古代的民本思想经由创造性发展，成为中国式全过程人民民主的思想内核，民本向民主思想的转化亦即成为了一种必然趋势。

【课后思考】

1. 请简要评析孟子仁政王道思想的优劣。
2. 请思考孟子性善论的内涵及其重要意义。

【当代审视】

家庭伦理在中国传统伦理的形成和发展中具有极其特殊而又重要的作用。如果将"伦理本位"看作是传统中国社会特点的话，家庭本位的伦理是其鲜明的特征。孟子所强调的古代"五伦"关系中，除君臣、朋友外，父子、夫妇、兄弟均是家庭伦理。可以说，家庭伦理关系构成了整个社会关系的基本范式，成为转化为社会公共秩序的重要伦理基础。"何谓人义？父慈，子孝，兄良，弟悌，夫义，妇听，长惠，幼顺，君仁，臣忠，十者谓之人义。"① 如果"父父，子子，兄兄，弟弟，夫夫，妇妇，而家道正"②，正所谓"父不慈则子不孝，兄不友则弟不恭，夫不义则妇不顺矣"③。

从道德教化的视角看，爱可以由小及大，由近及远，通常来说，一个人具有对父母的孝心和对家庭的责任，便可以转化为对他人的爱和对社会的责任，直至扩大到对祖国的热爱和忠诚。蔡元培先生在《中国伦理学史》中就曾指出："人之令德为仁，仁之基本为爱，爱之原泉，在亲子之间，而尤以爱亲之情发于孩提者为最早。故孔子以孝统摄诸行。……则一切修身、齐家、治国、平天下之事，皆得统摄其中矣。"④ 可以说，家庭伦理道德是职业道德、个人品德乃至惠及整个社会、国家的重要道德支撑。作为青年大学生，要充分认识以孟子"五伦"说为代表的家庭美德所具有的现实意义。一方面，要看到家庭美德是维系家庭和谐的根本，特别是"孝悌"具有安身立命、延续家族血脉荣光、弘扬先祖伦理道德的理想功用，在培养人的精神价值方面意义重大，要深刻领悟父母的养育之恩，懂得关爱父母、尊重父母的谆谆教导。同时，兄弟姐妹的关怀之恩也是个人成长中不可或缺的精神财富；另一方面，要知晓家庭和谐与社会和谐密不可分，以家庭美德为核心可以延至社会关系的和谐。古人说："爱敬之道，既立于此，则爱敬之化，必形于彼，始而一家，次而一国，终而四海之大，莫不各有亲也，各有长也，亦莫不有爱敬之心也。"⑤ 青

---

① 孔子家语 [M]. 王国轩，王秀梅，译注. 北京：中华书局，2011：370.
② 魏徵，等，编纂. 群书治要 [M]. 北京：中华书局，2014：10.
③ 颜之推. 颜氏家训集解 [M]. 王利器，撰. 北京：中华书局，1993：41.
④ 蔡元培全集（第1卷）[M]. 杭州：浙江教育出版社，1997：477.
⑤ 吴枫，主编. 中华思想宝库 [M]. 长春：吉林人民出版社，1990：346.

年大学生是未来社会家庭关系的主体，同时也是如今家庭关系的重要成员。为此，要积极弘扬家庭美德，感念父母养育之恩，感念兄弟姐妹之情，孝敬父母、尊重长辈，进而推动形成爱国爱家、向上向善、共建共享的社会主义新风尚，不断促进新时代和谐社会建设。

【延伸阅读】

1. 翟廷晋：《孟子思想评析与探源》，上海社会科学院出版社，1992 年。

2. 杨泽波：《孟子评传》，南京大学出版社，2000 年。

3. 梁涛：《孟子解读》，中国人民大学出版社，2010 年。

4. 吕红梅：《孟子及孟子思想探微》，知识产权出版社，2015 年。

第六讲　儒家思想集大成者荀子的思想

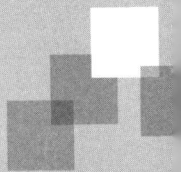

战国时期，伴随着铁器的广泛使用，社会生产力大幅提升，封建制度逐渐发展并趋于成熟，在诸侯割据的背景下，长期的战争给民众生活带来了极大灾难，民众对统一的渴望越发强烈，使实现社会大一统的诸方面条件得以形成。在意识形态领域，各学派之间学术思想的百家争鸣开始趋向于互相吸收、互相融合，逐渐走向总结性的阶段。作为生活在战国末期的思想家，荀子集先秦诸子百家思想之大成，以一种批判精神，对各家学说兼收并蓄，博采道、墨、法等诸家思想之长，在融会贯通的基础上，对儒家思想进行了收束凝炼。

一、荀子及其主要人生经历

孔子去世后的百余年间，各派学说渐次兴起，这一时期的儒家由于主张王道而反对霸道在众多学派中渐趋衰微。以继承孔子学说、弘扬儒学精神为己任的荀子在此际奋发求索，以极大的热情投身于儒学的复兴之中，作出了不朽的贡献，正如司马迁所言："孟子、荀卿之列，咸遵夫子之业而润色之，以学显于当世。"① 继孟子之后，荀子成为儒家思想最有代表性的人物之一。

荀子，名况，字卿，又称孙卿，战国末期赵国人，生卒年代已不可确考，约为公元前 313 年至公元前 238 年，著名的思想家、政治家和教育家，被尊称为"荀卿"。荀子曾经在齐国稷下学宫讲学（世界上最早的官办高等学府，位于齐国国都临淄稷门附近），是稷下先生之一，受到当时学者的推崇。荀子一生大部分时间都在从事讲学和教育活动，形成了自己独具特色和内容丰富的思想学说，获得了较高声望。

关于荀子的一生，司马迁《史记·孟子荀卿列传》记载："荀卿，赵人。年五十始来游学于齐……齐襄王时，而荀卿最为老师。齐尚修列大夫之缺，而荀卿三为祭酒焉。齐人或谗荀卿，荀卿乃适楚，而春申君以为兰陵令。春申君死而荀卿废，因家兰陵。李斯尝为弟子，已而相秦。荀卿嫉浊世之政，亡国乱君相属，不遂大道而营于巫祝，信机祥，鄙儒小拘，如庄周等又滑稽乱俗，于

---

① 司马迁. 史记 [M]. 北京：中华书局，2006：700.

是推儒、墨、道德之行事兴坏，序列著数万言而卒。因葬兰陵。"① 可以看出，荀子生于赵国，但他一生的主要活动在齐、楚两国，也曾到过秦国。荀子曾前后两次来到齐国，三度担任稷下学宫的祭酒（学宫之长），从事游学和政治活动，在此度过了他一生大部分的时间。在楚国，他受楚国春申君邀请，担任兰陵（今山东临沂市）令，创建学堂、书院，发展农业和手工业，兴修水利，建桥筑路，呈现兰陵大治的文明景象。同时，他在兰陵一边做官一边培育学生，开创了兰陵学派，有门徒近 2 000 人，先秦时期的风云人物李斯、韩非等皆出其门下。

荀子是先秦儒家最后一位杰出的思想大师，他不拘泥于儒家陈说，考察各家之长短，综合诸子之说，对诸子百家的某些思想观点进行了批判继承，形成了以"人性恶"为基础的思想体系，其理论思想在中国传统思想史上具有重要的地位。

现在流传的《荀子》一书有 32 篇，是荀子和弟子集体智慧的结晶，书中大部分内容为荀子所著。在 32 篇中，《劝学》《修身》《不苟》《荣辱》4 篇主论修养；《非相》《非十二子》2 篇是对世俗的辨正；《仲尼》《儒效》《王制》《富国》《王霸》5 篇主要讲王霸之制；《天论》《正论》《礼论》《乐论》《解蔽》《正名》《性恶》7 篇是对社会出现的一些观念的辨正。总体来看，《荀子》一书主要围绕修身、明分、王霸、人论等展开，其主体思想属于儒家，同时又吸纳了其他诸子百家的思想，呈现出较为繁杂的内容，虽内容有点杂，却杂而不乱，反而显得浑厚、充实、容量巨大。

二、荀子思想的基础：性恶论

作为先秦诸子百家争论不休的人性问题，荀子也进行了思考回应，他的人性论在继承了孔子"性相近"观点的基础上，从"生之所以然者为性"这一自然属性层面出发，系统阐述了"人性是恶的"这一观点。具体内容包括以下几个方面：其一，荀子认为人性是恶的，"其善者伪也"。其二，"人欲为善"是人性恶的一种表现。其三，"人之性恶"是所有人的共性，任何人都不能例外。

---

① 司马迁. 史记 [M]. 北京：中华书局，2006：456.

（一）人"最为天下贵"

相比于孔子与孟子，荀子的人性论思考建立在他对于人的论述之中，进而使荀子的人性论显得更为全面和真实。荀子认为，人是自然属性与社会属性的统一体，自然属性是人性恶的源头，社会属性是"化性起伪""积礼仪而为君子"的动因。

在自然属性方面，荀子指出人与动物一样，存在着耳、目、鼻、口等天生感官，这些感官各有不同的职能，与外物接触而不能互相替代，称为"天官"。每个人都存在着天生的感官本能与生理欲望，这是一切生物生存和发展必须具备的基本能力，他指出，"目辨白黑美恶，耳辨音声清浊，口辨酸咸甘苦，鼻辨芬芳腥臊，骨体肤理辨寒暑疾养"①，"目好色，耳好声，口好味，心好利，骨体肤理好愉佚"②。这些生理欲望是人与动物共同具备的天生之质，"目欲綦色，耳欲綦声，口欲綦味，鼻欲綦臭，心欲綦佚。此五綦者，人情之所必不免也"③。总之，喜好、厌恶、欢喜、愤怒、悲哀、欢乐，目好色、耳好声、口好味、鼻好臭、心好愉佚，这些都属于人之"欲"，是人禽之所同。

但荀子进一步指出，人之为人，更在于具有其特殊的本质，存在动物所不具备的人的特殊性。

其一，人有气、有生、有知亦且有义。"水火有气而无生，草木有生而无知，禽兽有知而无义，人有气、有生、有知亦且有义，故最为天下贵也。"④人之异于水火、草木、禽兽在于人"有生""有知"而"有义"，这种"义"是一种道德心，是人所独有的价值和意义。其二，人有"辨"或"别"的能力。"人之所以为人者，非特以其二足而无毛也，以其有辨也。夫禽兽有父子而无父子之亲，有牝牡而无男女之别，故人道莫不有辨。"⑤在荀子看来，这种"辨"是人所独有的认识能力，"凡以知人之性也"⑥，人天生就有抽象的思考能力，可以认识周遭的事物。其三，人能"群"与"分"。荀子认为，人与动物最大的区别在于人能合群，"力不若牛，走不若马，而牛马为用，何也？

① 荀子［M］. 耿芸，标校. 上海：上海古籍出版社，2022：35.
② 同①287.
③ 同①133.
④ 同①98.
⑤ 同①44.
⑥ 同①265.

曰：人能群，彼不能群也。人何以能群？曰：分。分何以能行？曰：义。故义以分则和，和则一，一则多力，多力则强，强则胜物，故宫室可得而居也。故序四时，裁万物，兼利天下，无它故焉，得之分义也"①。同动物相比，人力不若牛、走不若马，在身体条件上没有任何优势，但却能使牛马为人所用，根本原因在于人"能分使群"，能依据人的优势进行社会分工与合作，合成群的力量。这一观念从侧面表明，荀子已认识到伦理道德、社会关系以及社会等级与分工对人的本质所具有的特殊规定性。

（二）人性：从无所谓善恶到人性恶

在对人进行充分认识并确立了人所具有的独特价值和意义后，荀子对人性展开了详细论述。首先，何谓"人性"？荀子指出："性者，本始材朴也。"② "生之所以然者谓之性。"③ "凡性者，天之就也，不可学，不可事。"④ 人之性是"感而自然，不待事而后生之者"⑤，也就是说，人性是先天性、自然性的本性，这种"性"未经加工，是具有质朴性的原始素材，人生来是什么样子就是什么样子。其次，"性"在人的生命体身上表现为"情"和"欲"。"性者天之就也，情者性之质也，欲者情之应也。"⑥ "性"是人天生的东西；"情"是天性的实质内容；"欲"是情的感应，"性""情""欲"三者相互统一，须臾不可分，即便是君子也与普通人一样，生来就"饥而欲饱，寒而欲暖，劳而欲休""生而有耳目之欲、有好声色焉"⑦。最后，人性不知足，好名好利。荀子指出，"人之情，食欲有刍豢，衣欲有文绣，行欲有舆马，又欲夫余财蓄积之富也，然而穷年累世不知不足"⑧，人之常情是想吃美味的食物，想穿绣有花纹的衣服，出行想有车马，又想积蓄有余的财富，穷年累月地觉得自己不知和不足。同时，人"生而有疾恶焉"⑨，具有好名好利的追求，"名声

---

① 荀子［M］．耿芸，标校．上海：上海古籍出版社，2022：98.
② 同①238.
③ 同①269.
④ 同①285.
⑤ 同①288.
⑥ 同①280.
⑦ 同④.
⑧ 同①37.
⑨ 同④.

若日月，功绩如天地，天下之人应之如景向，是又人情之所同欲也"①，如此等等，都构成了理解人性的内涵。正是因为此，荀子一针见血地指出，人性恶之起，在于顺欲不知节。

"今人之性，生而有好利焉，顺是，故争夺生而辞让亡焉；生而有疾恶焉，顺是，故残贼生而忠信亡焉；生而有耳目之欲，有好声色焉，顺是，故淫乱生而礼义文理亡焉。然则从人之性、顺人之情，必出于争夺，合于犯分乱理而归于暴。"② 人生来就有贪图私利之心，顺着这种本性，人与人之间就要发生争夺，也就不再讲求谦让了；人生来就有嫉妒憎恨之心，顺着这种本性，就会发生残杀陷害的事情，这样忠诚信实就丧失了。人生来就有爱好声色的本能，喜好听好听的，喜欢看好看的，因循着这种本性，就会发生淫乱的事情，礼仪制度和道德规范就都丧失了。既然这样，放纵人的本性，顺着人的情欲，就一定会发生争夺，会发生违反等级名分、扰乱礼仪制度的事，从而引起暴乱。荀子还指出，人天生具有无限的欲望需求，"夫贵为天子，富有天下，名为圣王，兼制人，人莫得而制也，是人情之所同欲也……重色而衣之，重味而食之，重财物而制之，合天下而君之，饮食甚厚，声乐甚大，台榭甚高，园囿甚广，臣使诸侯，一天下，是又人情之所同欲也……名声若日月，功绩如天地，天下之人应之如景向，是又人情之所同欲也"③。无论贵为天子还是庶人百姓，对物欲追求的本性都是一样的，如穿五颜六色的衣服，吃品种繁多的食物，享有多种多样的财物，饮食非常丰富，声乐非常洪亮，台阁非常高大，园林兽苑非常宽广，且名声功绩像日月一样显赫、像天地一样伟大等。人的欲望如此之多，如果不断膨胀，最终便会导致性恶的趋向。

与此同时，荀子还用"人欲为善"这一普遍现象证明了人的本性是恶的。"凡人之欲为善者，为性恶也。夫薄愿厚，恶愿美，狭愿广，贫愿富，贱愿贵，苟无之中者，必求于外；故富而不愿财，贵而不愿势，苟有之中者，必不及于外。"④ 人们有所追求都是为了满足需要，而需要产生的根本原因就在于不足（缺少）或者没有。微薄的向往丰厚的，丑陋的向往美丽的，狭窄的向往广阔的，贫穷的向往富有的，贫贱的向往尊贵的，人的本性由于缺少美善，

---

① 荀子 [M]. 耿芸，标校. 上海：上海古籍出版社，2022：137.
② 同①285.
③ 同①.
④ 同①288.

是恶的，所以会努力想成为善人，荀子进而反证指出："今诚以人之性固正理平治邪？则有恶用圣王，恶用礼义矣哉？虽有圣王礼义，将曷加于正理平治也哉？"① 如果真以为人的本性就是合乎礼义法度，遵守社会秩序的，那么又要圣王做什么用呢？又要礼义做什么用呢？缺少了圣王的统治和礼义的教化，强者必危害、掠夺弱者，可见，人性本恶。

最后，荀子指出，"人之性恶"是所有人的共性。"凡人有所一同，饥而欲食，寒而欲暖，劳而欲息，好利而恶害，是人之所生而有也，是无待而然者也，是禹、桀之所同也。"② 人人都是相同的，饥饿了想吃饭，寒冷了想温暖，疲劳了想休息，爱好利益而厌恶祸害，这是人生下来就具有的本性，无须依靠什么就会这样。正是从这一点出发，荀子得出如下结论："尧、舜之与桀、跖，其性一也；君子之与小人，其性一也。"③

（三）消除人性恶的方法：化性起伪

荀子认为人性是恶的，是文明发展带来的恶果，因此就要用文明的方式去消除它，由此提出了"化性起伪"的人性改造观点。这里荀子将"性"与"伪"相对，可化的"性"不是自然的性，而是经由"顺是"发展以后的性，而"伪"即人为之意。"不可学、不可事而在人者，谓之性，可学而能、可事而成之在人者，谓之伪，是性、伪之分也。"④ 荀子指出，人身上不可学到、不可人为造作的东西，叫作本性；可以学会、可以通过努力而做到的，叫作人为，这就是先天本性和后天人为的区别。

荀子指出，先天的人性是恶的，但可以通过后天的"伪"对其进行加工改造，即"化性起伪"。"凡礼义者，是生于圣人之伪，非故生于人之性也。"⑤ 礼义并非生于人之性，而是生于圣人的人为教化，"凡所贵尧、禹、君子者，能化性、能起伪，伪起而生礼义。然则圣人之于礼义积伪也，亦犹陶埏而生之也。"⑥ 每个人的本性都是一样的，尧、禹等君子在道德上高于一般人，在于他们能够通过后天的努力，改变先天的恶，如果人人都能通过

① 荀子［M］. 耿芸，标校. 上海：上海古籍出版社，2022：289.
② 同①35.
③ 同①290-291.
④ 同①285-286.
⑤ 同①287.
⑥ 同①291.

"伪"对人性进行后天的加工，那么人人都有成为圣人的可能。荀子通过
"化性起伪"也想进一步表明，发挥礼义治性的功能在于圣人或君子，"故
圣人之所以同于众，其不异于众者，性也；所以异而过众者，伪也"①。圣
人既是礼义的创造者，也是礼义的运作者，圣人凭借其才能和长期积学的功
夫成就礼义。在"化性起伪"的方式上，荀子提出了两种方式：一是个人
的积学。"性也者，吾所不能为也，然而可化也；情也者，非吾所有也，然
而可为也"②，经由积学的道德修习，使礼义内化，成为生活习惯的一部分。
二是修身养性。荀子专门著有《修身》篇，以此强调学习是明理，修身是
履道，要顺从礼义，经由修养达到心志专一。

三、荀子思想中的主要范畴

荀子从战国末期思想家的视角出发，不仅对先秦诸子集中讨论的义利问
题、天人问题进行深入思考，而且以其独到的认识，提出了荣辱及认识论等观
点，构成了荀子思想中的独特内容。

（一）荀子的义利观

在义利问题上，荀子沿着孔孟以来儒家崇尚道义的伦理观点，站在其人性
恶的立场对义利问题进行了论述，提出了"义利两有"说。

1. 以义制利，义利统一

在"义"和"利"的关系上，荀子批判继承儒家和墨家义利思想，提出
"义与利者，人之所两有也"③，"以义制利，义利统一"的义利观。荀子认为，
人既有好利之心，也有好义的本能，"义"和"利"均是人不可或缺、不能摒
弃的基本需求，对于"义"和"利"，要根据具体情况具体分析，既不能重利
轻义，也不能重义轻利。一方面，荀子肯定了人有利欲之心的本性，指出人的
利欲之心是无法去除也是无须去除的，人天生有求利的欲望，合理的欲望满足
不仅有利于社会进步，同时足以生民，这是因为"下贫则上贫，下富则上富"④，

---

① 荀子［M］. 耿芸，标校. 上海：上海古籍出版社，2022：288.
② 同①82.
③ 同①335.
④ 同①120.

物质之"利"在社会生活中是极其重要的。所以，人有利欲是自然而合理的。另一方面，荀子认为，对待利欲必须有所节制。荀子指出："欲虽不可尽，可以近尽也；欲虽不可去，求可节也。"① 欲望虽然不可能全部满足，但却可以接近于全部满足；欲望虽然不可能去掉，但对满足欲望的追求却是可以节制的。对人而言，利欲是无止境的，但社会财富却相对有限，这便容易造成人的利欲满足受到限制，因此，要对人的利欲进行节制，通过"以礼养情""以义制利，义利统一"，保持社会的稳定。当"义"与"利欲"发生矛盾冲突时，应"不顾其利"，使"利"服从"义"，而绝不能让"利欲"之心超过"好义"之心，即"以义制利"。总之，在义利问题上，荀子既不同于纵欲主义和极端功利主义，也不同于禁欲主义和寡欲主义，而是主张在"以义制利"的前提下实现义利的"两有"。

2. "荣辱之大分"的道德价值观

荣辱观在儒家思想中虽不占主流，但孔子和孟子均有所论及。《论语》指出："君子去仁，恶乎成名?"② 表明"荣"要以"仁"为前提，孟子进一步指出判定荣辱的标准："仁则荣，不仁则辱"③。荀子则对荣辱思想进行了最为详细的论述，明确提出用人们对待义利的态度来确定荣与辱，是中国思想史上第一个对荣辱问题进行系统论述的思想家。

荀子指出："荣辱之大分，安危利害之常体：先义而后利者荣，先利而后义者辱；荣者常通，辱者常穷；通者常制人，穷者常制于人：是荣辱之大分也。"④ 荀子认为，爱好光荣、厌恶耻辱是任何人所趋同的，君子和小人都如此，但二者的根本区别在于对荣辱求得的方式不同，君子能够在面对诸多外在利益诱惑时，仍旧努力争取和保持荣誉，小人则不然。特别是在如何趋荣避辱方面，君子和小人大相径庭："小人也者，疾为诞而欲人之信己也，疾为诈而欲人之亲己也，禽兽之行而欲人之善己也。虑之难知也，行之难安也，持之难立也，成则必不得其所好，必遇其所恶焉。故君子者，信矣而亦欲人之信己也，忠矣而亦欲人之亲己也，修正治辨矣而亦欲人之善己也。虑之易知也，行

---

① 荀子［M］. 耿芸，标校. 上海：上海古籍出版社，2022：280.
② 论语·大学·中庸［M］. 上海：上海古籍出版社，2023：49.
③ 孟子［M］. 上海：上海古籍出版社，2022：41.
④ 同①32.

之易安也，持之易立也，成则必得其所好，必不遇其所恶焉。"① 小人在言语上极尽狂诞却希望得到别人信任，行为上极尽奸猾狡诈却希望别人亲近他，做事如禽兽般却希望别人把自己当圣人看，这样的人即使暂时求得荣誉，最后也会招致耻辱。君子则相反，他们因诚信而得到别人信任，因忠实而得到别人亲近，以善修身，思虑周全，言行有礼，明辨是非，自然容易获得真正的荣誉，即便身处困境，名声仍在，并得到尊敬。

进一步地，荀子又将荣辱区分为"义荣""势荣"和"义辱""势辱"。所谓"义荣"，是由于人们"意志修，德行厚，知虑明"等内在道德因素而获得的荣誉。所谓"势荣"，则是由于"爵列尊，贡禄厚，形埶胜"等高官厚禄、权势威严等外在条件而取得的荣誉。"义辱"，是由于人们"流淫污侵，犯分乱理，骄暴贪利"等恶行造成的。"势辱"，"辱之由外至也"，是被人诬陷而遭受屈辱以至刑戮等。由个人道德高尚而获得的荣誉为"义荣"，由个人不道德的行为而遭到的耻辱为"义辱"，这都是"由中而出"，即荣辱取决于自己道德水准的高低；"势荣""势辱"皆由"外至"，与自身道德水平、善恶无关。由此，荀子给出了结论："故君子可以有埶辱而不可以有义辱，小人可以有埶荣而不可以有义荣。……义荣、埶荣，唯君子然后兼有之；义辱、埶辱，唯小人然后兼有之。是荣辱之分也。"② 有德的君子不一定会得到"势荣"，却能取得"义荣"，甚至会"义荣""势荣"二者兼得，即便有时会蒙受"势辱"，却不会有"义辱"。无德的小人虽然有可能享受到"势荣"，却永远得不到"义荣"，即使可以逃避"势辱"，但无法摆脱"义辱"，甚至会面临"义辱""势辱"兼受。所以评判君子小人的标准不在"势荣""势辱"，而在于"义荣""义辱"。

荀子的荣辱观表现出对人高尚德行的认可和鞭策，在战国末期道德每况愈下的现实面前，荀子期望以荣辱问题的讨论推动人们对于道德问题的反思，进而不断激励人们进行自我德行的修炼，高扬道德精神。

（二）荀子的天人观

一直以来，儒家就有着对于"天人关系"的思考，认为人与天、地、万

---

① 荀子 [M]. 耿芸，标校. 上海：上海古籍出版社，2022：33.

② 同①224.

物具有一致性，因此人与自然是和谐统一的。荀子在坚持儒家天人关系思想的基础上，站在客观唯物主义的立场，对天人问题进行了辨析。

1. "明于天人之分"的天人观

在荀子之前，孔子和孟子从不同角度对天人问题进行了探索。孔子指出，"天"有其自身演化运行的规律，即"天何言哉？四时行焉，百物生焉，天何言哉？"① 天按照四时运行，百物按照规律生长，人的职责是"观乎天文，以察时变"②。孟子则从人与天地万物息息相关的视角出发，提出了"亲亲而仁民，仁民而爱物"③ 的观点，"爱物"即要遵循自然之物的自然法则，通过"仁爱"将人与自然融为一体，充分尊重自然的发展规律。荀子将对"天"的思考进行深化，不仅指出天的客观存在性，同时强调发挥人的主观能动性，在更高层次上实现了"天人合一"的目标。

首先，荀子继承了老庄的"天道自然"思想，把"天"定义为客观存在的自然界及其运行变化的规律。"列星随旋，日月递炤，四时代御，阴阳大化。风雨博施，万物各得其和以生，各得其养以成。不见其事而见其功，夫是之谓神。皆知其所以成，莫知其无形，夫是之谓天。"④ 日月星辰的运转，四季的更替，阴阳的变化，风雨的降施，这些都是自然现象，是自然而然地运行变化的，不受任何力量的影响和控制。正是因为此，天是一种自然的存在，它不随任何人的意志而转移，尊重天的规律并适应它就吉，反之破坏天的规律则凶，会受到惩罚，即"天行有常，不为尧存，不为桀亡。应之以治则吉，应之以乱则凶"⑤，人们应该做的，就是尊重自然界的客观法则而行动。出于此种认识，荀子进一步指出，社会安定和治乱并不是上天造成的，而是人为的结果，他举例说："治乱天邪？曰：日月、星辰、瑞历，是禹、桀之所同也，禹以治，桀以乱，治乱非天也。时邪？曰：繁启、蕃长于春、夏，畜积、收藏于秋、冬，是又禹、桀之所同也，禹以治，桀以乱，治乱非时也。地邪？曰：得地则生，失地则死，是又禹、桀之所同也，禹以治，桀以乱，治乱非地也。"⑥

① 论语·大学·中庸 [M]. 上海：上海古籍出版社，2023：209.
② 黄寿祺，张善文 [M]. 周易，译注. 上海：上海古籍出版社，2018：289.
③ 孟子 [M]. 上海：上海古籍出版社，2022：201.
④ 荀子 [M]. 耿芸，标校. 上海：上海古籍出版社，2022：199.
⑤ 同④198.
⑥ 同④202.

意思是：社会的安定或混乱，是由上天决定的吗？日、月、星等天体运行和历法现象，这是禹与桀同有的自然条件；禹使天下安定，桀使天下混乱，可见社会的安定或混乱并不是由上天决定的。那么，是季节造成的吗？庄稼在春夏季纷纷发芽并茂盛地生长，在秋冬季积蓄、储藏，这是禹与桀又同有的自然条件，禹使天下安定，桀使天下混乱，可见社会的安定或混乱也不是季节造成的。那么，是地理条件造成的吗？庄稼得到了土地就生长，失去了土地就死亡，这是禹与桀又同有的自然条件，禹使天下安定，桀使天下混乱，可见社会的安定或混乱并不是地理条件造成的。通过自问自答的论述，荀子一针见血地指出，社会治乱的结果"非天也"，而是与统治者具有密切的关系。

其次，荀子提出了"明于天人之分"的思想。既然天是客观存在的，那么人在天的面前是否就毫无价值呢？荀子对此问题进行了阐释，突出强调了人的作用，进一步阐明了发挥人的主观能动性与遵循客观自然规律之间的辩证关系，探讨了人作为"天地人"三才之一，如何认识自然并改造和利用自然的问题。

"不为而成，不求而得，夫是之谓天职。"[1] 不作为就能成功，不请求就能得到，这叫作天的职能。"天有其时，地有其财，人有其治，夫是之谓能参。舍其所以参而愿其所参，则惑矣。"[2] 人和天的关系如何，是由人的行为来决定的，人不仅不与天互不相干，而且与天一起，各有自己的名分、职能和规定性，人如果舍弃了自身的作用，而只寄望于天地来发挥作用便会产生困惑。与天地相比，人具有自然所不具备的能力，"天能生物，不能辨物也；地能载人，不能治人也。宇中万物、生人之属，待圣人然后分也"[3]，人的有为，就在于在自己的职责范围内探寻天地的奥秘，并为人所用，只有这样才能实现"天人相参"，即把天、地、人三者相互并存，最终实现天人合一的目标。

2. "制天命而用之"的能动观

在明确了人和天各自的作用之后，荀子进一步提出了"制天命而用之"的观点。他说："大天而思之，孰与物畜而制之？从天而颂之，孰与制天命而用之？望时而待之，孰与应时而使之？因物而多之，孰与骋能而化之？思物而

① 荀子［M］. 耿芸，标校. 上海：上海古籍出版社，2022：198-199.
② 同①199.
③ 同①238.

物之，孰与理物而勿失之也。愿于物之所以生，孰与有物之所以成？故错人而思天，则失万物之情。"① 意思为：与其推崇天而思慕它，怎么比得上将天当作物质而加以控制呢？与其顺从天而歌颂它，怎么比得上掌握它的规律而利用它呢？与其盼望天时的调顺而静待丰收，怎么比得上配合时令的变化而使用它呢？与其听任物类的自然生长而望其增多，怎么比得上发挥人类的智慧，来助它繁殖呢？与其空想着天然的物资成为有用之物，怎么比得上开发物资而不让它埋没呢？与其希望了解万物是怎样产生，怎么比得上帮助万物，使它茁壮成长呢？所以放弃人为的努力，而寄望于天，那就违反了万物的原理。荀子在这里扫除了一切迷信天命的思想，充分将人的能动性彰显出来。当然，荀子不是片面地强调人定胜天，而是认为在对待自然的关系上，要知其所为，知其所不为，做到"其行曲治，其养曲适，其生不伤"②，要在掌握自然规律的基础上发挥人的作用，达到"知天""至人"的境界。由此可以看出，荀子"制天命而用之"的观点是在遵循客观自然规律的基础上发挥人的主观能动性，实现人与自然和谐相处。

（三）荀子的解蔽观

在稷下学宫期间，荀子对人的认识问题作了探讨和研究，形成了丰富的认识论思想。荀子认为，知是主客观的统一，"凡以知人之性也，可以知物之理也"③。人有认识能力，客观事物有可以认识的"物之理"。

荀子将"耳、目、口、鼻、形"的感官称为"天官"，他认为人类认识客观事物必须依靠人的感官能力，这就是"缘天官"；人的思维能力叫作"天君"，其功能在于"征知"，主宰感官能力，认识过程就是通过心的作用，把感觉器官所获得的感觉上升为认识，最终认识事物的本质。

荀子指出，人在认识上的最大问题在于"蔽于一端"，即具有偏见，他说："凡人之患，蔽于一曲而暗于大理。……欲为蔽，恶为蔽，始为蔽，终为蔽，远为蔽，近为蔽，博为蔽，浅为蔽，古为蔽，今为蔽。凡万物异则莫不相为蔽，此心术之公患也。"④ 造成人认识偏见有各种因素，欲望、憎恶、开始、

---

① 荀子 [M]. 耿芸，标校. 上海：上海古籍出版社，2022：205.

② 同①199.

③ 同①264.

④ 同①254.

终结、疏远、亲近、广博、肤浅、好古、好今等，既有客观事物互相不同及其随时变化的原因，也有认识者受情感、意志、欲望影响的原因，还有认识方法不全面的原因，这些都会造成思想蒙蔽，这是认识的通病，是一个令人担忧的问题。

荀子为此还对诸子各派进行了批评。一方面，他认为诸子各派都有所见，这叫作"有见"；另一方面，他又认为诸子各派在有所见的同时，又有"无见"。例如，"慎子有见于后，无见于先，老子有见于诎，无见于信，墨子有见于齐，无见于畸，宋子有见于少，无见于多。"① 慎子对在后服从的一面有所认识，但对在前引导的一面却没有认识；老子对屈就忍让的一面有所认识，但对积极进取的一面却没有认识；墨子对齐同平等的一面有所认识，但对等级差别的一面却没有认识；宋子对寡欲的一面有所认识，但对多欲的一面却没有认识。诸子各派的学术思想既"有见"，同时又"无见"，这是由于被自己的"有见"所蒙蔽，对其他东西不能形成正确认识，进而导致"无见"，造成了思想认识上的不足，即"墨子蔽于用而不知文，宋子蔽于欲而不知得，慎子蔽于法而不知贤，申子蔽于埶而不知知，惠子蔽于辞而不知实，庄子蔽于天而不知人。"② 意思是墨子受实用蒙蔽不知礼乐文采，宋子受欲望蒙蔽不知道德作用，慎子受刑法蒙蔽不知贤能作用，申子受权势蒙蔽不知才智作用，惠子受虚辞蒙蔽不知实际作用，庄子受天道蒙蔽不知人为作用。为了克服认识上的不足，就需要解蔽，一是要努力学习；二是要尽量克服感情、欲望、意志等对学习的干扰。即"虚壹而静"③，"虚"指不以已有的认识妨碍自身再去接受新知识；"壹"指思想专一；"静"指思想宁静，进而实现认识上的客观和完备。

四、荀子的政治思想

从性恶论出发，结合儒家前人仁政思想的内容，荀子将"礼"视作君王为政的重要方式，并"援法入礼"，认为只有隆礼贵义、尊法爱民才能治国。其中，"礼"是荀子"隆礼重法"政治思想的核心观念，"援法入礼，礼法并用"是实现其政治思想的途径。

---

① 荀子 [M]. 耿芸，标校. 上海：上海古籍出版社，2022：206.

② 同①255.

③ 同①256.

（一）荀子政治思想的核心：礼

从"礼"的本源看，其最早含义是原始社会人们进行求神赐福的活动仪式，东汉许慎在《说文解字》中说："禮，履也，所以事神致福也。从示，从豊。"① 表明"礼"作为一种实践活动，是一种宗教祭祀，是期望通过祭祀神灵而获得福佑的宗教活动，表现为对神灵的敬畏和崇敬之情。之后，实践对象的不断变化，逐步演变为处理氏族成员之间人际关系的行为礼节，成为一定的社会道德规范。商代吸纳了原始社会"礼"的传统，对其加以改造，赋予其新的内涵和职能，使"礼"体现为奴隶主阶级意志的道德规范和法律规范的统合。西周时期，为了更好地维护社会秩序，将"礼"和"刑"结合在一起，"礼"以一种主动的教化功能发挥作用，明确人们应该做什么以及如何去做；"刑"则以一种被动的惩治功能发挥作用，对人们的不当言行进行制裁和处罚。这一思想的提出，很大程度上吸取了夏商"早坠厥命"的教训，试图将道德教化与刑罚惩治结合在一起，为西周社会治理发挥了重要作用。春秋战国时期，儒家对"礼"赋予了更加丰富的内涵。孔子主张将人们的行为都置于"礼"之下，要求人们"非礼勿视，非礼勿听，非礼勿言，非礼勿动"②，进而约束人们的行为。而"礼"对于国家而言，"犹衡之于轻重也；绳墨之于曲直也，规矩之于方圆也"③。国无礼，势必乱，唯有在"礼"的规范下，国家和社会才能够保持公正合理的秩序。同时，"礼"还是一种等级，蕴含"定伦立身"的意义，即"夫礼者，所以定亲疏、决嫌疑、别同异、明是非也"④。通过"礼"的宣扬，倡导"尊尊，亲亲"的伦理准则，以此引导人们的行为，营造出"长幼有序，贵贱有分"的社会秩序，而经由"礼"的调节，"外谐而内无怨"⑤"礼至则不争"⑥，实现社会关系的和谐。

荀子在前述观点的影响下，兼收并蓄，对"礼"进行了多方面的阐释。在《荀子》一书中，"礼"共出现 309 次，"礼义"连用，"隆礼""隆礼贵

---

① 段玉裁. 说文解字注 [M]. 北京：中华书局，2013：2.
② 论语·大学·中庸 [M]. 上海：上海古籍出版社，2023：139.
③ 魏徵，等，编纂. 群书治要 [M]. 北京：中华书局：2014：91.
④ 同③80.
⑤ 同③85.
⑥ 同③88.

义"等出现数十次。例如："礼者人道之极也"①；"故人无礼则不生，事无礼则不成，国家无礼则不宁"②；"礼者，治辨之极也，强国之本也，威行之道也，功名之总也"③；"国之命在礼"④。"礼"就是人道的终极价值，是人之为人的根本标准；是社会的普遍规范，是国家的根本制度。

对于"礼"的产生，荀子说："人生而有欲，欲而不得则不能无求，求而无度量分界则不能不争。争则乱，乱则穷。先王恶其乱也，故制礼义以分之，以养人之欲、给人之求。使欲必不穷乎物，物必不屈于欲，两者相持而长，是礼之所起也。"⑤ 荀子的"礼"论思想完全建立在"性恶论"基础之上，认为人有欲望，欲望得不到满足便会相互争夺，进而导致国家混乱。先圣君王厌恶混乱，所以制定礼义来确定名分，用来满足人的欲望，供给人的追求，使人们的欲望决不会由于物资的原因而得不到满足，物资决不会因为人们的欲望而枯竭，这就是礼制的起源。可以说，荀子提出的"礼"与"法"是根据"人之性恶"理论而制定的。具体而言，"礼"体现在以下几个方面：

其一，"礼"是治国之根本。荀子指出，任何一个国家和社会都必须建立在"礼"之上，"人之命在天，国之命在礼"⑥；"礼者，治辨之极也，强国之本也，威行之道也，功名之总。王公由之，所以得天下也；不由，所以陨社稷也"⑦。"礼"是治理国家的最高准则，是实现国家强盛的根本，是威行天下的途径，是建立功名的总纲。天子诸侯只有遵循"礼"，才能夺得天下，反之就会国家灭亡。"国无礼则不正。礼之所以正国也，譬之犹衡之于轻重也，犹绳墨之于曲直也，犹规矩之于方圆也，既错之而人莫之能诬也。"⑧ 荀子突出强调"礼"是治理国家的根底，认为"礼"能用来治国就好比秤能用来分辨轻重，墨线能用来分辨曲直，圆规、曲尺能用来确定方圆一样，正所谓"隆礼贵义者其国治，简礼贱义者其国乱"⑨。

其二，"礼"是一切道德规范的总称。"礼者，法之大分，群类之纲纪也，

---

① 荀子 [M]. 耿芸，标校. 上海：上海古籍出版社，2022：230.

② 同①10.

③ 同①180.

④ 同①186.

⑤ 同①227.

⑥ 同④.

⑦ 同③.

⑧ 同①132-133.

⑨ 同①169.

故学至乎礼而止矣。夫是之谓道德之极。"① 荀子指出，无论对社会还是对个人而言，"礼"是所有社会规范的根本，是政治规范和道德原则的总称，是全方位的行为准则体系。大到处理君臣、父子关系的原则——忠和孝，小到处理长幼、兄弟关系的恭和悌，都要按照"礼"的要求。荀子还将"礼"置于"仁""义"之上，看作是道德规范的总称，指出仁义之心是本，礼节仪式是用，"仁"和"义"都统一于"礼"之中，三者皆通才能成就道德。总之，无论是"仁"还是"义"都以"礼"为最高准则。本质而言，荀子将"礼"置于道德规范的最高位置，主要在于其性恶论的立论前提，以此来强调"礼"这种外在道德规范的强制力和约束力。

其三，"礼"是自身修养和待人接物的基本原则。荀子认为，"礼"是人的立身之本，是与人交往中的容色与行为，可以视为一种道德修养。"积礼义而为君子"②"忠信以为质，端悫以为统，礼义以为文"③，人有礼才能成为有教养的人，免于粗俗。"凡用血气、志意、知虑，由礼则治通，不由礼则勃乱提僈；食饮、衣服、居处、动静，由礼则和节，不由礼则触陷生疾；容貌、态度、进退、趋行，由礼则雅，不由礼则夷固僻违，庸众而野。"④ 凡是使用血气、意志、智慧和思虑的时候，遵循礼义就通达顺利，不遵循礼义就会产生谬误错乱，行为就会迟缓怠惰；在吃饭、穿衣、居处及活动的时候，遵循礼义的行为就会和谐适当，不遵循礼义就会触犯禁忌而生病；人的容貌、态度、进退、行走，遵循礼义就温雅可亲，不遵循礼义就显得傲慢、固执、邪僻、粗野。此外，由于人有自然属性的需要，不可避免地会造成情欲需求的过度，这时就需要用"礼"来加以协调，通过建立一定秩序规范和礼义标准对人进行约束，让人们的欲望一定不会因为物质的不足而得不到满足，物质也一定不会因为欲望无穷而耗尽，进而使人的欲望与物质相互制约，长久地保持协调。

此外，"礼之大凡，事生，饰欢也；送死，饰哀也；军旅，饰威也"⑤。"礼"还包括事生之礼、送死之礼、军旅之礼等，涵盖社会生活的各个方面。

---

① 荀子［M］. 耿芸，标校. 上海：上海古籍出版社，2022：5.

② 同①83.

③ 同①161.

④ 同①10.

⑤ 同①323.

生死祭祀也无不有"礼","故丧礼者，无它焉，明死生之义，送以哀敬而终周藏也"①。荀子认为，丧礼、祭祀应当遵循一定的"礼"原则，只有这样才能表达出忠臣、孝子对君父所怀有的强烈感情，才能彰显出虔诚之意。

（二）援法入礼，礼法并用

荀子曾游历秦国，秦国的切身体验给了荀子极大震撼，他将秦国的法治称为"治之至"。由于受秦国以法治国的现实影响，荀子进而提出，在"礼崩乐坏"的时代背景下，君王在治国时单凭"礼"这种依赖个体自觉性的道德规范是远远不够的，尤其是人性恶的自然倾向，更需要"法"的加持，单纯强调礼治难以具有说服力，为此，"隆礼重法"的治国理念成为荀子重要的政治主张。

荀子指出，"隆礼尊贤而王，重法爱民而霸"②，统治人民的君主，如果崇尚礼义、尊重贤人就能称王天下；注重法治、爱护人民就能称霸诸侯，"礼"和"法"都是对人们社会地位以及与此相关的权利和责任的界定，在二者的关系上，"礼者，法之大分，群类之纲纪也"③，"法"要以"礼"为根据，"故非礼是无法也"④，没有礼治作为基础，法治是不可能实现的。同时，法治能否正确有效地实施，也有一个道德保障问题，因为只有执法者做到"公道达而私门塞矣，公义明而私事息矣"⑤，法治才能得到贯彻实行，因而二者是相互支撑的。

对于"礼""法"作用的范围，荀子指出了两者之间的不同之处。"听政之大分：以善至者待之以礼，以不善至者待之以刑。两者分别，则贤不肖不杂，是非不乱。"⑥ 有德之人用礼来对待，无德之人用刑罚加以惩治，"礼"以教化为主，"法"以刑诛为主。同时，"由士以上则必以礼乐节之，众庶百姓则必以法数制之"⑦，荀子承续了"礼不下庶人，刑不上大夫"的等级观念，将"礼"和"法"针对不同的等级对象，视作治理贵族阶层和庶民百姓的方式方法。

从本质上看，荀子想以"隆礼"作为治国的最高原则，以"礼"建立上古三代的那种王业，但在战国末期，这一观念是很难实现的，正是源于此，荀

① 荀子［M］. 耿芸，标校. 上海：上海古籍出版社，2022：239.

② 同①318.

③ 同①5.

④ 同①16.

⑤ 同①151.

⑥ 同①88.

⑦ 同①109.

子退一步思考，将"法"援引到"礼"之中，坚持礼法并用，从而使"礼法"思想具有了相对的现实意义和价值。

(三) 富国强国，节用裕民

在君王治理国家方面，荀子与孔子、孟子的观点基本保持一致，提出了"节用裕民""裕民以政"的富国富民思想。"足国之道，节用裕民而善臧其余。节用以礼，裕民以政。彼裕民故多余，裕民则民富。"① 荀子指出，使国家富足的方法，是节约开支和使百姓富裕，还要妥善储藏剩余的物资。节约开支要按照礼法，使百姓富裕要实行政策。开支节约了，物资就有富余，百姓富裕了，国家便富裕了。基于这样一种认识，荀子提出了几项重要举措。首先，要"强本节用"。"故田野县鄙者，财之本也；垣窌仓廪者，财之末也。"② "田野县鄙"即农业生产，"垣窌仓廪"是指储存财富。对国家而言，发展农业是本，储存财富是末，富国之道在于加强农业生产并节制财用。其次，要"开源节流"。荀子指出，无论是农工还是商贾都能增加国家财政收入，都是国家财富的重要来源，如果农工、商贾都能各得其所，各从所事，就会使"泽人足乎木，山人足乎鱼，农夫不斫削、不陶冶而足械用，工贾不耕田而足菽粟"③。即湖边打鱼的人会有足够的木材，山上伐木的人会有足够的鲜鱼；农民不砍削、不烧窑冶炼而有足够的器具，工匠、商人不种地而有足够的粮食，这样就会使君民"上下俱富"，国家富强。最后，要"轻敛赋税"。荀子认为："轻田野之税，平关市之征，省商贾之数，罕兴力役，无夺农时，如是则国富矣。夫是之谓以政裕民。"④ 即要减轻农田的税收，整治关卡集市的赋税，减少商人的数量，少搞劳役，不耽误农时，像这样做国家就会富裕了，这叫作用政策使民众富裕。如果不这样做，为政者"今之世而不然：厚刀布之敛以夺之财，重田野之税以夺之食，苛关市之征以难其事"⑤，就会出现"是以臣或弑其君，下或杀其上，粥其城、倍其节而不死其事者"⑥ 的混乱政治局面。

总之，荀子主张通过强本节用、开源节流、轻徭薄赋等方式"裕民以

① 荀子 [M]. 耿芸，标校. 上海：上海古籍出版社，2022：108.
② 同①120.
③ 同①95.
④ 同①109.
⑤ 同①111.
⑥ 同⑤.

政"，达到民富国强的目的。正如他所说："知节用裕民，则必有仁义圣良之名，而且有富厚丘山之积矣。"① 反之，"不知节用裕民则民贫，民贫则田瘠以秽，田瘠以秽则出实不半。上虽好取侵夺犹将寡获也，而或以无礼而用之，则必有贪利纠譑之名，而且有空虚穷乏之实矣"②。也就是说，懂得节约开支和使百姓富裕的国君，一定会有仁义善良的好名声。反之，国君只会落个贪利搜刮的恶名，还会造成国家空虚贫乏的现实。

五、荀子的教化修养

荀子十分重视道德教化和道德修养，将其视为对人性恶的一种修正。一方面，通过道德教化，化性起伪，明礼正法；另一方面，通过道德修养积善成德，修身以志强。对于个体而言，只有接受道德教育，加强道德修养，才能达到高尚的境界而成为一个真正的人。对于社会而言，每个个体的道德水平全面提高以后，整个社会便会成为一个和谐有序的整体。

（一）"师法"强调教化

荀子认为，人的道德教育和道德修养是人类社会文明的标志，是人与动物的根本区别。"故学数有终，若其义则不可须臾舍也。为之人也，舍之禽兽也。"③ 他进一步指出，"枸木必将待檃栝烝矫然后直，钝金必将待砻厉然后利。"④ 木头需要矫正才能变直，金属需要打磨才能锋利，恶的本性也需要师法的教化才能改变，即"化性起伪"。只有通过"师法、礼义"的道德教育，即用老师的教育和礼法的约束从外在给予引导，才能避免人之恶的本性沿着错误的方向走到邪路上去。"故人无师无法而知则必为盗，勇则必为贼，云能则必为乱，察则必为怪，辩则必为诞。人有师有法而知则速通，勇则速威，云能则速成，察则速尽，辩则速论。故有师法者人之大宝也，无师法者人之大殃也。"⑤ 正所谓人如果没有老师，不懂礼法，有智慧就必定会偷窃；有勇气就必定会抢劫；有

① 荀子［M］. 耿芸，标校. 上海：上海古籍出版社，2022：108.
② 同①.
③ 同①4-5.
④ 同①285.
⑤ 同①82.

才能就必定会作乱；能够明察就必定会搞奇谈怪论；如果善辩就必定会大言欺诈。相反，要是有老师，懂礼法，有智慧就会很快通达；有勇气就会很快变得威武；有才能就会很快成功；善于明察就能很快通晓事理；善辩就能很快判断是非。所以有老师，懂礼法，是人最宝贵的财富；没有老师，不懂礼法，就会遭殃。正因为老师在"化性起伪"方面起到如此大的作用，荀子把老师的地位抬得很高，将"天""地""君""亲""师"并列，并指出："今人之性恶，必将待师法然后正，得礼义然后治。"① 即现在人的性恶，一定要靠老师、礼法才能改正，有礼义然后才能治理安定，通过老师的教导，使人明礼正法。

（二）积善行德，重在修身

荀子十分注重道德上的自我修养，认为修身就是在道德上严格要求自己，即反省、检讨自身，践行道德以及纠正过失。

何为修身？荀子说："见善修然，必以自存也；见不善愀然，必以自省也；善在身介然，必以自好也；不善在身也菑然，必以自恶也。"② 即见到善良的行为，一定认真地检查自己是否有这种行为；见到不善的行为，一定要严肃地检讨自己；自己身上有了好的德行，就要坚定不移地珍视它；自己身上有了不良的品行，就要像有灾祸一样痛恨自己。在荀子看来，修身就是"见贤思齐，见不贤而内自省"，就是一种在道德上的自我反省，做到知明而行无过，这是一个"积善成德"不断学习的过程。

一方面，学习要明确学习目的。"古之学者为己，今之学者为人。君子之学也以美其身；小人之学也以为禽犊。"③ 古人的学习都是为了提升自己的学识和修养，而今天的人学习多是为了向人炫耀。君子的学习是用来净化自己的身心，小人的学习只是把学问当成工具去巴结别人。学习要专心致志，且不可三心二意，更不能急于求成，急功近利。另一方面，学习是自我完善的道德修养过程，它需要积微成著、积小成大。"今使涂之人伏术为学，专心一志，思索孰察，加日县久，积善而不息，则通于神明，参于天地矣。故圣人者，人之所积而致矣。"④ 荀子指出，让普通人去学习道德礼法，如果能够专心一志，

---

① 荀子 [M]. 耿芸，标校. 上海：上海古籍出版社，2022：285.
② 同①9.
③ 同①5.
④ 同①292.

认真思索，细致辨察，加上长久地积聚善德而不停息，就能获得最高的智慧，而与天地相参了。所以说，圣人是由普通人不断积累知识、美德而达成的。此外，"学"的过程中还要持之以恒，专心致志是其必备要素。"故不积跬步，无以至千里；不积小流，无以成江海。骐骥一跃，不能十步；驽马十驾，功在不舍。锲而舍之，朽木不折；锲而不舍，金石可镂。"① 只有坚持不懈、积少成多，才能不断反省自身，这是一个永无止境的过程，最终形成高尚的道德，成为圣人。

总之，荀子立足于人性本恶的现实，认为只有通过后天教育和自我修养才可以使人性恶的现状得以改变，使人们远离情欲的负面影响，养成恭敬、孝顺、廉洁、仁爱等美德，成为对社会有益的人。这样的观念不仅是对儒家重视教育和修身治世思想的继承和发展，对后世如何培养人均提供了重要启示。

【知识拓展】

孟子与荀子思想异同

一、孟子荀子思想之异

1. 对"天"的认识不同

孟子具有法天的思想，将天视为政权的依据、万物的主宰。

荀子视天为自然存在，主张人发挥主观能动性认识天的规律并制天而用之。

2. 对"学"的理解不同

孟子认为学问之道无他，求其放心而已，通过内省修身将本心之善予以保存、扩充。

荀子认为学习是后天积累的过程，主张积极通过外向的学习实践增强知识、提高能力。

3. 人性论不同

首先，对人性的界定不同。孟子对人性是什么没有给出明确的界定，仅从"人之所以异于禽兽者"这一视角阐述了人性问题，是站在社会属性的立场对人性予以界定；荀子明确界定"生之所以然者谓之性"，"性者，本始材朴也"，是从人的自然属性来看待人性。

---

① 荀子［M］. 耿芸，标校. 上海：上海古籍出版社，2022：2.

其次，人性善与人性恶。孟子主张性善，认为人天生本性即为善，都有不学而知、不虑而能的良知良能；荀子主张性恶，认为人的自然本性会受到情欲影响而转向性恶。

最后，求放心与化性起伪。孟子认为人容易失去其本心，必须通过持之以恒地找寻放逐的心来达到知性知天。荀子认为要让人去恶为善，必须"化性起伪"，通过后天教育和修身的方式改变恶的人性。

4. 礼法态度不同

在孟子的思想中，礼和法分属不同层次，礼源自人性根本，法是设计的辅助手段。

在荀子的思想中，礼法差别甚小，二者都是人为设计的外在秩序，主张援法入礼。

二、孟子荀子思想之同

1. 无论孟子还是荀子都推崇圣人，将其视为理想人格。

2. 无论孟子还是荀子的政治思想都尚贤、贵民，主张任人唯贤，民贵君轻。

3. 无论孟子还是荀子都站在德治的立场，主张为国之君需行仁政。

【课后思考】

1. 请简要论述荀子"制天命而用之"思想所具有的积极意义。

2. 请思考荀子到底是不是儒家的叛逆？或者说他是不是法家的同道？

【当代审视】

在中华优秀传统文化中，具有一定影响力的政治主张，即"礼法合治"的思想。从西周的周公制礼到战国时期荀子的"援法入礼"，再到汉代的"引礼入律"，直至唐朝的"一准乎礼"，虽然统治者对"礼法"的侧重有所不同，但经过几千年的反复实践，最终形成了"礼法"合治模式。其中，荀子的"援法入礼"是较具代表性的观点，在继承和改造儒家"礼"的基础之上，荀子将法家"法"的思想予以融入，提出"隆礼尊贤而王，重法爱民而霸"[①]，并认为"听

---

① 荀子 [M]. 耿芸，标校. 上海：上海古籍出版社，2022：318.

政之大分：以善至者，待之以礼；以不善至者，待之以刑"①。可以说，从孔孟的"仁"到"施仁政"，再到荀子的"隆礼重法"，先秦思想家们完成了从以德治国到礼法共治的执政思想过渡，为后世治国理政理念提供了宝贵的思想资源。之后，这一执政思想经由汉代、唐代等执政者的政治实践不断加以完善和补充，逐渐形成了德礼与刑罚相辅相成、缺一不可的政治观念，成为中华优秀传统文化中十分重要的政治主张。

当然，由于儒家文化在中华优秀传统文化中的主流价值地位，使"德治文化"在我国一直占据着较为明显的地位，缺少了一定的法治传统。随着时代发展，国家不断进步，党的十五大提出了"依法治国"，建设社会主义法治国家的目标，这是国家治理的一次深刻变革，是实现中国式现代化的重要保证。在坚定不移地走中国特色社会主义法治道路的进程中，青年大学生要明晰我们今天所提出的全面依法治国并不是对传统"德治文化"思想的否定，也不是对以德治国思想的削弱，反而是一种继承和发展。无论是从历史传统还是从社会实践的维度看，依法治国和以德治国都是相辅相成、相互支撑，缺一不可的。我们要善于从传统文化"礼法分治"思想中汲取治理国家的政治智慧，为进一步推进新时代国家治理体系和治理能力现代化提供最有力的思想支撑。

【延伸阅读】

1. 王军：《荀子思想研究：礼乐重构的视角》，中国社会科学出版社，2010 年。

2. 沈云波：《学不可以已〈荀子〉思想研究》，上海人民出版社，2016 年。

3. 孙伟：《重塑儒家之道——荀子思想再考察》，人民出版社，2016 年。

4. 克莱恩、艾文贺：《荀子思想中的德性、人性与道德主体》，东南大学出版社，2016 年。

5. 东方朔：《差等秩序与公道世界：荀子思想研究》，上海人民出版社，2016 年。

---

① 荀子［M］. 耿芸，标校. 上海：上海古籍出版社，2022：88.

第七讲　道家创始人老子及其道家思想

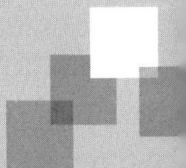

　　在春秋战国时期，产生了中国历史上另一个具有深远影响的学派——道家。道家之名，始见于西汉司马谈的《论六家之要指》，称为"道德家"。《汉书·艺文志》称为道家，列为九流之一。老子是道家学派的创始人，他以"道"作为思想的核心范畴，以顺应自然为旨归，以无为而治为追求，形成了具有鲜明特征的思想体系。老子所著《老子》思想博大且深远，对后来的孟子、荀子、韩非以及《管子》《吕氏春秋》《易传》等著作均产生了一定影响，是中国传统文化思想的重要组成部分。

一、老子生平和《老子》

　　在中国思想史上，老子一直是一个谜一样的存在，这种谜一样的存在不仅在于对老子究竟是谁的探索，还在于老子宏大而又深邃的思想总是给人以诸多思考的可能性。人们能从老子思想的解读中感受到其思想所具有的多面性，但无论如何，能够引起人们关心与思考的作为古代名人的老子，一定是那个作为《老子》作者的老子，而《老子》著作本身也是那个传世的《老子》。

（一）老子生平及其著作

　　最早系统记载老子传记的是《史记·老子韩非列传》：

　　　　老子者，楚苦县厉乡曲仁里人也，姓李氏，名耳，字聃，周守藏室之史也。

　　　　孔子适周，将问礼于老子。老子曰："子所言者，其人与骨皆已朽矣，独其言在耳。且君子得其时则驾，不得其时则蓬累而行。吾闻之，良贾深藏若虚，君子盛德，容貌若愚。去子之骄气与多欲，态色与淫志，是皆无益于子之身。吾所以告子，若是而已。"孔子去，谓弟子曰："鸟，吾知其能飞；鱼，吾知其能游；兽，吾知其能走。走者可以为罔，游者可以为纶，飞者可以为矰。至于龙吾不能知，其乘风云而上天。吾今日见老子，其犹龙邪！"

老子修道德，其学以自隐无名为务。居周久之，见周之衰，乃遂去。至关，关令尹喜曰："子将隐矣，强为我著书。"于是老子乃著书上下篇，言道德之意五千馀言而去，莫知其所终。

或曰：老莱子亦楚人也，著书十五篇，言道家之用，与孔子同时云。

盖老子百有六十馀岁，或言二百馀岁，以其修道而养寿也。

自孔子死之后百二十九年，而史记周太史儋见秦献公曰："始秦与周合，合五百岁而离，离七十岁而霸王者出焉。"或曰儋即老子，或曰非也，世莫知其然否。老子，隐君子也。

老子之子名宗，宗为魏将，封于段干。宗子注，注子宫，宫玄孙假，假仕于汉孝文帝。而假之子解为胶西王卬太傅，因家于齐焉。

世之学老子者则绌儒学，儒学亦绌老子。"道不同不相为谋"，岂谓是邪？李耳无为自化，清静自正。①

在这 500 多字的传记中，司马迁关于老子是谁提出了三个答案，指出春秋战国时期共有 3 个人被称为"老子"，一位是曾任周王朝守藏史的老聃；一位是春秋末期楚国的隐士老莱子；还有一位是战国时期的周太史儋。根据司马迁的研究，很可能老子是老聃。老聃，春秋末年楚国苦县人，曾做过周王室管理藏书的史官，其早于孔子，在当时社会具有较高的声望。在政治层面，老子提倡"无为而治"；在世界观层面，老子主张"道生万物""道法自然"；在处世方面，老子提出"柔弱不争"；在修养方面，老子奉行"无欲""无知"等，提出了许多独到见解，最终成为飘然高隐之人，西出函谷关时在关令尹喜的请求下"著书上下篇，言道德之意五千余言而去，莫知其所终"。

关于老子与孔子的关系，多个史料记载孔子曾向老子问学求教。《史记·老子韩非列传》载："孔子适周，将问礼于老子。"②《史记·孔子世家》亦载："鲁南宫敬叔言鲁君曰：'请与孔子适周。'鲁君与之一乘车，两马，一竖子俱，适周问礼，盖见老子云。"③《庄子·天运》中记载："孔子行年五十有一，而不闻道，乃南之沛，见老聃。"④《礼记》中曾指出："孔子曰'昔者吾

①　司马迁. 史记 [M]. 北京：中华书局，2006：394.

②　同①.

③　同①321.

④　庄子 [M]. 方勇，校点. 上海：上海古籍出版社，2022：168.

从老聃助葬于巷党。'"① 这些文献均表明孔子求教过老子。

（二）《老子》简介

《老子》，亦称《道德经》，被认为是代表老子思想的重要著作，现通行的《老子》一书一般认为编定于战国初期，共 81 章，前 37 章为《道经》，后 44 章为《德经》。历代关于《道经》《德经》的次序及真伪多有争论，1973 年长沙马王堆第三号汉墓出土的帛书《老子》被认为是战国末年至西汉初年的传本，书中《德经》在前，《道经》在后。1993 年郭店一号楚墓出土了 3 组竹简《老子》，被认为是战国中期的传本，是目前我们所能见到的最早的《老子》一书。据历代学者考证，《老子》一书基本上保存了老子的思想，但也有许多内容是后人的附益，因此较难以辨析哪些是纯粹的老子思想，哪些是老子后学的思想。

《老子》内容博大精深，涵盖天地，包罗万象，涉及宇宙本体、天地演化、万物生育、人生修养、治国用兵等各个领域。其思想中的几个基本概念，如道、自然、无为、虚、静、朴等成为道家思想的标志，产生了深远影响。

仔细品读《老子》一书，有太多"反智""反道德"的主张，但若将《老子》放回到春秋战国时期的背景里，就会明白《老子》"反其道而行之"的思考方式是应对那样特殊时代的一种智慧。面对众多学派悉数登场的思想对垒，特别是积极入世的观念诉求，以及现实中君王欲望高涨无所节制而百姓生活艰辛的现实，《老子》巧妙地找到了一种"反向而行"的思考方式，试图为解决当时的社会问题提供一种方法。

《老子》所提出的观点主要站在君王的立场，甚至用一种比君王更为权威的口气教育他们如何治理国家以及如何实现自身的权力。同时，还运用一种"正言若反"的吊诡论证风格，来表达"退""处下""不争"等处事原则所具有的现实意义，正是秉持这样的风格，使《老子》提出的观念给君王以"新解"，某种程度上甚至达到了君王对《老子》思想的认可。

二、道：《老子》思想的形而上基础

"道"是老子思想体系的核心，是其哲学的最高范畴。作为中国历史上第

一个真正意义上的哲学家，《老子》从形而上的高度对万物本源及根据的本体论进行了思考，形成了自己全新的宇宙观。

（一）何谓"道"

《老子》认为，"道"不仅是世界的本源、万物之本根、宇宙普遍的原理，能够支配世界的运动变化，而且是人类价值的最深标准和社会行为的最高准则。《老子》首次站在哲学的视角，从"道"的高度对自然、社会与人生进行了考察，形成了关于"天道"与"人道"的深刻探究。

《老子》将"道"看作是万物的本根、宇宙的本体，"道生万物"，是宇宙起源变化的根据。宇宙是一个自然产生、自然演变的过程，天地万物是依照自然规律发展变化的，而"道"便是世界的本原。《老子》以"母""先""始"作为"道"所具有的起点意义。

第一，"道"能化生万物，所以"为天下母"。"有物混成，先天地生。寂兮寥兮，独立不改，周行而不息，可以为天下母。吾不知其名，字之曰道，强为之名曰大。"[①]"道"在天地形成以前就已经存在。听不到它的声音，也看不见它的形体，动静结合，不依靠任何外力而独立长存，永不停息，循环运行而永不衰竭，可以作为万物的根本。"道"同于"有，名万物之母"的"有"，不仅可以"生"万物，也可"养"万物，即"天下有始，以为天下母"[②]。

第二，"道"是"玄之又玄"的存在，道不可言说，不可认知，深不可识。"视之不见名曰夷，听之不闻名曰希，搏之不得名曰微。此三者不可致诘，故混而为一。"[③]"道"无形无名，既无法见到它的形状（"视之不见"），又无法听到它的声音（"听之不闻"），更无法感知到它的形体（"搏之不得"），无法用描述有形有名的具体事物的概念加以言说和表达（"道可道，非常道；名可名，非常名"），因此只能勉强为其命名并认识它。

第三，"道"具有不同于万物的自身特性。"道"循环周流，运行不息，其所以能如此，是因为具有动静的特性，能静亦能动（寂兮寥兮）。且"道"玄妙精深、恍惚不定，"惚兮恍兮，其中有象；恍兮惚兮，其中有物。窈兮冥兮，其

① 老子［M］. 刘思禾，校点. 上海：上海古籍出版社，2023：52.

② 同①128.

③ 同①30.

中有精；其精甚真，其中有信"①。"道"其中有形象，有实物；"道"深远暗昧，但其中却有精质，这精质有信验可凭。同时，"道"不可被感知，虚空缥缈，却又是真实存在的，它支配着万物的运转，是"无状之状，无物之象"②。

第四，"道"有其演化的方式。"道生一，一生二，二生三，三生万物。"③"一"是"道"进入演化历程所表现出的第一个形态——混沌之"气"，与"道"不离不即。"一生二"，"二"是演化历程的第二个形态，混沌之气化分为阴阳二气。"二生三"，"三"是第三个形态，是通过阴阳二气的对立和消融达到统一，即"玄同"，最后由一到多，实现"三生万物"。

（二）"道"的作用方式

《老子》指出，"道"在推动万事万物发展过程中具有一定的规律，表现为一种作用机制，即"反者道之动，弱者道之用"④。《老子》一改常规性的思维，深知"相反相成"的道理，同时在被认为是消极的方面（弱）看到了事物运行的原则，体现出早期朴素的辩证法思维。

《老子》中出现了 50 多对相互对立的范畴，"有无""大小""难易""高下""刚柔""生死""进退""古今""长短""智愚""美丑""善恶""正反""盈虚""巧拙""福祸""损益""阴阳""予夺"等概念在全书中随处可见，如：

> 有无相生，难易相成，长短相较，高下相盈，音声相和，前后相随。⑤
> 曲则全，枉则直，洼则盈，敝则新，少则得，多则惑。⑥
> 唯之与阿，相去几何？美之与恶，相去若何？⑦
> 将欲歙之，必固张之；将欲弱之，必固强之；将欲废之，必固兴之；将欲夺之，必固与之，是谓微明。⑧

---

① 老子［M］. 刘思禾，校点. 上海：上海古籍出版社，2023：44.
② 同①30.
③ 同①96.
④ 同①90.
⑤ 同①4.
⑥ 同①46.
⑦ 同①41.
⑧ 同①75.

《老子》的思想蕴含着极其丰富的辩证法思想，认为任何事物都是在对立统一中相互依存、相互转化的。一方面，事物之间相互依赖，一方的存在总是以另一方的存在为前提和基础，二者之间存在着必然的联系。如，"有无相生，难易相成，长短相较，高下相盈，音声相和，前后相随"①。没有长就没有短，没有高就没有低，没有难就没有易，只有难的存在，才能看到易的可贵，只有长的存在，才能看到短的特征。再如，"明道若昧，进道若退，夷道若纇，上德若谷，大白若辱，广德若不足，建德若偷，质真若渝"②。光明的大道看似昏暗，前进的大道看似后退，平坦的大道看似崎岖，崇高的品德看似低下，最纯洁的看似污浊，宽广的胸怀看似狭隘，刚健的意志看似懦弱，真诚的品质看似虚伪。另一方面，当对立的一面达到一定程度，就会向其相反的方向转变。"祸兮福之所倚，福兮祸之所伏。……正复为奇，善复为妖。"③ 这是事物运行的根本规律，在社会人事中也是如此，即所谓"金玉满堂，莫之能守。富贵而骄，自遗其咎。功遂身退，天之道"④。黄金美玉堆满室内，没有办法能守住；富贵之后骄傲自满，会招致灾祸；功成名就之后应当适时隐退，既能保全自身，也是顺应自然规律的表现。即"甚爱必大费，多藏必厚亡"⑤，过分地贪求物质与名利欲望的人，必定要劳心劳力，大费精神，最终会导致更大的损失，对人而言，"曲则全，枉则直，洼则盈，敝则新，少则得，多则惑"⑥，委曲便会保全，屈枉便会直伸；低洼便会充盈，陈旧便会更新；少取便会获得，贪多便会迷惑。《老子》借此说明，人要见微知著，防患于未然，特别是对于统治者而言，唯有做到这一点，国家才能长久。

"弱者，道之用"是"道"作用方式的另一种智慧。《老子》崇尚柔弱，主张"贵柔"。"天下之至柔，驰骋天下之至坚。无有入无间，吾是以知无为之有益。"⑦ "坚强者死之徒，柔弱者生之徒。是以兵强则不胜，木强则兵。强大处下，柔弱处上。"⑧ 天下最柔弱的东西，可以驱使天下最坚硬的东西。坚

---

①　老子 [M]. 刘思禾，校点. 上海：上海古籍出版社，2023：4.

②　同①91.

③　同①148.

④　同①19.

⑤　同①103.

⑥　同①46.

⑦　同①100.

⑧　同①201.

强的东西是属于死亡一类的，柔弱的东西是属于具有生命力一类的，柔弱具有
更为强大的力量，具有转化为强的必然趋势。基于这样的认识，《老子》提出
"上善若水"。"上善若水。水善利万物而不争，处众人之所恶，故几于道。"①
水滋润万物，但毫不显露自己的功劳，愿意居于众人都瞧不起的低洼之处，这
是一种质朴的精神，与"道"最为相似，所以《老子》说，水接近于道。同
时，《老子》还指出，"天下莫柔弱于水，而攻坚强者莫之能胜，以其无以易
之。弱之胜强，柔之胜刚，天下莫不知，莫能行"②。水谦下自处，善利万物
而不争，能以退为进，最终以柔弱胜刚强。

《老子》认为，"道"在发挥作用时可以在相对之间来回变动，管辖"变"
与"不变"的法则——平衡率。"高者抑之，下者举之，有余者损之，不足者
补之。天之道，损有余而补不足。"③ 察觉了这一规律和通则，就可以用"道"
来引导人们的看法和选择，即将自己维持在"弱"的位置上，这是处世最佳
的方式。

（三）"道"的体现——万物平等

《老子》指出，以"道"的角度看，万物生而平等，即"天地不仁，以万
物为刍狗"④。王弼注解说："天地任自然，无为无造，万物自相治理，故不仁
也。"⑤ 表明天地无所偏爱，对万物一视同仁，任凭万物自然生长，遵循"道"
自然而然地发展。

这里，"天地不仁"表明自然界、天地万物纯任自然、无所偏爱的平等特
性，"道"的一切作为不包含任何"有为"之目的性和意识性，没有指向任何
是非善恶的情感，无所偏私、偏爱，即"天道无亲"⑥。

"以万物为刍狗"是天地无私的一种表现，"道"以同等的方式推动着万
物生长与发展，在对万物的养育发展中，都遵循着自然的规律。天道运行，四
时成序，阴阳消长，这是自然之"道"而非有意为之。

正是由于此，《老子》进一步指出，"不可得而亲，不可得而疏，不可得

---

① 老子［M］. 刘思禾，校点. 上海：上海古籍出版社，2023：17.
② 同①207.
③ 同①204.
④ 同①11.
⑤ 同④.
⑥ 同①210.

而利，不可得而害，不可得而贵，不可得而贱"①。"不可得而亲，不可得而疏"是超越亲疏之别，不为其亲疏所干扰；"不可得而利，不可得而害"是超越利害之分，不为其名利所诱惑，也不为其伤害所屈服；"不可得而贵，不可得而贱"是超越世俗地位、利益的贵贱之辨。真正有智慧的人应该与"道"一样，超越差别与对立，超脱亲疏、利害、贵贱的世俗认知，实现自然和谐的价值追求。而"道""生而不有，为而不恃，长而不宰，是谓玄德"②，"道"产生万物却不占有，滋养万物却不以此为依恃，引导万物发展却不主宰万物，"道"将自身看作与万物同等的地位，万物皆依"道"而生长，"不有""不恃""不宰"均表明"道"对万物没有占有和控制的欲望，"辅万物之自然，而不敢为"③。老子的这一观点被其后继者庄子进一步延伸，提出了"以道观之，物无贵贱"④。

（四）"道"的作用

《老子》将"德"视为"道"的作用，认为"德"禀受于"道"，不能离开"道"，与"道"须臾不可分，正是通过"德"，"道"对有形有名的万物产生作用。"道生之，德畜之，物形之，势成之，是以万物莫不尊道而贵德。道之尊，德之贵，夫莫之命而常自然。故道生之，德畜之，长之育之，亭之毒之，养之覆之。"⑤ 在《老子》看来，"道"化生万物之后，"德"担负起蓄养万物的功用，成为万物的基础，给予万物成其自身的属性，使万物"定性"。"德"之所以能够蓄养万物，给予万物不同的属性，在于其包含着一切事物的属性，并通过事物的外在行为和特征得以彰显。简言之，"道"是万物的本原根据，"德"是体现着"道"的万物本质属性。

《老子》还认为，人自身之中也存在"道"，特别是婴儿就葆有了最朴素的"道"。《老子》经常以"婴儿""赤子"喻指"有道者""为道者"的境界，其中以"婴儿"喻指"道"有多处，如"我独泊兮其未兆，如婴儿之未孩……众人皆有余，而我独若遗。我愚人之心也哉。沌沌兮"⑥。"专气致柔，

---

① 老子［M］. 刘思禾，校点. 上海：上海古籍出版社，2023：140.

② 同①125.

③ 同①165.

④ 庄子［M］. 方勇，校点. 上海：上海古籍出版社，2022：186.

⑤ 同②.

⑥ 同①41.

能婴儿乎?"① "为天下谿,常德不离,复归于婴儿"②。婴儿般纯真自然的境界与"道"最为接近,可以保持"常德"不失,就像水趋于溪谷一样自然而然,从而毒虫不刺伤之,猛兽不伤害之,凶鸟不搏击之。随着婴儿的成长,外界强加给婴儿越来越多人为的东西,使其在不知不觉中将人的自然之性遮蔽,与"道"渐行渐远。

三、自然:《老子》思想的中心价值

《老子》的思想体系虽然以"道"为形而上的基础,但"自然"是《老子》思想的中心价值。站在对现实持批判态度的立场,《老子》希望通过对"自然"价值的宣传,使人们从社会及其文化的种种规定和教条中解放出来,顺其自然,复归于"道"。可以说,"自然无为的原则才是老子救世的真精神。他希望人们能从过去体会到自然无为原则的可贵,从而超越现实,消除现实社会中的异化现象,使人性复归于自然本真"③。

"自然"一词在《老子》中所出现的次数只有5处,但这5处都足以表达《老子》对"自然"的推崇和赞赏态度。

> 太上,下知有之;其次亲而誉之,其次畏之;其次侮之。信不足焉,有不信焉。悠兮其贵言。功成事遂,百姓皆谓我自然。④

> 希言自然。故飘风不终朝,骤雨不终日。孰为此者?天地。天地尚不能久,而况于人乎?故从事于道者,道者同于道,德者同于德,失者同于失。同于道者,道亦乐得之;同于德者,德亦乐得之;同于失者,失亦乐得之。信不足,焉有不信焉。⑤

> 人法地,地法天,天法道,道法自然。⑥

> 道生之,德畜之,物形之,势成之。是以万物莫不尊道而贵德。道之

---

① 老子 [M]. 刘思禾,校点. 上海:上海古籍出版社,2023:21.

② 同①59.

③ 孙以楷. 老子通论 [M]. 合肥:安徽大学出版社,2004:205-206.

④ 同①37.

⑤ 同①48.

⑥ 同①52.

尊，德之贵，夫莫之命而常自然。①

慎终如始，则无败事。是以圣人欲不欲，不贵难得之货，学不学，复众人之所过，以辅万物之自然，而不敢为。②

从 5 处对"自然"的论述可见，《老子》中的"自然"包含着比较复杂的内容。首先，在"道"与"自然"的关系上，"道法自然"。"道"与"自然"紧密相关，"道"创生天地万物不是出于神的意志，也不同于人的意志，"自然"是"道"最本源、最深刻的规定，缺乏或者违背"自然"，"道"则不是常道，"自然"就是"道"的一种本性，不是"道"之外的任何东西。其次，"自然"是"道"的内在法则，根本的存在方式。"道"的本性就是因任自然。《老子》想要强调的是，宇宙和世界万物完全是按照"自然"的法则，自己如此的方式存在和运行的，皆有其自身的本性，若按照自身固有本性发展自身、肯定自身，不悖逆或改变其本性，就是"自然"，否则，如果用外在力量强加干涉，不任其自然发展，便是背离了"自然"。"道"对待万物"常自然"，"万物之自然"皆来自"道"，"道"在赋予万物"自然"能力或本性后，使万物依照自己的本性"自己而然"，即"生而不有，为而不恃，长而不宰"③。意为生长万物而不据为己有，抚育万物而不自恃有功，导引万物而不主宰。最后，从人的视角，《老子》提出圣人当"辅万物之自然，而不敢为"。"辅"和"不敢为"表明圣人对万物主体"自在"状态的尊重与支持。面对现实中破坏人性的现象，《老子》认为都是由于人逐于欲望而不知返，让人忘记自身的价值，即"五色令人目盲，五音令人耳聋，五味令人口爽，驰骋畋猎，令人心发狂，难得之货，令人行妨"④。因而，人应该归返于人与物"一体"的"自然"整体和谐状态。顺乎其性，保持本性，没有任何人为和矫揉造作，没有强加干涉之意，自然而然，淳朴厚实。《老子》希望人能摆脱一切外在的束缚和规制，回归到其自然本性，故而特别强调要"复归于朴"⑤。"夫物芸芸，各复归其根"⑥，把人从一切外在束缚中解放出来，因其本性顺乎自然，自由自

① 老子 [M]. 刘思禾，校点. 上海：上海古籍出版社，2023：125.
② 同①165.
③ 同①.
④ 同①26.
⑤ 同①59.
⑥ 同①34.

在地发展，"沌沌兮""如婴儿之未孩"①，内心永远都是如一潭清水一样澄澈明达，其心境就像初生婴儿般天真无邪。

四、无为：《老子》政治思想的原则

"无为"如同儒家的"仁""义"，是《老子》最具特色的思想之一，这一范畴多与"圣人"相关，可视为其"君人南面之术"的政治主张。面对所在时代的社会现实，《老子》试图为统治者提供一个"无为而治"的治国方案，以实现"我无为而民自化，我好静而民自正，我无事而民自富，我无欲而民自朴"②的政治理想。

（一）儒家的"无为"

"无为"并不是道家独有的观念，儒家亦有"无为"的思想。儒家的"无为"在儒家经典中的含义与儒家为政以德的仁政思想有内在的联系，强调道德在政治中的根本作用。孔子赞美舜，"无为而治者，其舜也与！夫何为哉？恭己正南面而已矣"③，认为只有像舜这样的圣者才能达到无为而治。孟子也指出，为政者应该如大禹疏导水流那样，不违背处下就低、随方就圆的自然属性，没有人为的开挖和引导，一切符合天真，自然而然，这是大智慧，是更高意义上的大作为，即"人有不为也，而后可以有为"④。《礼记·礼运》篇也向往"王中心无为也"的先王之政，认为官员各司其职，君主就能"端拱无为"，即端庄恭敬，不妄为。

可以说，儒家的"无为"是在实践道德理想过程中的"无为"，是达到"有为"的一种方法和手段，其所肯定的是基于仁义礼智信这些现实德性之上的道德理想和实践。"无为"就是主张"为政以德"，以德治仁政为根本的治国之道。只要君主正己修身，具备仁爱之德，树立民本思想，虽"无为"，但天下归之。

① 老子［M］. 刘思禾，校点. 上海：上海古籍出版社，2023：41.
② 同①143.
③ 论语·大学·中庸［M］. 上海：上海古籍出版社，2023：182.
④ 孟子［M］. 上海：上海古籍出版社，2022：109.

（二）"无为"在《老子》中的含义

"无为"在《老子》一文中多次出现，多与"圣人"相联系，譬如：

是以圣人处无为之事，行不言之教。万物作焉而不辞，生而不有，为而不恃，功成而弗居。①

是以圣人之治……为无为，则无不治。②

天下神器，不可为也。为者败之，执者失之。③

故圣人云："我无为而民自化，我好静而民自正，我无事而民自富，我无欲而民自朴。"④

是以圣人无为，故无败；无执，故无失。⑤

可见，《老子》所言的"无为"是与有为的圣人密切相关的，这里的圣人是治理国家的统治者。《老子》认为，只有在上的统治者举"无为"而治，在下的百姓才能安定，从而达到社会的治理。这里，《老子》提出的"无为"并不是无所事事，《老子》数次提到"功成而不居""功遂身退""功成事遂""功成而不有"，表明"无为"亦即"有为"。

《老子》对"无为"的提倡，是对有违自然的"有为"的否定。《老子》提到，社会之所以混乱不堪，战争之所以频繁不断，百姓之所以流离不定，主要原因在于统治者"有为"，即"妄为""多事"和"多欲"，对百姓予取予求，横加干涉。《老子》说："天下多忌讳，而民弥贫；民多利器，国家滋昏；人多伎巧，奇物滋起；法令滋彰，盗贼多有。"⑥ 意思是天下的禁忌越多，老百姓就越陷于贫穷；人民的锐利武器越多，国家就越陷于混乱；人们的技巧越多，邪风怪事就越闹得厉害；法令越是森严，盗贼就越是不断地增加。又《老子》说："民之饥，以其上食税之多，是以饥。民之难

---

① 老子［M］. 刘思禾，校点. 上海：上海古籍出版社，2023：4.
② 同①7.
③ 同①61.
④ 同①143.
⑤ 同①165.
⑥ 同④.

治，以其上之有为，是以难治。民之轻死，以其上求生之厚，是以轻死。"①
意思是人民之所以遭受饥荒，是由于统治者征收赋税太多，所以人民才陷于
饥饿。人民之所以难于统治，是由于统治者政令繁苛、喜欢有所作为，所以
人民就难于统治。人民之所以轻视生死，是由于统治者为了奉养自己，搜刮
民脂民膏，所以人民轻视生死。政治上的种种扰民，造成了统治者与人民之
间的紧张关系，这都是统治者过度"有为"所引发的严重后果。为此，《老
子》主张，统治者应该少一点欲望，不以个人意志强加于百姓，不过度干涉
百姓们的生活，这样做，统治才能巩固，得到更多的好处，否则"民不畏
死，奈何以死惧之"②。

（三）"无为而治"的思想内容

"道常无为，而无不为。"③ "道"产生万物，但仍存在于万物之中，悄无
声息地影响着万物的发展，一个国家的统治者也可以悄无声息地影响社会的发
展。在政治上，《老子》为统治者提出了许多执政主张，体现出其对"无为而
治"的思考。

第一，"圣人处无为之事，行不言之教"。这种政治原则下的理想社会就
是"小国寡民"。什么是"小国寡民"？《老子》指出："小国寡民，使有什伯
之器而不用；使民重死而不远徙。虽有舟舆，无所乘之，虽有甲兵，无所陈
之，使人复结绳而用之。甘其食，美其服，安其居，乐其俗。邻国相望，鸡犬
之声相闻，民至老死不相往来。"④ 这是一个享受自然本身快乐的社会，在这
个社会中，没有侵略、没有欺诈、没有躁动，国家规模很小，就像一个安静的
村落；国中的百姓很少，但是人人富足，生活安定。统治者清心寡欲，从不把
自己的意志强加到人民的身上，也不干涉人民的生活，体现出《老子》对于
古朴社会和初民时代的向往。在治理国家时，《老子》特别指出"治大国若烹
小鲜"⑤，认为治国就像煎小鱼一样，要讲究技巧，不能将鱼不停地翻来翻去，
要小心翼翼，尽量少去干涉，掌握火候，让鱼自己慢慢变熟。治理国家同样如

---

① 老子 [M]. 刘思禾，校点. 上海：上海古籍出版社，2023：198.
② 同①195.
③ 同①77.
④ 同①211.
⑤ 同①153.

此，如果过度干预，国家就会垮掉，要少控制，奉行无为而不为的原则。

第二，"绝圣弃智，绝仁弃义"。《老子》极力反对统治者对礼法的过分提倡和对道德教化的强制施行以及对于道德知识的推崇，认为之所以提倡道德礼法和道德教化知识，是因为社会出现了道德危机，是"有为"行为产生的结果。在《老子》中，多次提及对于"仁义"的否定，如"大道废，有仁义。智慧出，有大伪。六亲不和，有孝慈。国家昏乱，有忠臣"①。"故失道而后德，失德而后仁，失仁而后义，失义而后礼。夫礼者，忠信之薄，而乱之首。"②《老子》认为，统治者所提出的仁义道德是造成社会秩序不安定的因素，更有甚者在一定程度上还会导致人类道德的败坏，因而，要通过"绝仁"，使百姓复归"孝慈"。《老子》还进一步主张对民"去智"，指出，"古之善为道者，非以明民，将以愚之。民之难治，以其智多。故以智治国，国之贼；不以智治国，国之福"③。《老子》将"愚民"看作是治国的一种重要方式，指出百姓之所以难以统治，是因为统治者使用了太多的智巧心机，所以用智巧心机来治理国家，是国家的危害；不用智巧心机来治理国家，才是国家的幸福。要尽可能让百姓头脑简单一点，思想单纯一些，"常使民无知无欲，使夫智者不敢为也。为无为，则无不治"④，从而实现安定的社会。当然，《老子》并不是极端地排斥道德，在《老子》文本中对"仁"及其相关联的"爱民""慈"的道德肯定性论述亦有存在："居善地，心善渊，与善仁，言善信，正善治，事善能，动善时。"⑤ "上仁为之而无以为。"⑥ "爱民治国，能无知乎?"⑦ "慈故能勇。"⑧可见，《老子》不仅对其所主张的"善仁""上仁"有比较清晰的界定，而且强调仁义、孝慈等在特定条件下的难能可贵，将"爱民"与"治国"放在同等重要的地位，并且视"慈"为其"三宝"之一，认为心怀仁慈者才能够真正勇武，而以"慈"治国，"战则胜""守则固"。这充分表明，《老子》不是反对仁义道德以及伦理规范在处理人与人之间关系时的

---

① 老子 [M]. 刘思禾，校点. 上海：上海古籍出版社，2023：39.
② 同①78.
③ 同①169.
④ 同①7.
⑤ 同①17.
⑥ 同②.
⑦ 同①21.
⑧ 同①175.

重要性，其所反对的，是包含着统治阶级政治欲望的"仁爱"，在《老子》那里，摒弃了统治阶级政治欲望的自然、朴素、没有尊卑等级的"仁爱"是值得肯定的。

第三，"不争而天下莫能与之争"。为了满足自己的私欲，统治者往往不择手段，其中掠夺是行动力最强、最为迅速地满足欲望的方式。基于此，《老子》提出"不争"的主张，这是"无为而治"体系中重要的一部分。"圣人不积，既以为人己愈有，既以与人己愈多。天之道，利而不害；圣人之道，为而不争。"① 意思是圣人并不需要积蓄和占有，帮助他人越多，自己就越充足；给予他人越多，自己就越丰富。上天的规律，有利于万事万物而不去妨害；圣人的准则，有所作为但不为自己去争夺。《老子》的"不争"，是为了批判统治阶层的残酷，相对的，对统治阶层的批判其实也是一种献策，他希望统治者能够"不争""不言""不召"，"天之道，不争而善胜，不言而善应，不召而自来"②，顺应不争之道，天下自会归顺和富强。站在"不争"的视角，《老子》还进一步提出了"反战"观。《老子》认为，任何战争都是残酷的，无论是胜败双方，都是受害者，谁都不可幸免，因而统治者应"不以兵强于天下"。"以道佐人主者，不以兵强天下，其事好还。师之所处，荆棘生焉。大军之后，必有凶年。善者果而已，不敢以取强。果而勿矜，果而勿伐，果而勿骄，果而不得已，果而勿强。物壮则老，是谓不道，不道早已。"③ 意思是一个以"道"辅佐国君的人，绝不靠兵力逞强，因为靠兵力逞强斗胜，会制造仇恨，必遭报应和报复。何况军队所到之处，会导致生灵涂炭，民不聊生，出于为人民着想，应尽快结束战争。《老子》认为，用兵之道不是为了发起战争，而是为了保家护国，只要能够确保人民的安全和国家的稳定就可以了，不可以逞强于天下。一旦遇有战争，到了必须用兵的时候，也要遵循大道的原则，不宜过分逞强用兵，只要能够保全自身就足够了。而且使自己保全之后，也不要自满，不要骄纵，这样才合乎自然规律。如果不这样做，势必会引起别人的妒恨，自己也会放松警惕，这样取得的胜利便会化为乌有，导致最终的失败。《老子》反战，连带也厌恶用于战争的工具，指出："夫佳兵者，不祥之器，物或恶之，故有道者不处。……兵者不祥之器，非君子之器，不得已而用

---

① 老子 [M]. 刘思禾，校点. 上海：上海古籍出版社，2023：214.
② 同①192.
③ 同①63.

之，恬淡为上。胜而不美，而美之者，是乐杀人。夫乐杀人者，则不可以得志于天下矣!"① 在《老子》看来，兵器是不吉祥的器物，战争也是一种迫不得已才使用的方式，君子不应该崇尚战争而应该追求"恬淡"的和合状态，即使不得已而使用了，也应持淡漠的态度，以追求武力得天下的行为只会以失败告终。从《老子》的战争观可看出，早在几千年前《老子》便持有非常明确的慎战反战观念，这一思想是立足于春秋战国时代现实的一种设想，反战无疑是为了和平。

第四，"圣人无常心，以百姓心为心"。《老子》认为，作为统治者应无知、无欲、无己，不以自我为中心，一切因任自然，以百姓之心为心。《老子》特别倡导统治者以百姓的思想与意志来治理国家，因此提出了实行这一理念的三件宝物："一曰慈，二曰俭，三曰不敢为天下先。"② 一曰慈，即统治者具有悲天悯人之情怀，保持慈爱与同情心，以关怀平等的态度对待百姓。二曰俭，即含藏内敛，不肆意妄为，不骄奢淫靡。统治者尚"俭"便不会过多盘剥民众；民众尚"俭"便不会发生争斗；天下尚"俭"，整个天下"莫不被其泽"。三曰不敢为天下先，这是《老子》"安下处下""柔弱胜刚强""知雄守雌"思想的体现，即要以谦逊的态度对待人。"欲上民，必以言下之；欲先民，必以身后之。"③ 统治者虽然地位居百姓之先，但应谦退处之后，清静自正，凡事以百姓为先，将自己的利益放在其后，如此，则统治者便能"处上而民不重，处前而民不害，是以天下乐推而不厌"④，成为百姓拥戴的国君，天下莫能与之争。

五、《老子》的修养功夫

天下万物依"道"而生，秉"道"而成，作为人，必须知"道"、体"道"、得"道"才可成为真正的人。但在现实生活中，信者与不信者之异、善者与不善者之分、上德与下德之别是不可忽视的客观事实，为此，《老子》提出了与"道"相应的修养功夫。

少私寡欲，恬淡为上。《老子》早就意识到了欲望的负面效应，认为多欲

---

① 老子［M］. 刘思禾，校点. 上海：上海古籍出版社，2023：65.
② 同①175.
③ 同①172.
④ 同③.

违反大道与自然，这是对人自然本性的一种伤害，对于人的生命也多有害处。"五色令人目盲，五音令人耳聋，五味令人口爽。驰骋畋猎，令人心发狂，难得之货，令人行妨。"① 意思是色彩缤纷，使人眼花缭乱；音调嘈杂，使人听觉失灵；食物丰盛，使人舌不知味；纵情狩猎，使人激荡发狂；珍贵难得的货物，使人行为不轨。《老子》认为，人最大的祸患莫过于不知足，色欲伤目，声欲伤耳，味欲伤口，情欲伤心，物欲伤身。人如果过于关注自我，对欲望过分执着，就会引发心理失衡，无益于生命的持久。欲望有度，才能使自己长生，天下长久，即"甚爱必大费，多藏必厚亡"②。需要注意的是，《老子》提出寡欲，并非抑制高尚欲望或正常的生理欲望，而是指去除因受外界事物诱惑而产生的"过欲"或"嗜欲"，节制或减少不合理的、不正当的或过分的物欲及感官享乐之欲，过一种有约束的生活。《老子》还进一步指明，圣明的统治者不贪求难得的财物，使老百姓不心生偷盗，不炫耀引起贪心的事物，使民心不迷乱，要"常使民无知无欲"③，尚俭崇啬，"去甚、去奢、去泰"④，摒弃极端的、奢侈的、过度的贪欲，以此"不欲以静，天下将自定"⑤。

致虚守静，见素抱朴。《老子》提出"守虚静"，与其形而上的宇宙观密切相关。《老子》第十六章指出："致虚极，守静笃，万物并作，吾以观复。夫物芸芸，各复归其根。归根曰静，是曰复命。"⑥ 意思是保持心灵的虚空到极致，守住内心的清静到极致。万物蓬勃生长，我从中观察循环往复的道理。天下万物虽然生长茂盛，但最终都将回归到本根。返回本根就叫"静"，"静"就是复归本性。"致虚"就是空虚其心，排除一切蒙蔽心灵的私念；"守静"就是坚守清静，顺应自然，绝不妄为，二者互为因果。这是道德法则，也是修身要义。所谓"复"，就是道德循环往复，周而复始，回归虚静之境，天地万物之本始。万物由盛及衰就是出于虚静而归于虚静，人同样是如此，但由于人存在相应的欲望，有欲则不虚，有动则不静，人要复归于生命的本真，"复归于朴"，就必须经由致虚、守静、归根、复命的修养功夫，保持自己的自然本性。"致虚极"才能容纳万物，使万物运行而不悖，唯"虚"方能不计较利害

---

① 老子 [M]. 刘思禾，校点. 上海：上海古籍出版社，2023：26.

② 同①103.

③ 同①7.

④ 同①61.

⑤ 同①77.

⑥ 同①34.

得失，海纳百川，宽容大度。"守静笃"才能够专心致志，坚持不懈地守住"道"，也就是真正地与"道"同体，心神安稳，方可以参"道"悟"道"以至于得"道"，最终达到与"道"玄同一体的境界。

何谓"朴"？《说文解字》说："朴，木皮也。"① 关于"素"字，段玉裁注曰："素，白致缯也。"② 意思是说"素"是一种白色而又未曾染色的丝织品。由此可见，"素"与"朴"二者意义相近。"素"就是人本性是单纯自然的，后天人为刻意的文饰是对人本性的损伤和破坏，要予以摒弃。"抱朴"则是怀抱实而不华、厚而不薄的淳朴品性。"朴"之本性源于"无欲"，亦即无为原则，是"道"的外在体现，以此来"复归于朴"。《老子》为何会坚持"复归于朴"？这是因为看到了"春秋战国之际，这种素朴之本性受到了各种各样外在因素的浸染，虚假的仁义礼智等'道德'观念、矫揉造作的'道德'行为都以'道德'之名侵害、破坏着这种淳朴本性，清除各种贪欲、私心等外在因素的影响和破坏，消除各种'异化'现象，成为'为道者'的迫切任务"③。"见素抱朴"即向人自然本性的复归，保持本来最宝贵的东西，没有人为的雕琢和华丽的伪装，坚持"道"所体现的质朴特性和基本要求，回归到朴实无华、原始淳朴的本来状态，达到超凡脱俗，与"道"浑然一体的生命境界。

【课后思考】

1. 请简要评价《老子》"无为而治"的政治主张。
2. 请对比孔子思想与老子思想的异同。

【当代审视】

从"道法自然"到"尊重自然、顺应自然、保护自然"。《老子》生态观在中国思想史上最为鲜明地站在了自然立场，为人如何看待和处理人与自然的矛盾关系点明了出路。《老子》指出，人不要过多地去干扰自然，而是要因顺自然万物之本性。特别是在处理人和自然的紧张关系时，自然作为人重要的物

---

① 段玉裁. 说文解字注 [M]. 北京：中华书局，2013：251.

② 同①669.

③ 许春华. 老子"论道"[D]. 河北大学博士研究论文，2011-06.

质来源，常常因人类过度索取而导致生态失衡，资源耗尽，进而遭到大自然的报复。为此《老子》提出要"见素抱朴，少私寡欲"，同时，"知足""知止"，从节制人欲望的角度，限制人在自然中无节制的开发和利用，明确对自然强取豪夺这一错误思想的危害，时刻珍惜自然带给人的恩惠，尽量从人类的角度化解人与自然的矛盾冲突，使人与自然和谐共存。

习近平总书记的生态文明思想以《老子》"道法自然"的观点为基础，将其与现代社会进行融合，深刻回答了"为什么建设生态文明、建设什么样的生态文明、怎样建设生态文明"的重大理论和实践问题。特别是针对中国建设发展进程中出现的部分毁林开荒、乱砍滥伐、过度放牧等有损自然环境、破坏生态的现象，指出："'万物各得其和以生，各得其养以成。'中华文明历来强调天人合一、尊重自然。"[①] 进而以永续发展的思路全面诠释了人与自然和谐共生的重要性和必要性，指出尊重自然规律、保护自然、顺应自然是人类唯一正确的选择。其中，最能够彰显习近平总书记生态文明观点的是著名的"两山论"，即"既要绿水青山，也要金山银山""绿水青山就是金山银山"，鲜明指出，人们要树立保护生态环境的理念，形成绿色发展方式和生活方式，坚定走生产发展、生活富裕、生态良好的文明发展道路，建设美丽中国，进而开创了生态文明建设的新高度。

【延伸阅读】

1. 黄朴民、林光华：《老子解读》，中国人民大学出版社，2011 年。

2. 罗安宪：《老庄论道》，沈阳出版社，2012 年。

3. 许抗生：《中国文化经纬老子与道家》，中国书籍出版社，2015 年。

4. 池田知久：《问道〈老子〉思想细读》，广西师范大学出版社，2019 年。

---

① 习近平二十国集团领导人杭州峰会讲话选编［M］. 北京：外文出版社，2017：17.

第八讲　道家独特思想家
庄子的思想智慧

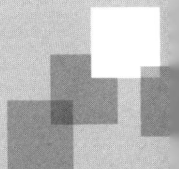

在先秦众多思想家中，没有哪一位思想家能够像庄子这样独特。庄子的独特体现在他对人的生命和自然万物所持有的一种深刻理解，他一生保持真我，追求生命自由，蔑视权贵，看透生死，与自然大道共存。即便身处战国中期的乱世，庄子仍能保持独立的人格和精神，给后人留下了宝贵的精神财富。在思想上，司马迁评价庄子"其学无所不窥"，他博览群书，通晓古今，智慧通达，对宇宙、社会和人生都进行了独特思考，是最富特色的道家学派代表人物。

一、对庄子的一种解读

虽然与老子同为道家学派的代表人物，但庄子显然与老子在思想上有着截然不同的观点。作为战国中期诸子百家最为活跃时期的人物，庄子素有"百家之冠"的美誉，无论是在思想还是在性格上，庄子都为我们呈现出了一个具有丰富精神世界和思想高度的庄子。在庄子那里，我们看不见战国中期每天都在发生的惊天动地的大事件和那些宫廷政变、征战杀伐。庄子完全沉浸在自己构筑的世界中，在严肃地沉思辩言的功能问题，是非的问题，"道"的问题，真人、神人的问题，虚实、有无、死生、快乐与否的问题，把自己从纵横捭阖、金戈铁马的时代中解脱出来。

（一）庄子的生平

庄子是战国中期著名的思想家、哲学家和文学家，是继老子之后，战国时期道家学派的代表人物。从历史资料看，现存关于庄子的研究资源很少，特别是关于他的生卒年代、国属以及生平等不甚明了，主要是从《史记》和《庄子》的文本来考察庄子的事迹。《史记·老子韩非列传》记载：

> 庄子者，蒙人也，名周。周尝为蒙漆园吏，与梁惠王、齐宣王同时。其学无所不窥，然其要本归于老子之言。故其著书十馀万言，大抵率寓言也。作渔父、盗跖、胠箧，以诋訾孔子之徒，以明老子之术。畏累虚、亢桑子之属，皆空语无事实。然善属书离辞，指事类情，用剽剥

儒、墨，虽当世宿学不能自解免也。其言洸洋自恣以适己，故自王公大
人不能器之。

　　楚威王闻庄周贤，使使厚币迎之，许以为相。庄周笑谓楚使者曰：
"千金，重利；卿相，尊位也。子独不见郊祭之牺牛乎？养食之数岁，衣
以文绣，以入大庙。当是之时，虽欲为孤豚，岂可得乎？子亟去，无污
我。我宁游戏污渎之中自快，无为有国者所羁，终身不仕，以快吾
志焉。"①

　　从《史记》的记载可知，庄子是宋国蒙地（今河南商丘）人，与梁惠王、
齐宣王是同时代人。庄子学识渊博，研究范围广泛，在思想上继承并发展了老
子的学说，与当时作为"显学"的儒墨两家对立。庄子因崇尚自由而不接受
楚威王的邀请。楚威王听说庄子很有才干，便派使者送给他很多钱，并请他做
宰相。庄子笑着对楚国的使者说："千金之利太重了，宰相之位太尊贵了。你
难道没看见那祭祀时的牛吗？饲养它好几年，还给它穿上绣花的衣服，等到将
它拿到太庙来祭神的时候，那牛即便想做个孤独的小猪，怎么可能呢？你还是
赶紧回去吧，不要污辱我。我宁愿在污浊的小沟渠中游玩自得，也不愿被有权
势的人束缚。我愿终身不做官，以便畅快我的志向！"庄子一生过着半隐居
的生活，生平只做过宋国地方的漆园吏，史称"漆园傲吏"。在先秦众多诸
子学派的思想家中，除荀子曾提到过"庄子蔽于天而不知人"之外，很少
再有其他思想家提及庄子，由此可见庄子确实隐居不仕，这也使得庄子的学
术影响在当时并不是很大。此外，《庄子》一书也有多处提及庄子的生平事
迹，尽管这些记载多以寓言故事的方式呈现，但从另一个侧面也可以反映出
庄子的人物性格。

　　第一，淡泊名利，生活清贫。在《秋水》篇中，曾有过这样的记载：

　　庄子钓于濮水，楚王使大夫二人往先焉，曰："愿以境内累矣！"庄
子持竿不顾，曰："吾闻楚有神龟，死已三千岁矣，王巾笥而藏之庙堂之
上。此龟者，宁其死为留骨而贵乎，宁其生而曳尾于涂中乎？"二大夫

---

① 司马迁. 史记［M］. 北京：中华书局，2006：394-395.

曰："宁生而曳尾涂中。"庄子曰："往矣！吾将曳尾于涂中。"①

惠子相梁，庄子往见之。或谓惠子曰："庄子来，欲代子相。"于是惠子恐，搜于国中三日三夜。庄子往见之，曰："南方有鸟，其名为鹓雏，子知之乎？夫鹓雏发于南海而飞于北海，非梧桐不止，非练实不食，非醴泉不饮。于是鸱得腐鼠，鹓雏过之，仰而视之曰：'吓！'今子欲以子之梁国而吓我邪？"②

这两段记载大意为：庄子在濮水钓鱼，楚王派两位大夫前往表达心意，请他做官。他们对庄子说："希望能用全境的政务来劳烦您。"庄子拿着鱼竿不回头看他们，说："我听说楚国有一只神龟，死的时候已经有三千岁了，国王用锦缎将它包好放在竹匣中珍藏在宗庙的堂上。这只神龟，是宁愿死去为了留下骨骸而显示尊贵呢？还是宁愿活在烂泥里拖着尾巴爬行呢？"两位大夫说："宁愿活在烂泥里拖着尾巴爬行。"庄子说："你们回去吧！我宁愿像龟一样在烂泥里拖着尾巴活着。"

惠施在梁国做宰相，庄子去看望他。有人告诉惠施说："庄子到梁国来，是想取代你做宰相。"于是惠施唯恐失去相位，在国都搜寻庄子几天几夜。庄子前去见他，说："南方有一种鸟，它的名字叫鹓雏，你知道它吗？那鹓雏从南海起飞飞到北海去，不是梧桐树不栖息，不是竹子的果实不吃，不是甜美的泉水不喝。在此时猫头鹰拾到一只腐臭的老鼠，鹓雏从它面前飞过，猫头鹰仰头看着，发出'喝！'的怒斥声。现在你也想用你的梁国相位来威胁我吗？"

《秋水》篇的两段文字不但可视为《史记》指出庄子拒聘为楚相的佐证，同时也从另一个侧面折射出庄子淡泊名利权势，视荣华富贵如土芥的孤傲形象。他的朋友惠施看重的相位名利，在庄子看来不过是一只腐烂的老鼠，是束缚生命自由的外在枷锁，因此庄子宁可过着清贫的生活，也不愿做官。事实上，庄子的一生的确非常贫困，他除了曾经做过短期的"漆园吏"之外，一生主要依靠编制草鞋来维持自己艰难的生活。在《庄子》一书中，曾有多处关于庄子家境贫敝的描写，如"处穷闾阨巷，困窘织屦，槁项黄馘者"③ "庄

---

① 庄子［M］. 方勇，校点. 上海：上海古籍出版社，2022：197.

② 同①198.

③ 同①383-384.

周家贫，故往贷粟于监河侯"①，意思是庄子住在偏僻的窄巷子里，穷得只能靠织草鞋过日子，饿得面黄肌瘦，向监河的官去借粮生活。还有"庄子衣大布而补之，正緳系履而过魏王。魏王曰：'何先生之惫邪？'庄子曰：'贫也，非惫也。士有道德不能行，惫也；衣弊履穿，贫也，非惫也。此所谓非遭时也'"②。庄子身穿有补丁的粗布衣，工整地用麻丝系好鞋子走过魏王身边。魏王见了问庄子为什么如此困顿，庄子回答说这是贫穷，不是困顿。士人身怀道德而不能够推行，这是困顿；衣服坏了鞋子破了，这是贫穷。庄子这样的生活有似于颜回，但颜回有着仁礼的精神世界，庄子却超然于仁礼之外。

第二，向往自由，看淡生死。如果用一种动物来表达庄子的人生观，莫过于"鱼"，他将他生活中的极大智慧，都写进了鱼里。第一条鱼："北冥有鱼，其名为鲲。鲲之大，不知其几千里也。化而为鸟，其名为鹏。鹏之背，不知其几千里也。怒而飞，其翼若垂天之云。"③ 名为鲲的鱼，不仅身躯庞大，还能展翅翱翔，化而为鹏，翱翔于九天之上。它会乘着六月的风，飞去南冥。可对于庄子而言，它却不自由，这是因为一旦没有外在的风，它就飞不起来，这是受外物所累的结果，在庄子看来，不滞于物，不为物累，才是人生最好的自由境界。第二条鱼："庄子与惠子游于濠梁之上。庄子曰：'儵鱼出游从容，是鱼之乐也。'惠子曰：'子非鱼，安知鱼之乐？'庄子曰：'子非我，安知我不知鱼之乐？'"④ 庄子与惠施关于"鱼之乐"的争论，表达了庄子向往的极致是"无所待"的精神自由，是不受任何干预的生命自在状态。他要"与造物者游"，要"与日月参光""与天地为常"。庄子认为"通于万物"才是最大的快乐，正因如此，他向往鱼的快乐。第三条鱼："泉涸，鱼相与处于陆，相呴以湿，相濡以沫，不如相忘于江湖。"⑤ 在庄子眼中，个人的生命和无限的自由较一些世俗的成功和名分更为重要，泉水干涸，鱼之间相濡以沫的情谊固然可贵，但那并不是一种自然的状态，礼仪、法律、制度这些都是对人自然本性的泯灭和束缚，真正生命的追求，唯在"与天地精神往来"，在大道中自在逍遥，任意驰骋。

① 庄子［M］. 方勇，校点. 上海：上海古籍出版社，2022：325.
② 同①231.
③ 同①1.
④ 同①198.
⑤ 同①72.

向往自由的庄子在对待生死问题上展现出其超然的智慧与豁达。庄子认为，"死生，命也。其有夜旦之常，天也。人之有所不得与，皆物之情也"①。死和生是命定的，就好像永远有黑夜和白天一样，是自然的规律，这是人力所不能干预的。庄子对死亡的态度，直观地体现在他妻子死后，惠施去吊唁的故事中。惠施吊祭时，看到庄子不但没有悲伤哭泣，反而击盆而歌，认为庄子无情无义。

> 惠子曰："与人居，长子、老、身死，不哭，亦足矣，又鼓盆而歌，不亦甚乎！"庄子曰："不然。是其始死也，我独何能无慨然！察其始而本无生，非徒无生也而本无形，非徒无形也而本无气。杂乎芒芴之间，变而有气，气变而有形，形变而有生，今又变而之死，是相与为春秋冬夏四时行也。人且偃然寝于巨室，而我嗷嗷然随而哭之，自以为不通乎命，故止也。"②

庄子以不同于世俗的别样眼光看待妻子的死亡，认为人生是一个自然的过程，生死之变实际上是"气"的变化，是一种物质变化而已，生命的存在与结束不过是"气"的聚散活动。只要我们能够明白生死而自然物化，从主观上消除对生死的误解，就能实现对生死境界的提升，最终达到一种自在、自然与自由的超然境界。这便是庄子豁达、自由、自然的人生追求。

（二）庄子的代表作

现存的《庄子》一书，共分为《内篇》《外篇》《杂篇》3 编，其中《内篇》7 篇、《外篇》15 篇、《杂篇》11 篇，全书约 7 万字，是后人研究庄子思想的重要文本资料。但在《汉书·艺文志·诸子略》中，曾明确记载《庄子》一书有 52 篇，高诱注《吕氏春秋》里，亦有"庄子名周，宋之蒙人也，轻天下，细万物，其术尚虚无，著书五十二篇，名之曰《庄子》"③ 的注解。目前学界普遍认为《庄子》内篇应为庄子本人所著，外杂篇则是庄子后学所作，可能掺杂有庄子门人和后来道家的作品。因此，《庄子》全书应是先秦庄子学

---

① 庄子［M］. 方勇，校点. 上海：上海古籍出版社，2022：72.

② 同①202.

③ 吕氏春秋［M］. 徐小蛮，标点. 上海：上海古籍出版社，2014：303-304.

派的著述汇集，即庄子及其后学的集体智慧结晶。

整体而言，庄子的思想呈现出道家思想的高度发展阶段，后世乃以"老庄"并称，其中"寓言""重言""卮言"是解开《庄子》思想的一把钥匙。文中各篇各节或以寓言、重言，或寓言、重言相交织的形式阐述哲理，表达自己的世界观、人生观、价值观，富有浓厚的文学色彩。庄子善于运用神话、动物，甚至精灵水怪演绎为故事，借以表达自己的思想，其中许多内容具有超脱的人生道理，在诙谐中进行了思想的严肃表达。

《庄子》无论是从思想方面还是从艺术美学方面都对后世产生了很大影响，《庄子》所具有的洞察万物的直觉力和纵横奔放的想象力给人以启迪，如李白、苏轼、曹雪芹都从《庄子》那里汲取了丰富的营养，受到了灵感的启发。单就《庄子》离奇而独特的文体来看，已充分表现出庄子是一个天才的作家，处处都显示着文气的充沛和丰盛的灵感。而《庄子》中的成语如"望洋兴叹""庖丁解牛""屠龙之技""吐故纳新""邯郸学步"等，至今仍为我们所熟知。

（三）庄子对老子思想的继承与发展

《史记·老子韩非列传》说庄子："其学无所不闻，然其要本归于老子之言。"即庄子学识渊博，涉猎、研究的范围无所不包，但中心思想本源于老子的学说。《庄子》通篇，外杂篇引用《老子》有9章之多，全书引申、阐释《老子》有11章，提到老子或老聃多次。客观地讲，在《庄子》中，庄子从来没有表现出像孟子对孔子那样特别的敬意，庄子眼中的老子只是单纯地扮演道家学说的代言人。总体来看，庄子既有对老子思想的继承，同时又显现出庄子思想的创造性发展。

第一，庄子继承了老子以"道"作为形而上学本体论和宇宙论的依据，尊"道"贵"德"。一方面，庄子保留了老子"道"的形而上意义，另一方面，把"道"内在化，"天"成为个体的自然本性，赋予了"道"个体的价值意义。

第二，庄子与老子一样，都坚持以自然为宗，但发展的重点不一样。老子站在政治、社会的立场，从统治者的视角出发，指出无为而自然的治国之道；庄子发展的重点在个体人生的自然自由，主张通过修养功夫与心灵世界的开发达到物我合一、天人合一、不死不生的精神绝对自由，实现内心充实不已的境界。

第三，庄子与老子一样，对现实政治和现实社会持有一种批判的态度。老子更多论述了自己的政治态度和政治理想，庄子除表达自身政治态度和政治理想外，还运用大量篇幅描写了自己作为隐士的想法和历程，具有强烈的反抗情绪。老子向往一个原始型的单纯社会，庄子则追求一个超越而又和谐的心灵王国，如何在不堪的现实中安顿自由的心灵成为庄子最为关注的事情。

（四）庄子的思想特征

1. 热爱生命

面对诸侯争斗和大国争霸的社会现状，庄子对于解决社会问题展现出清醒的认识。庄子认为，解决现实的人的问题才是重要的问题，人作为一个个体，他的精神生活、他的精神家园、他的精神灵魂如何安顿是最为重要的。庄子"最关心的问题，是人类如何才能从感性文化和智性文化造成的生命分裂与冲突中解脱出来，使人能过一种真正自由而快乐的生活。"[①] 这样一个思考的视域，使庄子思想呈现出不同于他人的生命哲学特点。

很多人在读《庄子》时，往往认为庄子的处世态度是消极无为的，他追求一种"无名、无功、无己"的精神境界，并身体力行，不为官、不为政。但换一种方式思考，庄子的这种人生态度正表明了他对于个人生命的重视，庄子极力所做的，就是如何在他所在的那个时代，找到一个可以让心灵自由放松的精神世界，也就是对生命"本真"的追求与保持。庄子深刻地认识到，人的生命如白驹过隙，稍纵即逝，面对这样短暂的生命，我们不应让外在的"芒"（盲动盲做）影响身心，造成烦恼忧苦，逐物而"与物相刃相靡"，导致互相撕伤互相毁灭。"巧者劳而知者忧，无能者无所求，饱食而敖游，泛若不系之舟"[②]，灵巧的人多劳累而聪慧的人多忧患，没有能耐的人也就没有什么追求，填饱肚子就自由自在地遨游，像没有缆索漂浮在水中的船只一样，这才是心境虚无而自由遨游的人。庄子认为，人应该注重"养生""缮性""至乐"，不做对生命不必要的事，不做自己能力范围之外的事，摒弃执念，做一个乐观豁达之人。

---

① 韦政通. 中国思想史（上）[M]. 长春：吉林出版集团有限责任公司，2009：126.
② 庄子 [M]. 方勇，校点. 上海：上海古籍出版社，2022：378.

2. 因任自然不益生

从生命观视域出发，庄子的思想进一步体现出鲜明的因任自然和顺生的特点。庄子所说的"自然"，指万物的本然状态，"因任"是"顺"的意思。"因任自然"，是说万物能顺其自然而活动，保持它的本真。庄子指出，"吾所谓无情者，言人之不以好恶内伤其身，常因自然而不益生也"①。人不因善恶而伤害自身的本性，要常常顺其自然而不祈求人为增加生命。在这里，庄子继承了《老子》中的"益生"观，所谓"益生"，是指在纯朴自然的生命之外，因盲动盲作而妄生许多枝节，因劳精伤神、心神外驰而悖乎自然。《老子》曾指出："益生曰祥，心使气曰强。物壮则老，谓之不道，不道早已。"② 这里的"祥"即夭祥，不祥之意。生不可益，"益生"是人出于主观私心而采取各种方法与手段对自然的违反，结果必然会对生命造成伤害，招致夭折的灾祸。庄子认为，关注与捍卫人的自然生命应该注重养生，但不应该益生，反对对自然生命的人为增益。要因循自然，按照自然的规律来实施一切行为。庄子特别对那些以身殉名、以身殉利的伤生行径给予了批评，指出一味地追逐名利、荣华、富贵等身外之物，以至于"终身役役而不见其成功，苶然疲役而不知其所归"③，即终身承受役使却看不到自己的成功，一辈子困顿疲劳却不知道自己的归宿，这是人生最大的悲哀。

与老子一样，庄子从人的自然本性出发，特别反对儒墨所宣扬的仁义道德，认为任何的道德规范都是对人自然本性的戕害和对个性自由的束缚。庄子指出，世俗道德违背了人的自然本性，违背了"道"，是伪善，束缚、扼杀了个体生命的固有本性。真正的道德不用善恶来评价，也无须引导，因为它本身就是最完美的东西，所谓"至礼有不人，至义不物，至知不谋，至仁无亲，至信辟金"④。意思是最高的礼仪不分人我，最高的仁义不分物我，最高的智慧无须图谋，最高的仁爱是不偏爱，最高的诚信不用金玉做保证。过分制礼作乐、标举仁义就会使个体生命的自然本性遭到破坏，桎梏生命个体的自由，失去个体生命的本性，给个体生命戴上枷锁。庄子进一步指出，在没有儒墨道德说教以前，人人按照自己的本性而生活，自由自在，没有虚伪的假仁假义，过

① 庄子 [M]. 方勇，校点. 上海：上海古籍出版社，2022：69.
② 老子 [M]. 刘思禾，校点. 上海：上海古籍出版社，2023：137.
③ 同①15.
④ 同①277-278.

着淳朴的生活，人都按照自己的本性而行为，根本不需要仁义道德的说教，"彼民有常性，织而衣，耕而食，是谓同德。一而不党，命曰天放"①。即是说，人人靠劳动吃饭，家家靠织布穿衣，人们同心同德，谁也不结党营私，这就是顺乎自然的生活，这样的社会根本不需要仁义和兼爱，但如今社会中的道德规范就如同络马首、穿牛鼻一样，是对人自然本性的限制，只会束缚人们的自由，使人受到压制。庄子还一针见血地指出，儒墨所倡导的仁义道德不过是统治者的工具，对于仁义道德的说教更会导致智人和愚人间的相互欺骗，善人和恶人间的相互责难，诚实之人与不诚实之人间的嘲讽和讥消。正因如此，庄子发出"彼窃钩者诛，窃国者为诸侯，诸侯之门而仁义存焉"②的感慨，认为最理想的生活即是顺着人本性而自然发展，丢掉仁义道德的外在束缚，由此可见庄子对于遵循人自然之性的极力宣扬。

3. 万物平等观

庄子著有《齐物论》一篇，所谓齐物，即万物平等、万物一体之义。庄子认为，万物皆秉"道"而生，有着相同的价值，都是对"道"的一种体现，正是这样一种观念，使庄子的思想呈现出鲜明的万物平等取向。《秋水》篇关于河伯与北海若的著名寓言里，河伯问起"恶至而倪贵贱？恶至而倪小大"③，即如何区分物之贵贱与小大的问题。北海若回答说："以道观之，物无贵贱；以物观之，自贵而相贱。"④"以物观之"乃是万物各自的立场，万物莫不以自我为价值判断的中心，因而无不"自贵而相贱"，但如果"以道观之"，则万物之间都是平等的，并无贵贱之分。同时，在人的方面，庄子也主张这一平等观念。"号物之数谓之万，人处一焉"⑤，世界上衡量事物的种类数目是用"万"这个量词的，人类不过是几万种事物中的一种。人作为万物中的普通一员，与万物相比并无特别之处，但是人总是高看自己而"敖倪于万物"⑥，自恃高贵。其实，人与万物并生于天地，与物相比，只是所属"类"的差异，为此，庄子指出，人应该摆正自己的位置，尊重和顺应万物的天性，不能因自

① 庄子[M].方勇,校点.上海：上海古籍出版社,2022：108.
② 同①113.
③ 同①186.
④ 同③.
⑤ 同①184.
⑥ 同①403.

己的意愿而随意违背物之本性，从而充分体现了庄子万物平等的意识。也正是在万物平等观下，庄子指出人间一切价值观念，如是非、得失、祸福、贵贱、毁誉都是没有意义的，这都是世界"樊然殽乱"的根源，人应该消解与万物之间的对立，建立人与自然万物和谐共生的良好关系。

二、庄子思想的理论基础

与老子一样，"道"在庄子这里作为一个核心范畴，有着同样的形而上的意义。与此同时，基于"道"的根本性，庄子进一步对"性"的问题进行了系统思考，奠定了其重要的思想理论基础。

（一）道

"道"是庄子使用次数最多的哲学概念，庄子不仅继承了老子之"道"，而且赋予了"道"以新的意义。

庄子将"道"称为"本根"。《庄子·知北游》讲："惛然若亡而存，油然不形而神，万物畜而不知。此之谓本根。"[1] 作为"本根"，"道"是天地万物的总根源，化生天地万物。"道"混沌昧暗，仿佛并不存在却又无处不在，生机盛旺、神秘莫测却又不留下具体的形象，万物被它养育却一点也未觉察。"道"，"万物之所由也"，"庶物失之者死，得之者生；为事逆之则败，顺之则成"[2]。大到整个宇宙，小到秋毫，都以"道"为存在的原因和依据。对万物而言，其生长成败的关键就在于是否因循"道"。对此，庄子进一步沿着老子"道生一，一生二，二生三，三生万物"之说，指明"道"在化生万物中的作用："泰初有无无，有无名；一之所起，有一而未形。物得以生，谓之德；未形者有分，且然无间，谓之命；留动而生物，物成生理，谓之形；形体保神，各有仪则，谓之性。"[3]"泰初有无，无有无名"指"道"，由"道"生出"一"，但尚无形。由"道"化生出还没有形体的精气，由精气再生化出有形者，直到万物。

那么，对于"道"，它是怎样的一种存在呢？庄子回答说：

---

① 庄子［M］. 方勇，校点. 上海：上海古籍出版社，2022：251.
② 同①375.
③ 同①138.

> 夫道，有情有信，无为无形；可传而不可受，可得而不可见；自本自根，未有天地，自古以固存；神鬼神帝，生天生地；在太极之先而不为高，在六极之下而不为深，先天地生而不为久，长于上古而不为老。①

庄子在这里赋予了"道"以特定的属性。"有情有信"是说"道"真实而可信，但"道"却以"无"为体，没有任何形状，不以目见；"自本自根"意为"道"以自身为依据，在未有万物之前，"道"就本来的存在着；"生天生地"说明"道"是天地万物的起源。作为万物根源的"道"，它真实存在，虽然它无为无形，目不可见，但是它先天地存在，是创生天地万物的基础。

"道"的基本存在方式是"无为"，意味着"道"在生演宇宙万物过程中无意识、无偏好、无功利、无目的，完全是由"道"自身的本性使然。"夫虚静、恬淡、寂寞、无为者，天地之平而道德之至……无为者，万物之本也。"②虚静、恬淡、寂寞、无为乃是天地的根本和道德的实质，"无为"乃是万物之本。"无为"是"道"极其重要的本质规定，"道"以"无为"的方式而"有为、有功、有目的"，"道"的"无为"并非"不为"，而是指行为主体不主观有意而为，不恣意妄为，坚持自然而为，这种无为之为即是无目的性的合目的性。

（二）性

"性"是由"道"产生的宇宙万物自然而然所具有的内在本性，包含三个方面的含义：

其一，"道性"，即"道"的特性和本性，指"道"的内在规定性。前述已指出，万物都禀"道"而生，"道"是万物皆有的属性。

其二，"物性"，即物之为物的内在本性，是"道性"的产物和表现。一方面，大千世界，万象纷呈，每一物都有自己的天性，都有其存在的客观必然性，因而在宇宙中有其不可替代的价值和意义。"万物皆种也"③，表明万物就其本性而言具有平等属性，因而应保护物存在的多样性，使天人合一，万物太

---

① 庄子［M］. 方勇，校点. 上海：上海古籍出版社，2022：73.
② 同①150.
③ 同①336.

和。另一方面，"能胜物而不伤"①，要尊重每一事物的物性，化运万物而不去伤害他们，顺物性，保物性，而不要伤物性，"使日夜无郤而与物为春"②。"春"即春和之气，即万物欣欣向荣之意，给予物以生机盎然。

其三，"人性"，指人之为人所固有的本质属性。一方面，人性源于"道"和"道性"。庄子曰："道与之貌，天与之形，恶得不谓之人？"③ 万物皆源于"道"，人作为万物之一，也源于"道"，"道"之性即是人之性，即是淳朴自然的美好禀性。另一方面，"道者，德之钦也；生者，德之光也；性者，生之质也。性之动，谓之为；为之伪，谓之失。"④ "道"是德性的施予者；生命，是德性的光芒；禀性，是生命的本质。出自本性的行动，称之为"为"；人为的不合乎自然的行动，称之为失去本性。人性生来即是完美的，任何多余的举动和行为都会使人失去真正的本性，因而，最根本的人性是人葆有的自然之性，避免一切伤害本性的行为。最后，将"德"内化于人，即为"人之性"。庄子认为，世间万物皆因"道"而生，而"道"在人之上的外在表现即是"德"，"德"者，得也，即得于"道"，由"德"而有生命，有生命便有了人之性。

三、庄子思想的主要内容

庄子在理想人格、生死观等方面均展现出独到的认识，给我们呈现出了一个不一样的庄子。

（一）理想人格的描绘

1."真人"人格

在《大宗师》中，庄子对"真人"的理想人格进行了详细描写："何谓真人？古之真人，不逆寡，不雄成，不谟士。若然者，过而弗悔，当而不自得也；若然者，登高不栗，入水不濡，入火不热。是知之能登假于道者也若

---

① 庄子［M］.方勇，校点.上海：上海古籍出版社，2022：99.

② 同①66.

③ 同①69.

④ 同①279-280.

此。"① 一个理想的"真人"即使孤独也不会逆反，而能虚怀若谷般包容万物；倘若有所成功也不会居功自傲；如果错过了时机也不会追悔，顺利得志而不自得。这样的"真人"登高而不战栗，入水不觉得湿，入火也不觉得热。"真人"为何能如此，在于其内心的宁静与和谐，这种高超的心境使"真人"能够不为外在环境而扰动。此外，"真人""其寝不梦，其觉无忧，其食不甘，其息深深"②，睡觉时不做梦，醒来时不忧愁，吃东西时不求甘美，呼吸时气息深沉，且在对待生死的态度上"不知说生，不知恶死；其出不欣，其入不距；翛然而往，翛然而来而已矣。不忘其所始，不求其所终；受而喜之，忘而复之。是之谓不以心捐道，不以人助天"③。这是说，"真人"既不以活着为快乐，也不以死去为不幸，无拘无束地去，无拘无束地来，不忘记自身"命"的来源，也不追求自身"命"的归宿，忘掉死生，任其复返自然，这就是不以心智去损害大道，不以人为去辅助天然。可以说，在庄子系统的论述中，鲜明表达了其对于"真人"理想人格的探求，"真人"没有喜怒哀乐的情感，没有生死的观念，就那样怡然自得地活着，内心空灵寂静，与"道"和天地浑然一体，这样的人一定是绝对自由的，"真人"能够因循万物的本性而成就万物，他值得每个人去膜拜和效仿。

2. "至人""神人""圣人"人格

庄子的"至人""神人""圣人"人格是在其扛鼎之作《逍遥游》中提及的，在讲述这三个境界之前，我们先来理解一下庄子的"逍遥游"。

《庄子·逍遥游》篇中有 6 处关于"逍遥"的论述。如"逍遥乎寝卧其下"④，"逍遥乎无为之业"⑤，"以游逍遥之虚"，"逍遥，无为也"⑥，"逍遥乎无事之业"⑦，"逍遥于天地之间而心意自得"⑧。历代对于"逍遥"的解释有 4 种：一是无论大小，任其性则逍遥；二是"无恃"才是逍遥；三是逍遥就是"无为"；四是大而能化为逍遥。总体看来，"逍遥"一词，指的就是人一种存

---

① 庄子 [M]. 方勇，校点. 上海：上海古籍出版社，2022：71.
② 同①.
③ 同①.
④ 同①10.
⑤ 同①84.
⑥ 同①169.
⑦ 同①221.
⑧ 同①344.

在状态，在这种状态之中，人可以安然自得，而不被外物拘束。"游"在《庄子》中被多次提及，用"游"字作篇名的就有《逍遥游》和《知北游》，而且内7篇中除了《逍遥游》外的其他6篇，每篇都有关于"游"的论述，如《齐物论》篇讲"游乎尘垢之外"①；《养生主》中讲庖丁"游刃必有余地"②；《人间世》篇提倡"乘物以游心，托不得已以养中"③；《德充符》中提出"游心于德之和"④；《大宗师》讲述至人"游乎天地之一气"⑤；《应帝王》篇中讲"游无何有之乡"⑥ 等。总体而言，"游"指代的是精神层面的自由，是一种心灵和精神无拘无束、自由开阔地在宇宙间翱翔的状态，喻指一种无羁无绊、无牵无挂的精神活动。综合以上论述，"逍遥游"其实就是自由的状态和境界，既强调精神自由，也追求身体自由，这种境界既指个体生命的保全，不为外物所累；也指个体生命的精神境界达到相当的高度，即得"道"，那么就可以"乘天地之正"，以至无穷。

在《逍遥游》中，庄子系统阐述了理想人格的微言大义，讲到了个体生命存在的理想境界，即"至人""神人""圣人"。"至人""神人""圣人"是庄子理想化的人格，他们都具有逍遥游的理想境界，但层次不同，这三种理想人格分别具有"无己""无功""无名"的境界特点。"若夫乘天地之正，而御六气之辩，以游无穷者，彼且恶乎待哉！故曰：至人无己，神人无功，圣人无名。"⑦ 那些顺着"道"，驾驭六气，遨游无穷宇宙的人，是无所依赖、真正的逍遥而游，与自然融为一体，世俗不会对其产生影响。

第一，"至人无己"。

"至人"具有"无己"的境界特点，"无己"是指扬弃为功名束缚的小我，而与天地精神往来的境界之意。"至人"可以不受生理、自我的限制，体会到"道"，而与世界万物相通，具有"大"的"逍遥游"第一层境界。

在《逍遥游》开篇，庄子给出了两种完全不同的形象：一种是在遥远北冥的一条大鱼"鲲"，这条大鱼随后经过变化，羽化成为一只大鸟"鹏"。"鹏

---

① 庄子 [M]. 方勇，校点. 上海：上海古籍出版社，2022：30.
② 同①37.
③ 同①49.
④ 同①60.
⑤ 同①84.
⑥ 同①93.
⑦ 同①5.

之背，不知其几千里也"①，逍遥游时其景象极为壮观，这只大鸟"怒而飞，其翼若垂天之云。是鸟也，海运则将徙于南冥"②，并且"水击三千里，抟扶摇而上者九万里"③，"绝云气，负青天"④，这样巨大的运动实现起来肯定很困难，要随海运，上到九万里高空，一去就要六个月之久。另一种是蜩和鸠，前者是一种小虫，后者是一种小鸟。它们飞翔的距离短、高度低，时间也不长，但是飞行于榆枋的蜩和鸠也可达到自己的逍遥，而且实现条件相当简单。因此，不同的生物都可以达到相对的逍遥状态。

庄子借此想表明，"至人"能体会无穷的大道，并游心于寂静的境遇，发挥自然本性，当"至人"能够顺物，打通物我界限，进入到"无己"，即达到"玄同彼我"的境界时，便实现了"逍遥"的第一个层面。

第二，"神人无功"。

"神人"具有"无功"的境界，"无功"可视为"无为"，在《逍遥游》中，庄子指出：

> 藐姑射之山，有神人居焉，肌肤若冰雪，绰约若处子；不食五谷，吸风饮露；乘云气，御飞龙，而游乎四海之外。其神凝，使物不疵疠而年谷熟。……之人也，之德也，将磅礴万物，以为一世蕲乎乱，孰弊弊焉以天下为事！之人也，物莫之伤，大浸稽天而不溺，大旱金石流、土山焦而不热。是其尘垢粃糠，将犹陶铸尧、舜者也，孰肯以物为事！⑤

大意是：在遥远的姑射山上，住着一位神人，皮肤润白像冰雪，体态柔美如处女，不食五谷，吸清风饮甘露，乘云气驾飞龙，遨游于四海之外。他的神情那么专注，使得世间万物不受病害，年年五谷丰登。……那位神人，他的德行，与万事万物混同一起，以此求得整个天下的治理，谁还会忙忙碌碌把管理天下当成回事！那样的人，外物没有什么能伤害他，滔天的大水不能淹没他，天下大旱使金石熔化、土山焦裂，他也不感到灼热。他所留下的尘埃以及瘪谷

---

① 庄子［M］. 方勇，校点. 上海：上海古籍出版社，2022：1.
② 同①.
③ 同①.
④ 同①2.
⑤ 同①7.

糠麸之类的废物，可造就出尧舜那样的圣贤人君来，他怎么会把忙着管理万物当作己任呢！

可以看到，庄子认为的"无功"是让万物自化，不留神人痕迹，即"不为而自能的状态"，是"各安其性"的呈现，正如老子所说的"圣人处无为之事，行不言之教"①一样。"神人"深知居功自傲的隐患，将"有功"称为"倒置之民"②，是指丧失自己的本性和真实自我的人。在庄子眼中，人们为了追名逐利而导致失于本性，违真背道，其结果就是伤身残性。有"功"就会失去个体生命的自然本性，为外物所困，甚至会危及自己的生命，因而要使万物"自能"而"不为"，一切因任自然。

第三，"圣人无名"。

"圣人"在诸子百家的儒墨学派均有提及，被视为理想人格。但庄子认为，儒墨所推崇的"圣人"做不到无为，只会以有为的"仁义"之治扰乱人民本性，庄子甚至认为儒墨"圣人不死，大盗不止"③，只要"圣人"死了，大盗就不会再兴起，天下就太平而没有变故了，以此极力批判儒墨眼中所谓的"圣人"。庄子眼中的"圣人"是"旁日月，挟宇宙，为其吻合，置其滑涽，以隶相尊"④，意思是"圣人"同日月齐明，怀抱宇宙，与宇宙万物合而为一，任凭是非混淆于不顾，将世俗尊卑之别齐同归一。同时，"圣人不从事于务，不就利，不违害，不喜求，不缘道，无谓有谓，有谓无谓，而游乎尘垢之外"⑤。"圣人"不为俗事俗务所困扰，不追求世俗欲望的满足，在利害面前，既不主动靠近也不主动躲避，不喜欢妄求也不拘泥于"道"，而是客观自然地面对一切，努力远离充满世俗情欲的现实社会而不与俗世同污。"圣人"还"无古今，而后能入于不死不生。杀生者不死，生生者不生"⑥，可以超越一切外物的桎梏和生死的束缚，不为生死所困扰，这样的"圣人"可视为"道"的最高境界。

---

① 老子 [M]. 刘思禾，校点. 上海：上海古籍出版社，2023：4.
② 庄子 [M]. 方勇，校点. 上海：上海古籍出版社，2022：181.
③ 同②113.
④ 同②30.
⑤ 同④.
⑥ 同②79-80.

（二）理想人生的探寻

1. 齐生死

庄子对生死有很透彻的见解，认为人死是不可避免的："生也死之徒，死也生之始，孰知其纪！人之生，气之聚也；聚则为生，散则为死。若死生为徒，吾又何患！故万物一也。"① 庄子指出，气聚为生，气散为死，一个生命的消失，意味着另一个生命的开始，是无限延伸的，人的生死只是一种现象。面对短暂的生命和人死的必然，人应确立"死生为一条"② "生死存亡之一体"③ 的认知，将生死看作是同一状态，进而便能从容对待生死。特别是在自己弥留之际，庄子对于死亡的认知更是体现出其思想的超然与洒脱："庄子将死，弟子欲厚葬之。庄子曰：'吾以天地为棺椁，以日月为连璧，星辰为珠玑，万物为赍送。吾葬具岂不备邪？何以加此？'弟子曰：'吾恐乌鸢之食夫子也。'庄子曰：'在上为乌鸢食，在下为蝼蚁食，夺彼与此，何其偏也！'"④ 庄子指出：我把天地当作棺椁，把日月当作连璧，把星辰当作珠玑，万物都可以成为我的陪葬。我陪葬的东西难道还不完备吗？哪里用得着再加上厚葬的东西，以此表明了庄子对于生死问题的通透见地。

除此之外，庄子进一步指出生死的自然运行之理，将死描述成昼夜变化一般，是自然运行的客观规律，"死生，命也。其有夜旦之常，天也"⑤。人的生死是不可避免的，就像昼夜交替的自然现象一样，是自然的规律。同时，"生者，假借也；假之而生生者，尘垢也。死生为昼夜"⑥。有生命的形体不过是暂时寄于外物之中而已，最终都会像尘土一样消散，生死如昼夜一样是自然现象和客观规律。生命正是因为既有生又有死，整个宇宙才会生生不已，畅然不滞，进而生死循环"方生方死，方死方生"⑦。

庄子在《至乐》篇中，通过一个"骷髅见梦"的寓言进一步表达了对于死亡的独到见解。庄子来到楚国，看见路边有一副空的骷髅头，就用马鞭敲

---

① 庄子［M］. 方勇，校点. 上海：上海古籍出版社，2022：249.
② 同①64.
③ 同①81.
④ 同①390.
⑤ 同①72.
⑥ 同①202-203.
⑦ 同①17.

它，并与骷髅头进行对话，问他是怎么变成这样的，并提了五种死因。之后，庄子便把空骷髅拿过来当枕头睡着了。睡到半夜，骷髅头进入庄子的梦中，并为他描述起人死后的场景："死，无君于上，无臣于下，亦无四时之事，从然以天地为春秋，虽南面王乐，不能过也。"① 意思是人死后，没有国君，也没有臣子，没有各种劳累的事情，安闲自在，与天地一样长寿，就算是南面称王的快乐，也不能超过它。这里，庄子对于死亡的描写并不是为了让人们向死而生，而是意在消除人们对于死亡的畏惧，看透生死的本质。当人们能够认识到生死同一时，便能够改变心境，脱离现实中生死的束缚，无拘无束，逍遥自在地生活。

2. 齐是非

在认识上，庄子认为"是非"之争没有固定的客观标准，"是非"乃是物的一体两面，无"是"也就无"非"，事物瞬息万变，价值判断具有流变性、无定性，从而使"是非"难断，永无定论，如果刻意去追求"是非"的决断，就会变得毫无意义。

> 故曰彼出于是，是亦因彼。彼是方生之说也。虽然，方生方死，方死方生；方可方不可，方不可方可；因是因非，因非因是。是以圣人不由，而照之于天，亦因是也。是亦彼也，彼亦是也。彼亦一是非，此亦一是非。果且有彼是乎哉？果且无彼是乎哉？彼是莫得其偶，谓之道枢。枢始得其环中，以应无穷。是亦一无穷，非亦一无穷也。②

这段话意指：事物的那一面出自事物的这一面，事物的这一面亦起因于事物的那一面。事物对立的两个方面是相互并存、相互依赖的。既然这样，刚刚产生随即便是死亡，刚刚死亡随即便会复生；刚刚肯定随即就是否定，刚刚否定随即又予以肯定；依托正确的一面同时也就遵循了谬误的一面，依托谬误的一面同时也就遵循了正确的一面。因此圣人不走划分正误是非的道路而是观察比照事物的本然，也就是顺着事物自身的情态。事物的这一面也就是事物的那一面，事物的那一面也就是事物的这一面。事物的那一面同样存在是与非，事物的这一面也同样存在正与误。事物果真存在彼此两个方面？事物果真不存在彼此

---

① 庄子［M］. 方勇，校点. 上海：上海古籍出版社，2022：203.

② 同①17-18.

两个方面的区分？彼此两个方面都没有其对立的一面，这就是大道的枢纽。抓住了大道的枢纽也就抓住了事物的要害，从而顺应事物无穷无尽的变化。

一方面，庄子指出，世间的一切"是非"标准都是人的"成心"所致，对"是非"的争论往往会因为主观偏见而脱离客观实际，引起各种各样的纷争，使人们陷入无边的困境而不能自拔。同时，每个人都会形成自己的"是非"标准，"谁独且无师乎？"[1] 谁没有一个标准？这样便会导致对"是非"的争论陷入无限循环，"因是因非""因非因是"都是徒增纷扰，因此，要"齐是非"。

另一方面，庄子指出，以"道"观物，万物皆通，故无万物的分别，也无是非之争。"可乎可，不可乎不可。道行之而成，物谓之而然。恶乎然？然于然。恶乎不然？不然于不然。物固有所然，物固有所可。无物不然，无物不可。故为是举莛与楹，厉与西施，恢诡憰怪，道通为一。"[2] 人家认可的我也跟着认可，人家不认可的我也跟着不认可。道路是人们走出来的，事物的名称是人们叫出来的。为什么这样说呢？它原本就是这样的，所以人们便认为是这样的。为什么说不是这样？它原本就不是这样的，所以人们便认为它不是这样的。事物有它存在的道理，也有它可以的缘由。没有什么事物不是，也没有什么事物不可。因此，就好比是草茎与房柱、丑陋的癞头与西施，以及世上形形色色的奇异现象，从大道的观点来看，它们都是浑然一体的，并没有什么区别。因而，对事物所作的认识与价值判断不可靠，无定性，万物皆应自然之理而存在和变化，从通达万物的"道"的角度看都是一致的，天地万物在道体上不存在你我它的分别，也不存在你对它错的差别，如果执拗于"是非"之类的区分，便是背"道"而行。正是因为此，"道"不可逆，逆"道"则会落入种种困境，即"是非之彰也，道之所以亏也"[3]，显然"是非"的彰显是对原来无分界的"道"的分裂。所以庄子说"莫若以明"，意思是，不如用空明的心去洞察事物的本来面目，就是要"齐是非"。

3. 齐物我

一直以来，庄子对自由有着高度的向往，但庄子意识到人常常以自我为中

---

[1] 庄子［M］.方勇，校点.上海：上海古籍出版社，2022：15.

[2] 同①20.

[3] 同②.

心，"络马首，穿牛鼻""以人灭天"，这样一种思维方式导致扰乱了人的自然本性，违背了"道"，他在《齐物论》中说："与物相刃相靡，其行尽如驰，而莫之能止，不亦悲乎！终身役役而不见其成功，苶然疲役而不知其所归，可不哀邪。"① 人在现实生活中不断沉沦于对物质的满足，逐物迷性，不能停止，岂不很悲哀？终身忙忙碌碌而不见有什么成就，整日身心交瘁、疲倦不堪而不知身归何处，看似是自己占有了物，但实际上是自己被外物所占有、所役使。"人为物役"就是物我关系中人性囿于物性的一种表现，"物"使人丧失了自然的本性，生命被严重扭曲。要想消弭人与物之间的种种困境，唯一的办法就是超越物我间的对立，以开放的心灵达到"天地与我并生，万物与我为一"的"齐物我"境界。

庄子有一个特别著名的寓言"庄周梦蝶"：

> 昔者庄周梦为胡蝶，栩栩然胡蝶也，自喻适志与，不知周也。俄然觉，则蘧蘧然周也。不知周之梦为胡蝶与，胡蝶之梦为周与？周与胡蝶，则必有分矣。此之谓物化。②

庄子在梦中梦到自己成为蝴蝶，在那时他忘记了自己本是庄子，直到醒来才惶惶然发觉他并不是蝴蝶，只是他做的一场梦，但是谁又能说清楚，是庄子做梦变成了蝴蝶，还是蝴蝶在做梦的时候变成了庄子？在这里，庄子的蝴蝶梦强调了物与我之间的融合与转化，呈现出与道合一的无匮乏状态，进而也表明，物我之间并不是单纯的对立关系，二者之间完全可以呈现为"齐物我"状态下一种逍遥自得、无挂无碍的自由境界。

（三）人生修养的思考

在社会动荡频繁、人与人相互倾轧的战国环境下，庄子将保全生命，追求无待、无累、无患的精神绝对自由视作自身的目标。对于庄子而言，在现实社会中获取生命的自由已成为一种奢望，唯有在个人精神生活中，通过某些精神修养才能获得这种自由。正是基于这样一种认知，形成了庄子关于道德修养的

① 庄子 [M].方勇，校点.上海：上海古籍出版社，2022：15.
② 同①35.

重要思考。

庄子极力强调"贵生""重生",认为保全个人生命是头等大事,庄子说:"为善无近名,为恶无近刑;缘督以为经,可以保身,可以全生,可以养亲,可以尽年。"① 在这里,"缘督以为经"是养生处世的原则,"为善无近名,为恶无近刑"是具体方法,即追求自然养生之道的人做事,做好事不要刻意追求声名远播,做坏事也不至于触犯刑罚。因循自然中正的处世之道,做得恰当合适,便可以保护自己的身体,保全自己的生命,可以奉养亲人,可以乐享天年。庄子认为,"壹其性,养其气,合其德,以通乎物之所造"②,人们唯有固守自己的灵明之心和道德本性,才能培植出自己的道德精神,才能回归自然,回归道德本性。而只有回归道德本性,入于素朴,才能不为声色物欲所触动,才能进入恬淡虚静的境界,安于性命之性,不失自我。所以,庄子要求人们做到"无为名尸,无为谋府,无为事任,无为知主。体尽无穷,而游无朕。尽其所受乎天,而无见得,亦虚而已。至人之用心若镜,不将不迎,应而不藏,故能胜物而不伤"③。意思就是人只有做到不承担附加的名誉,不成为谋略的聚集之处;不承担世事的责任,不成为智慧的主宰,才能体验无穷无尽的大道,才能畅游在无迹可寻的虚无之境,尽享自然恩赐给人的本性,从而达到清虚无为的心境。凡大贤大圣的心思如同镜子,任凭外物来去而不迎送,只是顺应自然本性而没有任何偏私,所以能够超然于物外,本性不受损伤。

在具体的修养方式上,庄子与老子一样,提出了恬淡寡欲的修养之方。庄子论述了寡欲对人的精神生活的重要意义,指出人之所以难以摆脱外界的束缚,很大程度上是因为内心欲望太多,"其耆欲深者,其天机浅"④。一个人如果心中欲望过多,对名利、荣誉太过于执着,便容易被名利、荣誉所伤。人要想获得精神境界的完满,就必须要"平易恬淡""洒心去欲",这样才能"无欲而天下足"⑤,正所谓"恬淡寂寞,虚无无为,此天地之平而道德之质也"⑥。同时,从生活的层次上看,恬淡寡欲对人的生命机体也是极为重要的,

---

① 庄子 [M]. 方勇, 校点. 上海:上海古籍出版社, 2022:36.

② 同①210.

③ 同①99.

④ 同①71.

⑤ 同①131.

⑥ 同①176.

"平易恬惔，则忧患不能入，邪气不能袭，故其德全而神不亏"①。庄子这样的一种寡欲观念，在其自身中也得以体现。据《庄子》所记，庄子一生即便形容枯槁，贫困交加，但仍终身不仕，不羡荣华富贵，不事达官贵族，始终安贫乐道，淡泊名利。面对诱惑与名利，他能够做到淡然面对，远离欲望的纷扰，过着快乐的生活。

此外，庄子也进一步提出"去知"养生的修养方式。庄子认为："去知与故，循天之理。故无天灾，无物累，无人非，无鬼责。其生若浮，其死若休；不思虑，不豫谋；光矣而不耀，信矣而不期；其寝不梦，其觉无忧；其神纯粹，其魂不罢。虚无恬惔，乃合天德。"②"知"，知识，智巧；"故"，作为。人如果能抛弃智巧和伪诈，一切因循自然之理而行为，便不会有"天灾""物累""人非"，也就能够远离"思虑""预谋"，从而达到"虚无恬淡"的精神状态。庄子同老子一样，是极力反对智识的，老子认为"民之难治，以其智多"③"人多伎巧，奇物滋起"④，因而要"绝圣弃智""使民无知无欲"，庄子同样认为，"吾生也有涯，而知也无涯。以有涯随无涯，殆已！已而为知者，殆而已矣！"⑤人的生命是有限的，但知识是无限的，以有限的生命去追求无穷的知识是十分危险的，这是因为各种心智活动，必然使人的精神为外物所束缚，人应该更多地随顺自然，顺应自然的生命状态，这样人生便能保身、全生、养亲、尽年。

【课后思考】

1. 请结合实际，谈一谈庄子人生观对当今时代人们安身立命的重要价值。
2. 请从正反两个方面简要对以老子、庄子为代表的道家思想进行评价。

【当代审视】

在青年大学生的成长过程中，不可避免地会遇到很多现实生活中的实际困

---

① 庄子 [M]. 方勇，校点. 上海：上海古籍出版社，2022：176.
② 同①.
③ 老子 [M]. 刘思禾，校点. 上海：上海古籍出版社，2023：169.
④ 同②143.
⑤ 同①36.

难，产生各种人生矛盾，比如苦与乐、生与死、荣与辱等，如何勇敢面对而又正确地处理好各种人生矛盾，对于青年大学生的成长成才至关重要。无论是儒家"未知生，焉知死"积极入世的生死观，还是道家生死齐一、理性看待生老病死等自然现象的观点，都对青年大学生有着重要的人生启示，特别是庄子对生死问题有着较多的思考和讨论。在庄子看来，人的生死变化，犹如春夏秋冬四季更替，如同昼夜的更迭交替，是自然而然的，因此人应以豁然达观的态度去对待生死问题，保持一种"恬淡寂寞、虚无无为"的平常心，这对于正确看待死亡，消除对死亡的恐惧心理有着积极的意义。

当前，现代化社会伴随着科学技术的空前发展使人们对于生死问题有了更为科学理性的认知，但是在某种意义上，生死问题仍然是哲学、伦理学所要讨论的终极关怀问题，每个人不同的人生态度和价值观都会影响其形成不同的生死观。青年大学生应正确地看待生与死的问题，牢固树立生命可贵、敬畏生命的意识，倍加爱护自己和他人的生命，理性面对生老病死等自然现象。同时，青年大学生还应懂得人应该在有限的生命中绽放出彩的人生价值，要向中华优秀传统文化追求人生不朽的精神学习，争做"立德""立言""立功"之人，使自己能够将有限的生命投身到中华民族伟大复兴的伟大事业中，赋予个人生命以更大的意义和价值。

【延伸阅读】

1. 崔宜明：《生存与智慧——庄子哲学的现代阐释》，上海人民出版社，1996 年。

2. 王博：《庄子哲学》，北京大学出版社，2004 年。

3. 陈红映：《庄子思想的现代价值》，人民文学出版社，2009 年。

4. 张松辉：《庄子研究》，人民出版社，2009 年。

第九讲　鬼谷子与中国纵横家的思想

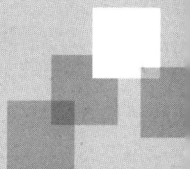

　　礼崩乐坏、王纲解纽的战国时期涌现出了九流十家等诸子学派，号称
"显学"的虽是儒墨两家，但真正活跃在战国舞台的却是纵横家。在战国时
期，纵横家之流不仅可以傲视王侯，而且可以在不同诸侯国之间进退自如，其
地位之高可谓空前绝后，"一怒而诸侯惧，安居而天下熄"①，成为纵横家历史
形象最为真实生动的写照。鬼谷子被视为纵横家的鼻祖，著名的纵横家苏秦、
张仪皆出于其门下。作为一个真实而又具有神秘光环的人物，鬼谷子与孔子、
老子、墨子、韩非子等各家代表人物齐名；作为一名隐士，关于鬼谷子的真实
史料记载十分匮乏。但如果跳出对于鬼谷子神秘性的探究，我们从鬼谷子的书
中，仍可探寻到这位先秦大家博大而又深厚的思想。

一、战国时代与纵横家

　　战国时期是一个剧烈动荡的年代，孟子称这一时期为"圣人不作，诸侯
放恣，处士横议"②。庄子称这一时期为"天下大乱，贤圣不明，道德不
一"③。乱世出英雄，纵横家以其独到的思想智慧与实践能力驰骋于战国沙场，
救倾扶危，转败为功，形成了"战国争雄，辨士云踊；从横参谋，长短角
势"④ 的时代局面。

（一）纵横之世

　　清代史学家章学诚说："战国者，纵横之世也。"⑤ 这一时期，经济、政
治、思想、文化均在不断发生着剧烈变化，诸侯争霸，战争频仍，兵革不休，
诈伪并起，非威不立，非势不行，各诸侯国纷纷明争暗斗，变法图强，导致各
国并大兼小的事件持续发生，最终形成了秦、齐、楚、燕、韩、赵、魏七国并
峙、力战争雄的局面。相比于春秋时期，战国时期的价值体系、制度规范被破
坏殆尽，"春秋时犹尊礼重信，而七国则绝不言礼与信矣。春秋时犹宗周王，

---

① 孟子 [M]. 上海：上海古籍出版社，2022：76.
② 同①84.
③ 庄子 [M]. 方勇，校点. 上海：上海古籍出版社，2022：391.
④ 刘勰. 文心雕龙 [M]. 徐正英，罗家湘，注释. 郑州：中州古籍出版社，2008：189.
⑤ 文史通义 [M]. 罗炳良，译注. 北京：中华书局，2012：95.

而七国则绝不言王矣。春秋时犹严祭祀，重聘享，而七国则无其事矣。春秋时犹论宗姓氏族，而七国则无一言及之矣。春秋时犹宴会赋诗，而七国则不闻矣。春秋时犹有赴告策书，而七国则无有矣。邦无定交，士无定主"①。"邦无定交，士无定主"成为战国时期的鲜明写照，这一时期，各诸侯国谋求"威"与"势"的机变之谋略，强者兼人，弱者图存，如何为自己获取更多的利益并一统中国，成为诸侯国的重心所在，从而也为纵横家提供了重要契机。各国统治者深切认识到纵横之士能力之大，借此想利用他们为自身谋得霸业。而对于纵横之士而言，在这样一个时代里，他们完全有可能凭借一己才能获得富贵尊荣，由布衣而至卿相成为现实可及的目标，由此"主卖官爵，臣卖智力"②，使纵横家成为这个时代的弄潮儿。

自战国中期起，各诸侯国的执政重臣兴起养士之风，据《史记·吕不韦列传》记载："当是时，魏有信陵君，楚有春申君，赵有平原君，齐有孟尝君，皆下士喜宾客以相倾。吕不韦以秦之强，羞不如，亦招致士，厚遇之，至食客三千人。是时诸侯多辩士。"③ 在那时，魏国有信陵君，楚国有春申君，赵国有平原君，齐国有孟尝君，他们都礼贤下士，喜欢结交宾客，并在这方面相互竞争，不分高下。吕不韦认为秦国如此强大却不如四君，是一件令人羞愧的事，因此他也招徕了众多文人学士，给他们优厚的待遇，门下食客多达三千人。这样的社会局面，导致了纵横"辩士"气焰不断升高，甚至可以左右时局，翻云覆雨。同时，伴随着战国时期经济快速发展，引起社会急剧变革，新兴地主阶级逐步掌握了各诸侯国的经济命脉，开始一步步壮大起来，为了打击旧贵族势力、振兴国家经济，各诸侯国纷纷开始执行不同程度的变法改革。其中，魏、秦、齐三国率先完成政治改革，先后强大起来，之后，其他各诸侯国也相继进行了不同程度的变法革新，不仅进一步推动了社会经济的发展，解放了社会生产力，同时在政治上为纵横家提供了活跃舞台。首先崭露头角的人物是张仪和公孙衍。公元前322 年，魏惠王起用秦相张仪为魏相，采用其"欲以秦、韩与魏之势伐齐、荆（楚）"④ 的策略，但张仪的真正意图是"令魏先事秦而诸侯效之"⑤，即所谓

---

① 顾言武. 日知录集释（下）[M]. 黄汝成，集释. 北京：中华书局，2020：675-676.

② 韩非子 [M]. 姜俊俊，校点. 上海：上海古籍出版社，2019：411.

③ 司马迁. 史记 [M]. 北京：中华书局，2006：511.

④ 同②264.

⑤ 同③434.

"事一强以攻众弱"的"连横"策略,未被魏惠王采纳。公元前319年,魏国改任公孙衍为相,采纳公孙衍"合众弱以攻一强"的"合纵"策略,形成了合纵之势。据《史记·张仪列传》记载,公孙衍"尝佩五国之相印"①,《吕氏春秋·开春论》高诱注也记载:"犀首,魏人公孙衍也,佩五国相印,能合从连横"②。虽然这次合纵以失败告终,但成为这一时期的一件大事。自此之后,直至秦统一六国,国与国之间合纵、连横的战争不绝如缕,从未止息。合纵、连横的规模由小及大,参与的国家越来越多,同时也使得合纵、连横的策略成为当时各诸侯国惯用的手段。在屡次合纵、连横的战争中,秦国成为最终的胜利者。而在接连不断的合纵、连横斗争中,孕育和造就了身影活跃的纵横家,为他们提供了叱咤风云的广阔政治舞台。此外,从春秋末期到战国初期,前所未有的思想自由空间使诸子百家纷纷登场,各自从自身政治利益出发放言争辩。那一时期,不仅学派和学派之间互相争辩,在本学派内部也可各抒己见,言人人殊。精神的自由、思想的解放、学术的民主为纵横家的产生奠定了重要的思想条件,形成了驰说骋智、辩士云涌的生动局面,所有这一切,使纵横家成为战国时期政治和外交舞台的重要人物。

可以说,战国时期是纵横之兴的重要时代机遇,至秦统一六国之后,纵横家逐渐失去了其存在土壤,在政治活动和外交活动中的重要作用和重要地位渐次式微。汉朝建立之后,纵横家思想逐渐向儒家仁政思想靠拢,作为一个思想流派,汉朝之后基本上销声匿迹了。

(二)纵横家概况

南朝的刘勰在其《文心雕龙·论说》中曾指出:"暨战国争雄,辨士云踊;从横参谋,长短角势;《转丸》骋其巧辞,《飞钳》伏其精术。一人之辨,重于九鼎之宝;三寸之舌,强于百万之师。六印磊落以佩,五都隐赈而封。"③意思是到了战国时代,七国争雄,善辩游说之士风起云涌。有的合纵,有的连横,参与各国谋划,较量势力强弱;《转丸》篇里记载着他们巧言善辩的辞令,《飞钳》篇里隐伏着他们纵横捭阖的精巧技术。因此,一位辨士的话比九鼎国宝还要贵重,辨士的三寸舌胜过了百万大军。"一人之辨,重于九鼎之

---

① 司马迁. 史记 [M]. 北京:中华书局,2006:441.
② 吕氏春秋 [M]. 徐小蛮,校点. 上海:上海古籍出版社,2014:513.
③ 刘勰. 文心雕龙 [M]. 徐正英,罗家湘,注释. 郑州:中州古籍出版社,2008:189-190.

宝；三寸之舌，强于百万之师"，这是对纵横家特点的鲜明表达。在战国时期，一个人的外交活动充分体现在政治头脑、外交手腕、说辩技巧等各种因素综合运用中，若一个人具备明晰的政治头脑、高超的外交手腕以及娴熟的说辩技巧，便能够在纷繁复杂的政治局面中进退自如，纵横于国与国之间。

何谓"纵横"？合众弱以攻一强，为"纵"；事一强以攻诸弱，为"横"。《淮南子·览冥训》高诱注说："苏秦约纵，张仪连横；南与北合为纵，西与东合为横。"① 《汉书音义》也指出："以利合曰从，以威力相胁曰横，或曰：南北曰从，从者，连南北为一，西乡以摈秦。东西曰横，横者，离山东之交，使之西乡以事秦。"② "合纵"主要以"联"为主，故可知如何能运用外交手段联合团结；"连横"主要以"破"为主，故可知如何利用矛盾和利益制造裂痕。而在实施"纵横"之术时，必须以言说计谋作为手段，因而"纵横"之义也含有游说之术与权变之术之意。所谓"纵横家"则是基于战国时期政治斗争的需要，以主纵或主横为方式，善于辞令，巧于外交、精于权谋，奔走游说，入朝干政，服务于各诸侯国的权谋策士，他们对战国时期的政治风云变幻了如指掌，是有知识、有文化、有政治头脑的"智囊"，成为"士"中的佼佼者。

至于纵横家的起源，东汉班固《汉书·艺文志》指出："从横家者流，盖出于行人之官。"③ 也就是说，纵横家最初是由"行人之官"发展而来。周代时期，"行人之官"便已存在，存在着"大行人"和"小行人"之分，其中"大行人"其职责主要是"掌大宾之礼及大客之仪，以亲诸侯"④，即掌管周王朝的外事活动，接应诸侯及四夷进朝，并负责督教各邦交国外交礼仪的官吏；"小行人"则是"掌邦国宾客之礼籍，以待四方之使者。令诸侯春入贡，秋献功"⑤，是执行具体接待事务的官吏。春秋时期，"行人"的职责有了变化，不再是以接待为主要内容，而是改为出使，类似于今日的外交官，那时的"行人"特别需要有"明辨说，善辞令"的才能。到了战国，"谋诈用而从衡短长之说起"⑥，为了应对战国时期兼并战争，图霸图强的需要，一些策士顺应历史浪潮成为时代重要的群体，他们"言当权事制宜，受命而不受辞，此其所

① 淮南子注 [M]. 高诱，注. 上海：上海书店，1992：97.
② 司马光. 资治通鉴 [M]. 北京：中华书局，2013：24.
③ 魏徵，等，撰. 群书治要 [M]. 北京：中华书局，2014：179.
④ 周礼 [M]. 吕友仁，李正辉，孙新梅，注释. 郑州：中州古籍出版社，2018：345.
⑤ 同④350.
⑥ 司马迁. 史记 [M]. 北京：中华书局，2006：113.

长也。及邪人为之，则上诈谖而弃其信"①，即权衡事情，见机行事，只接受使命但不接受言辞，这就是他们的长处。等到邪恶的人来实行纵横之术，就会崇尚弄虚作假而抛弃诚信。总之，战国时期的纵横家从其实践活动看，可视为政治家、外交家，而从学术视角看，则视为诸子百家之一。

纵横家中，以鬼谷子及其弟子苏秦、张仪作为典范，同时亦有公孙衍、惠施、范雎、蔡泽、虞卿、甘茂、毛遂等，其中，鬼谷子被视为纵横家之始祖，具有高深的学问；苏秦"智有过人者"②；张仪则为执牛耳之人物，公孙衍主持"五国相王"，孟子弟子景春称赞公孙衍和张仪为"大丈夫哉"，且"一怒而诸侯惧，安居而天下熄"③；虞卿"料事揣情，为赵画策，何其工也"④；范雎被司马迁称为"辩士"⑤；蔡泽被视为"天下雄俊弘辩智士"⑥，范雎、蔡泽二人"继踵取卿相，垂功于天下"⑦ 等。纵观战国时期诸多纵横家，都具有较为一致的特点：一方面，纵横家多睿智横溢，具有坚忍不拔之志。纵横家重计、重时、重自我，具有敏捷的思想，善于机巧权变。同时，纵横家多出身鄙贱，来源于社会下层，苏秦、范雎常自诩为"东周之鄙人""东鄙之贱人"，虞卿穿草鞋、背雨伞四处游说，蔡泽因贫而求卜。虽出身低下，但纵横家多能以不拔之意志求得人生价值的实现。为了受到重用，苏秦不惜忍受家人的冷落讥讽；张仪被打得半死；范雎忍受被人毒打并当众羞辱的耻辱；甘茂宁愿做仆人以求东山再起，这些均表明那一时期纵横家所具有的顽强生命力，进而成就了显赫功名。另一方面，纵横家长于辩说，善权谋之术，重利而不重义。虽或纵或横，具有不同的政治目的和方式手段，但纵横家均在言辞上有过人之处，且具有值得人钦佩和赞赏的谋略，也正因如此，对于纵横家而言，为达到目的而不择手段是正确之举。为了实现自己的权谋，他们不惜朝秦暮楚，甚至出卖、攻伐自己的出生国，损害自己诸侯国的利益。在纵横家眼中，是非、善恶都是微不足道的，为了实现自己的政治目标，霸道、诡道可以相用，恫吓、欺骗、利诱、嫁祸、威胁可以成为手段。正是这样的认知，往往

① 魏徵，等，撰. 群书治要［M］. 北京：中华书局，2014：179.
② 司马迁. 史记［M］. 北京：中华书局，2006：432.
③ 孟子［M］. 上海：上海古籍出版社，2022：76.
④ 同②467.
⑤ 同②483.
⑥ 同②486.
⑦ 同⑥.

最终导致纵横家们不得善终，这从苏秦车裂而亡、张仪客死他乡、甘茂流于异国而可见一斑。

二、鬼谷子及其思想智慧

提到纵横家，必定要对鬼谷子进行一番探究。作为纵横家的重要创始人，鬼谷子无论在身世还是在其学说上都充满了神秘性，特别是体现纵横之术精髓的《鬼谷子》一书，是纵横家游说经验的总结，开创了中国游说修辞的先河。它融汇了鬼谷子毕生思想的精华，蕴含丰富的思想智慧，被视为纵横家的代表著作，为后世了解纵横家的思想提供了重要参考。

（一）纵横鼻祖——鬼谷子

"青溪千万仞，中有一道士。云生梁栋间，风出窗户里。借问此何谁，云是鬼谷子。"晋人郭璞在其《游仙诗》中曾这样描绘鬼谷子，将其视为一位隐者。唐末五代杜光庭同样持神秘性认识："鬼谷先生者，古之真仙也。云姓王氏，自轩辕之代历于商周，随老君西化流沙。泊周末复还中国，居汉滨鬼谷山，受道弟子百余人。"[1] 西汉史学家司马迁在《史记·苏秦列传》中曾记载鬼谷子："苏秦者，东周雒阳人也。东师事于齐，而习之于鬼谷先生。"[2] "张仪者，魏人也。始尝与苏秦俱事鬼谷先生，学术。"[3] 此外，西汉刘向的《说苑》、扬雄的《法言》、东汉王充的《论衡》等著作中也都有提及鬼谷子，并倾向于将其看作是纵横家的鼻祖。如扬雄《法言·渊骞》说："或问：'仪、秦学乎鬼谷术，而习乎纵横言，安中国者各十余年。是夫？'"[4] 王充《论衡·答佞》说："术则从横，师则鬼谷也。传曰：'苏秦、张仪从横习之鬼谷先生。'掘地为坑，曰：'下，说令我泣出，则耐分人君之地。'苏秦下，说鬼谷先生泣下沾襟。张仪不若。"[5]

鬼谷子是一位活动于战国中期的著名谋略家、兵法集大成者。其擅长纵横

---

① 许富宏.《鬼谷子》研究 [M]. 上海：上海古籍出版社，2008：174.
② 司马迁. 史记 [M]. 北京：中华书局，2006：423.
③ 同②433.
④ 鬼谷子 [M]. 陈蒲涛，注释. 长沙：岳麓书社，2024：265.
⑤ 同④.

游说，精于心理揣摩，是通晓捭阖之术的较为神秘的历史人物，后人称其术为"鬼谷之学""鬼谷之术""纵横之学"。与苏秦、张仪所不同的是，鬼谷子是理论派的纵横家或纵横家的理论派，而苏秦、张仪二人则是将理论运用于实践，是实践派的纵横家。

（二）《鬼谷子》一书

鬼谷子的纵横思想，主要集中在《鬼谷子》一书中，是战国纵横家流传至今的唯一著作。今本《鬼谷子》篇目为《捭阖》第一、《反应》第二、《内揵》第三、《抵巇》第四、《飞箝》第五、《忤合》第六、《揣》篇第七、《摩》篇第八、《权》篇第九、《谋》篇第十、《决》篇第十一、《符言》第十二、《转丸》（一本作《转丸》第十三）、《胠乱》（一本作《胠乱》第十四）、《本经阴符七术》、《持枢》与《中经》。其中，除了《符言》篇可能是从《管子》混入，作者为稷下先生或学士外，其他篇目都是先秦时代的著作，作者是鬼谷子及其弟子们。

南宋著名学者高似孙在《子略》中论《鬼谷子》一书时曾说："《鬼谷子》书，其智谋、其数术、其变谲、其辞谈，盖出于战国诸人之表。夫一辟一阖，《易》之神也；一翕一张，老氏之几也。鬼谷之术，往往有得于阖辟、翕张之外，神而明之，益至于自放溃裂而不可御。予尝观诸《阴符》矣，穷天之用，贼人之私，而阴谋诡秘，有《金匮》、《韬略》之所不可该者，而鬼谷尽得而泄之，其亦一代之雄乎。"[1] 总之，《鬼谷子》一书是对战国时期纵横学派思想、理论的总结，书中提出了不同于儒家、道家、法家等其他学派的哲学、政治思想，在中国思想史上独树一帜，是鬼谷子及纵横之士留给后人宝贵的精神财富，书中涵盖的思想、谋略智慧时至今日仍展现出重要的思想价值。

（三）鬼谷子的纵横之术

鬼谷子的纵横之术思想极其宏大，其中以捭阖、反应、揣篇、摩篇、权篇、谋篇、决篇等为精髓。战国至秦汉之际，出现过很多善于外交辩论的纵横家，他们所使用的便是《鬼谷子》的纵横之术。在此仅以具体游说之术的《捭阖》《反应》《内揵》3 篇为例。

首先，《捭阖》第一（思想总论）。《鬼谷子》一书以《捭阖》篇为开宗

---

① 高似孙. 史略子略 [M]. 张艳云，杨朝霞，校点. 沈阳：辽宁教育出版社，1998：57.

明义第一篇，将其视为其纵横术的核心，何为"捭阖"？

> 捭之者，开也，言也，阳也；阖之者，闭也，默也，阴也。阴阳其和，终始其义。故言长生、安乐、富贵、尊荣、显名、爱好、财利、得意、喜欲，为阳，曰始。故言死亡、忧患、贫贱、苦辱、弃损、亡利、失意、有害、刑戮、诛罚，为阴，曰终。①

"捭"即是"开"，"阖"即是"合"。作为言说的技巧，"捭"就是开口出言，用言辞去拨动对方，进而从对方的言谈中把握实情，探知内里；"阖"则为闭口不言，沉默不语，借由沉默来等待时机。开启与闭合既是自然之道的重要变化，也是游说之辞的重要变化。《捭阖》篇主要是以阴阳学说作为"捭阖"之术的理论基础。鬼谷子认为，天下万事万物变化无穷，但其运动的归向主要为二，或阴或阳，或柔或刚，或开或闭，或弛或张，即不为阴即为阳。"阳"代表积极，用光明的、积极的事物去诱导说服对方，故称之为"始"；"阴"代表消极，用阴暗的、消极的事物去恐吓对方，使对方终止行动，故称之为"终"。正因如此，"粤若稽古，圣人之在天地间也，为众生之先。观阴阳之开阖以命物，知存亡之门户，筹策万类之终始，达人心之理，见变化之朕焉，而守司其门户。故圣人之在天下也，自古及今，其道一也。变化无穷，各有所归：或阴或阳，或柔或刚，或开或闭，或弛或张。是故圣人一守司其门户，审察其所先后，度权量能，校其伎巧短长"②。意思是，圣人之所以成为圣人，即在于"观阴阳之开阖以命物"，所以能知晓吉凶存亡的规律，始终把握事物发展变化的关键，审慎观察事物的变化顺序，度量对方的智谋，测量对方的能力，之后再比较技巧方面的长短，寻找解决问题的关键，把握和利用变化的关键点，因势利导，以实现自己的目标。

鬼谷子进一步将这一思想运用在游说技巧方面，指出："捭阖之道，以阴阳试之。故与阳言者，依崇高；与阴言者，依卑小。以下求小，以高求大。由此言之，无所不出，无所不入，无所不可。可以说人，可以说家，可以说国，可以说天下。"③"捭阖"之道在于依据对方的地位、品性、资质、性格等特征

---

① 鬼谷子［M］. 许富宏，译注. 北京：中华书局，2020：13.

② 同①3-5.

③ 同①14.

进行区分性的游说。贤者、智者、勇者、富贵者、积极进取者为"阳"，对于这类追求型的人，要用荣耀、富贵、财利方式去说服、激励，即"善言以始其事"；不肖者、愚者、怯者、贫贱者、消极保守者为"阴"，对于这类胆小怕事之人，应以有害、刑罚、恐吓等方式去说服，即"言恶以终其谋"。总之，即是"诱之以利、胁之以灾、动之以情、晓之以理"。如此用"低下"去说服"卑小"，用"崇高"说服"伟大"，针对不同类型的人物而灵活运用"捭阖"之术，便可游说于人、游说于家、游说于诸侯、游说于天下，随心所欲，无往而不胜。

其次，《反应》第二。"反"就是指"反覆""反面"。"应"是指"反应""应和"。"反应"是"捭阖"的更近一层，讲的是成事游说的种类和方法，即通过正面或反面的反复观察、了解、辩说，准确掌握对方在语言、心理方面的反应，制定自身的基本策略，概括阐述了如何去达权知变，以及说服别人的基本原则。

《反应》篇讲道："古之大化者，乃与无形俱生。反以观往，覆以验来；反以知古，覆以知今；反以知彼，覆以知己。动静虚实之理，不合于今，反古而求之。事有反而得覆者，圣人之意也，不可不察。"① "反"与"覆"是两种对立统一的方法，通过反观往古和对方，得到覆验当今和自身的结果，从而分清真伪、辨明同异，探取虚实，经历由此及彼，由彼及此，由古到今，由今到古的反复探求，便能得到答案，这便是圣人的思维方式。在"反覆"之术运用的过程中，还可以运用一定的原则，如"静默原则"。《反应》篇说："人言者，动也。己默者，静也。因其言，听其辞。言有不合者，反而求之，其应必出。"② 人家说话，是活动；自己缄默，是静止。要根据别人的言谈来了解他的辞意。如果其言辞有矛盾之处以及不合真实的情况，就反复诘难，使其把真实情况说出来。此原则最主要的是要自己学会静默，尽量让对方多说话，进而把握对方的内心。再有"象比原则"，《反应》篇指出："言有象，事有比；其有象比，以观其次。象者象其事。比者比其辞也。以无形求有声。"③ "欲开情者，象而比之，以牧其辞。同声相呼，实理同归。"④ 这一原则意在说明如想

---

① 鬼谷子 [M]. 许富宏，译注. 北京：中华书局，2020：20.
② 同①21.
③ 同①21-22.
④ 同①26.

让对方"开"而露出实情，就要综合使用"具象""推比"的方式，来说明和推论抽象的事理。特别是要能够在言语表达中形象地描绘出图景，说出画面，让对方看到、听到、感觉到，使对方身临其境。可以说，说话的技巧是极其重要的，鬼谷子所创造出的高效沟通方法灵活掌握，可慧心妙舌，达到游说目标。

最后，《内揵》第三。本篇主要从君臣关系入手，讨论献谋之策。《内揵》篇讲："内者，进说辞也。揵者，揵所谋也。"① "内"，就是进献的言论和说辞；"揵"，本来是竖插在门闩中间的木棍，这里指提出自己的谋略，以美妙的言辞建议给君王，使对方打开心门。

鬼谷子指出，在现实生活中，君臣关系存在着"远而亲，近而疏"② "就之不用，去之反求"③ "日进前而不御，遥闻声而相思"④ 的关系现象。二者主要在于君臣上下之间关系是否融洽，彼此的心思是否相契合，事理是否合宜，谋略是否恰中君意，即"故远而亲者，有阴德也；近而疏者，志不合也。就而不用者，策不得也；去而反求者，事中来也。日进前而不御者，施不合也；遥闻声而相思者，合于谋以待决事也"⑤。所以，与君主相距很远却被亲近，是因为能与君主心意暗合；距离君主很近却被疏远，是因为与君主志向不合；主动投奔却得不到重用，是因为他的计策没有实际效果；离开君主却反而被诏求，是因为他所谋划的事后来应验了；每天都能出入在君主面前，却不被信任，是因为其计谋不合君主之意；距离遥远只听到名声就被君主思念，是因为其计谋与君主相符合，君主正等待他前来决断大事。为此，作为臣，必须要把握好处理君臣关系的要领，即所谓的"内揵之术"。在方法上，作为臣要暗中揣摩，仔细谋划，因势利导，顺其自然。反复思考自己制定的计策，并向君王指出这条计策的利弊得失，所定计策力求符合君王的心愿，否则不会施行。在同君王评价往事时，要顺着君王的意见往下说，做出合理的解释；在议论将来的事情时要留有余地，以随机应变。总之，一切行为、计划都必须符合君王心愿，这是"内揵"之术的要点。采用了正确方法，"或结以道德，或结以党友，或结以财货，或结以采色"⑥，便可以随心所欲，以至于"欲入则入，欲

---

① 鬼谷子 [M]. 许富宏，译注. 北京：中华书局，2020：38.
② 同①35.
③ 同②.
④ 同②.
⑤ 同①41-42.
⑥ 同②.

出则出；欲亲则亲，欲疏则疏；欲就则就，欲去则去；欲求则求，欲思则思。若蚨母之从其子也，出无间，入无朕独往独来，莫之能止"①，即想进则进，想出则出；想亲则亲，想疏则疏；想接近就接近，想离去就离去；想被聘用就被聘用，想被思念就被思念，如同母蜘蛛率领小蜘蛛一样，出来时不留痕迹，进去时不留标记，独自前往，独自返回，谁也无法阻止它，实现固结于君的理想境界。

在具体运用方面，《内揵》篇讲："欲说者，务隐度，计事者，务循顺。阴虑可否，明言得失，以御其志。方来应时，以合其谋。详思来揵，往应时当也。夫内有不合者，不可施行也。乃揣切时宜，从便所为，以求其变。以变求内者，若管取揵。"②"欲说者务隐度"，即是臣要善于揣度君王的心意，把握君王内心真实想法，要私下先考虑是否可行，再"进说辞"，进而透彻辨明所得所失，驾驭君王的想法。这一过程务必要顺应时宜，合于君心，切记不可勉强行事，应根据具体情况而揣量切摩，寻求合乎时宜的计谋迎合君王。"故曰：不见其类而为之者见逆；不得其情而说之者见非。得其情，乃制其术。此用可出可入，可揵可开。"③"得其情"，揣摩君王内心实情；"见其类"，了解君王何种类别之人，只有"见类"而"知情"，才可求得"内揵之术"的成功。而"计事者务循顺"即是要依顺君王的心意，求得与君王心意相合，否则办的事情与君主的意愿不相符合，即使是圣人也不会为他谋划。

除却《捭阖》《反应》《内揵》3篇外，《鬼谷子》中的《抵巇》篇主要探讨的是政治权谋之术，论证游说之士的从政原则和方法；《飞箝》篇主要讲的是如何运用巧妙的言辞和方法钳制人心，使之为我所用；《忤合》篇主要讨论的是纵横游说之士的归宿问题，即身处乱世如何择主而事的去就离合之道；《揣》篇主要论及的是揣量天下权势强弱和揣度诸侯内情真伪的技巧和方法；《摩》篇是《揣》篇的姊妹篇，是在揣知对方内情后如何运用种种方法使对方付诸行动、情感得到实现；《权》篇主要探讨的是如何权衡、选择言谈的技巧和游说对象；《谋》篇是《权》篇的姊妹篇，进一步指出如何讲求谋略、出谋划策的方法；《决》篇是指决断之术，是纵横术的重要环节，主要讨论的是针对各种存有疑虑的事情如何"决情定疑"的原则和方法；《符言》篇主要讲的是君王应注意的9个要点问题，重在论述为君之道，从内容上看，似乎与前

---

① 鬼谷子 [M]. 许富宏，译注. 北京：中华书局，2020：35.

② 同①38-39.

③ 同①42.

11 篇关联不大。

《鬼谷子》中的纵横捭阖之术无疑对张仪、苏秦等人的影响是直接和必然的，从这层意义上讲，《鬼谷子》间接地参与了先秦政治舞台，促进了社会向前发展。可以说，"《鬼谷子》灵活运用古老的阴阳学说，解释并驾驭战国时代的激烈的社会矛盾，制定出一整套了解社会并干预社会的计谋权术，构建了纵横游说之术的系统理论。这个理论培养了苏秦、张仪、陈轸、公孙衍等杰出的游说之士，在历史舞台上演出了'合纵''连横'的一幕幕风云变幻的戏剧场面，操纵战国政治斗争形势约百年之久。鬼谷子构建的纵横游说的系统理论，不仅左右了战国时代的政治形势，而且影响深远，在中国古代哲学政治思想领域独树一帜，在中国修辞史上具有开创意义，还被宗教家、军事家等从不同的角度解读与运用"[①]。

三、纵横家代表：张仪和苏秦

在鬼谷子的众多弟子中，张仪、苏秦可谓"纵横之英"。司马迁曾评价二人指出："此两人真倾危之士哉！"[②] 且专门在《史记》中列有传记，《战国策》中亦分别有多个章节叙述张仪、苏秦其人其事，足见二人所具有的重要影响力。

（一）张仪

张仪，姬姓，张氏，名仪，魏国安邑（今山西运城）人，战国时期著名的纵横家、外交家和谋略家。《史记·张仪列传》记载张仪为魏国贵族后裔，但家道早破，以至于"贫无行"。张仪早年入鬼谷子门下，学习纵横之术，首创"连横"的外交策略。学成之后曾入楚，以求楚怀王的重用，然而事与愿违，于是向西入秦，以连横韩、魏以弱齐、楚的策略得到了秦惠王的赏识。为了取得秦国的相位，张仪屡次在秦惠王面前毁谤作为竞争对手的陈轸以及大将公孙衍，终于凭一己之力获得了秦相之位。之后，为了报答秦惠王的赏识和重用，张仪假意辞去秦相入魏做魏相，运用"三寸不烂之舌"成功使魏王与秦

① 鬼谷子 [M]. 陈蒲清，译注. 长沙：岳麓书社，2019：195-196.
② 司马迁. 史记 [M]. 北京：中华书局，2006：442.

联合攻齐、楚，同时，入楚游说楚怀王与齐国断交，瓦解了齐楚联盟。紧接着，他辗转于韩、魏、燕、赵、齐、楚之间，终于使六国同意与秦国连横，采取远交近攻的策略，各个击破，逐个吞并六国，获得全胜。但遗憾的是，张仪还未回到秦国，便听闻秦惠王去世，秦武王继位。秦武王不欣赏张仪，张仪为了自保设计逃亡到了魏国，但虎落平阳，没能获得进一步发展的机会。在魏国担任相国一年后，张仪带着晚年的遗憾，郁郁寡欢而死。张仪的纵横活动对秦、魏、楚等诸侯国的政治形势产生了巨大影响。《战国策》中关于张仪游说事迹的记载极其丰富，《史记·张仪列传》也论述了诸多关于张仪游说的经历，其中以对楚国的游说最为生动也最富特色，应属张仪的得意之作。

这段历史是这样：

公元前313年，逐渐强大的秦国欲攻打齐国，但齐国与楚国结成联盟，关系亲密，秦国此时的实力不足以与两个大国相战，于是张仪受秦惠王之命，南下楚国，游说怀王。为了达到游说楚怀王的目的，张仪首先对楚怀王愚鲁、贪婪、残暴、急躁而又刚愎自用的性格进行了全面了解。他对怀王说："弊邑之王所说甚者，无大大王；唯仪之所甚愿为臣者，亦无大大王。弊邑之王所甚憎者，亦无先齐王；唯仪之甚憎者，亦无大齐王。今齐王之罪，其于弊邑之王甚厚，弊邑欲伐之，而大国与之欢，是以弊邑之王不得事令，而仪不得为臣也。大王苟能闭关绝齐，臣请使秦王献商於之地，方六百里。若此，齐必弱，齐弱则必为王役矣。则是北弱齐，西德于秦，而私商於之地以为利也，则此一计而三利俱至。"① 张仪指出，"我们的君主所最敬爱的人没有超过大王您的。而我张仪最愿意当他臣下的人也没有超过大王您的；我们的君主所最憎恨的人没有超过齐王的，而我张仪所最憎恨的人也没有超过齐王的。如今，齐王的罪恶，对我们的主上最为深重，我国想要讨伐它，但是楚国却与它结为友好，因此，我们的君王也不能侍奉大王了，也使我不能成为您的臣下了。您如果能关闭边关与齐国绝交，我可以请秦王把商於方圆六百里的土地贡献出来给您。这样，齐国必然会削弱，齐国一弱就必然会被您所役使了，这就会北边使齐国削弱，西边对秦施恩，又私占了商於的土地获利，这一计策能使三项利益一起到来。"这一段说辞，张仪首先用"飞钳"之术，吹捧楚王，即"引钩钳之辞，飞而钳之"，接着用"抵巇"之术，攻击齐王，离间楚、齐的"从亲"关系，

---

① 战国策（上）[M]. 缪文远，缪伟，罗永莲，译注. 北京：中华书局，2012：102.

然后用"内楗"之术，"明言得失，以御其志"，"捷而内合"，呈献"闭关绝齐"的计谋，最后用"言其利而不言其害"的"捭"术和"有以利"的"摩"术，谎称"献商於之地方六百里"，以"利"为诱饵，投而钓之，加之"北弱齐，西德于秦"，"一计而三利"①。同一时间，张仪派人暗中出使齐国，使齐国与秦国"连横"，合力对付楚国，最终达到了破"齐楚从亲"的预期目标。当楚怀王派人赴秦兑取"献商於之地方六百里"的承诺时，张仪假装从马上摔落，一连3个月不上朝，后来才接见楚国使者说："臣有奉邑6里，愿以献大王左右。"楚国使者愕然，回报楚王，至此楚王明白自己已上当受骗，于是派遣将军屈丐率军攻打秦国。秦国联合齐国，一起进攻楚国，斩首8万，杀楚将屈丐，攻占了楚国的丹阳和汉中之地。楚国不甘心失败，又增兵益甲，卷土重来，与秦军大战于蓝田，结果楚国又大败，最终割让两城交给秦国，与秦媾和。

李斯在其著名的《谏逐客书》中，盛赞张仪说："惠王用张仪之计，拔三川之地，西并巴、蜀，北收上郡，南取汉中，包九夷，制鄢、郢，东据成皋之险，割膏腴之壤，遂散六国之从，使之西面事秦，功施到今。"② 意思是秦惠王采用张仪的计策，攻占三川地区，向西吞并了巴蜀大地，向北收取了上郡，向南夺得了汉中，拿下了广大的少数民族地区，控制着楚国的鄢、郢大城，向东占据了成皋天险，取得了大片肥沃之地，拆散了六国抗秦的合纵联盟，迫使他们向西侍奉秦国，其功绩一直延续到今天，足以见得张仪作为纵横家的翘楚所展现的智慧与才能。可以说，张仪是一个有着出众才智和勇敢坚毅的政治家和外交家，不仅具有卓越的学习能力，能够博览群书并在实践中应用所学知识，而且还具备敏锐的战略眼光和高超的外交才能，善于运用语言和策略说服他人，实现自身的政治抱负。但不可否认的是，作为纵横家，张仪同样展现出阴险狡猾的性格品性，获得了"权变之士""倾危之士"的评价，但站在成功的纵横家视角，他为纵横之术开创了一个新的局面，其能力不可小觑。

（二）苏秦

战国时期，另一位著名的纵横策士为苏秦。苏秦，东周洛阳（今河南省

---

① 参见：熊宪光. 纵横家研究 [M]. 重庆：重庆出版社，1998：224.
② 司马迁. 史记 [M]. 北京：中华书局，2006：522.

洛阳东）人，战国时期著名的纵横家、外交家、谋略家。苏秦出身低微，家境贫寒，自称"东周之鄙人"，出生在一个有着游说传统的家庭中，所以他早年便随纵横家的鼻祖鬼谷子学习。他"释本而事口舌"，想凭借游说权谋之术博取尊荣，改变自己的阶级地位，因此孜孜不倦地从事游说活动。但每一个纵横家的人生经历似乎都充满了坎坷，苏秦与张仪一样，他的出师并不顺利，曾以连横术游说秦惠王，但并未被采纳。《史记·苏秦列传》曾记载：苏秦"出游数岁，大困而归。兄弟嫂妹妻妾窃皆笑之，曰：'周人之俗，治产业，力工商，逐什二以为务。今子释本而事口舌，困，不亦宜乎！'"① 苏秦闻之甚感惭愧，开始闭门不出，遍观所藏之书，并感叹道："从师受教，埋头攻读，却不能换来荣华富贵，读再多书又有什么用呢。"于是找到《周书阴符》，伏案钻研。《战国策·秦策》对此记载更详："苏秦始将连横说秦惠王曰：'大王之国……'说秦王书十上而说不行，黑貂之裘弊，黄金百斤尽。资用乏绝，去秦而归。赢縢履蹻，负书担橐，形容枯槁，面目犁黑，状有归色。归至家，妻不下纴，嫂不为炊，父母不与言。苏秦喟然叹曰：'妻不以我为夫，嫂不以我为叔，父母不以我为子，是皆秦之罪也！'乃夜发书，陈箧数十，得太公《阴符》之谋，伏而诵之，简练以为揣摩。读书欲睡，引锥自刺其股，血流至足。"② 大意为苏秦劝说秦王的奏折多次呈上，而苏秦的主张仍未实行，黑貂皮大衣穿破了，一百斤黄金也用完了，钱财一点不剩，只得离开秦国，返回家乡。缠着绑腿布，穿着草鞋，背着书箱，挑着行李，脸上又瘦又黑，一脸羞愧之色。回到家里，妻子不下织机，嫂子不去做饭，父母不与他说话。苏秦长叹道："妻子不把我当丈夫，嫂子不把我当小叔，父母不把我当儿子，这都是我的过错啊！"于是半夜找书，摆开几十个书箱，找到了姜太公《周书阴符》的兵书，埋头诵读，反复选择、熟习、研究、体会。读到昏昏欲睡时，就拿针锥刺伤自己的大腿，鲜血一直流到脚跟，这就是历史上非常有名的"锥刺股"的历史典故，这之后苏秦潜心研究游说权谋之术，终于在一年后学成，再次出山以"合纵"游说燕文侯，获得不小的成绩，之后又游说赵王，一说成功，被封为武安君，接受相印，赠之锦绣千匹，白璧双百，黄金万镒，出使时更是车骑盛大，光耀于道，无人能及。这时他再回到故乡，家人的态度有了质的改

① 司马迁. 史记 [M]. 北京：中华书局，2006：423.
② 战国策（上）[M]. 缪文远，缪伟，罗永莲，译注. 北京：中华书局，2012：63-67.

变。"父母听到消息，收拾房屋，打扫街道，设置音乐，准备酒席，到三十里外的郊野去迎接。妻子不敢正面看他，侧着耳朵听他说话。嫂子像蛇一样在地上匍匐，再三再四地跪拜谢罪。"苏秦进而问道："嫂嫂为什么以前傲慢而现在又卑微呢？"嫂子回答说："以季子之位尊而多金。"苏秦听后，不禁感慨地说："贫穷则父母不子，富贵则亲戚畏惧。"人生世上，势位富贵，怎么可以轻视！

苏秦最初奉燕昭王之命入齐，获得齐湣王的信任和重用，旨在使齐疲于对外战争，削弱齐国。在削弱齐国方面，苏秦一方面结交齐国的权臣，拉拢孟尝君，以间接干预齐国的政治；另一方面为齐湣王出谋划策，获取齐湣王的好感和信任，以劝说齐国伐宋、恶赵、亲燕。公元前288年，秦昭王约齐湣王互尊东、西帝，苏秦劝说齐王取消帝号。次年，与赵国的李兑一起约赵、齐、燕、韩、魏五国"合纵"攻秦，身持五国相印，齐国乘机于公元前286年攻灭宋国。公元前284年，燕将乐毅率燕、秦、韩、赵、魏五国之师大举攻齐，齐军大败。乐毅率燕国军队深入齐国，攻破齐国国都临淄。齐湣王逃奔到莒，为淖齿所杀。苏秦晚年在齐国因遭齐大夫嫉妒而被暗杀，为了查出凶手，仅剩一口气的苏秦让齐王将自己车裂，死时约50岁。

苏秦的一生以进取自励，执着地追求势位富贵，他奔走游说，孜孜不倦地从事外交活动，迎难而上，体现出坚忍不拔的顽强精神。他善于权变、精于游说的能力充分体现出纵横家的特点，可称得上是战国纵横家中"叱咤风云"的代表人物。

四、纵横学派的思想评价

作为一种学术派别，纵横家曾在战国时期闪耀一时，可谓风靡天下，以至于世人多不言国法而言纵横。面对这样一群独特的群体，对其进行恰当评价，彰显其所具有的意义具有重要价值。

（一）纵横家能否称为"家"？

除却对于鬼谷子及其著作《鬼谷子》的争议，在中国传统学术史上，关于纵横家是否能称为"家"的问题，一直以来就存在着不少争论。章太炎曾指出纵横家是不可以称为"家"的，因为他们"语无执守，拨宜事制"，即没有基本的学术思想，只是应时而变、应事而变而已，这与儒家、墨家、道家有着一以贯之的学术思想，且能够将自身学术思想、价值系统进行传承相比，不可能称为"家"。

那么，纵横家到底能不能称为"家"？如果从纯粹的学术思想角度思考，纵横家确实难以为"家"。当我们提到"学术"，往往指的是有系统的、较专门的学问，在先秦诸子百家中，有资格称为"家"的，一定是具有较为完备的理论体系的学派，显然，"纵横家"恰恰缺少这一重要标准。纵横家所擅长的并不是"学术"，《史记·张仪列传》曾记载过张仪一段故事：张仪曾陪楚相喝酒，席间，楚相丢失了一块玉璧，门客们怀疑张仪，说："张仪贫穷，品行鄙劣，一定是他偷去了宰相的玉璧。"于是，大家一起把张仪拘捕起来，拷打了几百下。张仪始终没有承认，只好释放了他。他的妻子又悲又恨地说："唉！您要是不读书游说，又怎么能受到这样的屈辱呢？"张仪对他的妻子说："你看看我的舌头还在不在？"他的妻子笑着说："舌头还在呀。"张仪说："舌头在即什么也不怕了。""舌头在即什么也不怕了"，这是对纵横家的真实写照，从侧面表明了纵横家是以辩说为基本特征的。第一次把《鬼谷子》列入纵横家文献的《隋书·经籍志》关于纵横家的认知亦是如此："纵横者，所以明辩说、善辞令，以通上下之志者也。"① 这里的"明辩说，善辞令"指明了纵横家的学派特征。作为纵横家，虽不像儒家、墨家、道家等以学术"立锥"，"然而'纵横'既经汉人定为'诸子'中一个流派的专用名称，已不限于所谓'策略'的含义。'纵横家者流'虽然不是纯粹的'学者'，更谈不上建立起完善的理论体系；但他们大多从'学者'中来，出而用世，流为'纵横'，故称之为'纵横家'未尝不可。同时，如果从《战国策》等书所记载的他们的言行、事迹中，下一番'爬罗剔抉、刮垢磨光'的功夫，则不难发现，他们在思想特点、政治倾向、人生态度、价值观念以及顺时乘势之说、举贤使能之论等方面，显然呈现出共同的特征；或者不如说，他们具有区别于其他学派的独特之处。把这些独特之处放在战国时代特定的历史背景下加以审视，有助于揭示纵横家的精神面貌，把握他们何以汇成一流的内在联系。从这个意义说来，把纵横家所特有的区别于其他学派的思想和理论称之为'纵横之学'，

---

① 长孙无忌. 隋书经籍志［M］. 上海：商务印书馆；1936；71.

应该是无可厚非的。"① 显然，纵横家仍具有一定的学派共性，他们的基本倾向是现实功利主义，其思想的主导观念是兵家的权谋之术，其方法的根据是名家的论辩。同时，纵横家关注自我的现实利益，对他们而言，自我价值的实现就是成功，因此，纵横家的思想常常表现为与现实密切相关，具有巨大的实用价值。

（二）思想评价

中国历史上，对鬼谷子及纵横家的评价一直褒贬不一，存在着较大的分歧。②

第一派：持肯定态度的，有司马迁、刘勰、陈子昂等。司马迁在《史记》中介绍纵横家的篇幅比例最大，有《苏秦列传》《张仪列传》《范雎蔡泽列传》《鲁仲连列传》等；刘勰在《文心雕龙》中把鬼谷子与孟子、庄子、墨子、商鞅等相提并论，指出"鬼谷渺渺，每环奥义"；陈子昂在《感遇》（十一）中曾诗曰："吾爱鬼谷子。青溪无垢氛。囊括经世道。"

第二派：持否定态度的，有扬雄、柳宗元、宋濂等。扬雄在《法言》中认为纵横家是"诈人"；柳宗元在《辨鬼谷子》中说："《鬼谷子》，要为无取。"宋濂在《鬼谷子辨》中说："大抵其书皆捭阖、钩钳、揣摩之术。……是皆小夫蛇鼠之智，家用之则家亡，国用之则国债，天下用之则失天下。学士大夫宜唾去不道。"③

第三派：持慎重褒贬态度的，有长孙无忌、纪昀、阮元等。长孙无忌在《鬼谷子序》中指出："纵横者，所以明辩说、善辞令，以通上下之志者也。汉书以为本出行人之官，受命出疆，临事而制。"④ "佞人为之，则便辞利口，倾危变诈，至于贼害忠信，覆邦乱家。"⑤ 纪昀编写的《四库全书总目提要》对《鬼谷子》一书提要指出："高似孙《子略》称其一阖一关，为《易》之神。一翕一张，为老氏之术。出于战国诸人之表，诚为过当。宋濂《潜溪集》诋为蛇鼠之智，又谓其文浅近，不类战国时人，又抑之太甚。"⑥

---

① 熊宪光. 纵横家研究 [M]. 重庆：重庆出版社，1998：55.
② 参见鬼谷子 [M]. 陈蒲清，译注. 长沙：岳麓书社，2019：190-191.
③ 宋濂. 诸子辨 [M]. 顾颉刚，校点. 北京：景山书社，1927：23-24.
④ 长孙无忌. 隋书经籍志 [M]. 上海：商务印书馆，1936：71.
⑤ 同④.
⑥ 纪昀. 四库全书总目提要 [M]. 石家庄. 河北人民出版社，2000：3034.

可以看到，在评价鬼谷子时，现有的立场主要存在着两大分野：一是从传统道德或实际功利着眼（否定者），如柳宗元"恐其妄言乱世"，认为纵横家思想不利于中央集权，多数学者亦认为纵横家"朝秦暮楚""反复无常"，没有坚定的立场，且纵横家几乎到了无事不用计谋的地步，整个社会形成了"滥用"计谋之风，致使人们对游说之士产生了反感情绪。二是从思想学术价值着眼（肯定者），如阮元肯定了《鬼谷子》在思想学术史上的价值；刘勰看到了《鬼谷子》在思想和修辞方面的创造性。不仅如此，纵横家的出现，对于先秦时代的文化而言，标志着先秦时期智谋文化达到了一个前所未有的发展水平，同时也进一步丰富了外交谋略的内容。而从纵横家的思想中，可以看到非常丰富的朴素辩证法思想，如具有纵横家标志的"纵横""长短""捭阖""反覆""阴阳"等概念，并在游说实践中常常用到的"祸与福""危与安""亡与存""败与功"等，体现出难能可贵的哲学认识。

从个人角度而言，多来自社会下层的纵横家能够在战国时代官至卿相，本身即是个人能力和努力的一种结果。纵横家的出现像一针强心剂，给先秦时代的历史进程带来了积极而又不可磨灭的影响，而这样的个人成功无疑也给战国时期群雄并存的现实带来了很大的观念冲击，它好像一个信号，宣示着旧制度的没落，以及新时期的兴起。

【知识拓展】

《鬼谷子》与《老子》思想的渊源

1. 以"道"作为纵横学说的理论依据。《老子》指出："道生一，一生二，二生三，三生万物。万物负阴而抱阳，冲气以为和。"[1]"道"是形而上的存在，是宇宙万事万物产生的根源。《鬼谷子》将《老子》的"道"引入"游说"的理论中。《捭阖》云："捭阖者，道之大化，说之变也。"[2] 把"捭阖"看成是"道"的化生。又云："即欲捭之贵周，即欲阖之贵密。周密之贵微，而与道相追。"[3] 意即在使用"捭阖"的手段时，要与"道"相随，"捭阖"受"道"所支配。可以说，《鬼谷子》将纵横家的"游说之术"纳入

---

[1]　老子 [M]. 刘思禾，校点. 上海：上海古籍出版社，2023：96.

[2]　鬼谷子 [M]. 许富宏，译注. 北京：中华书局，2020：11.

[3]　同[2]8.

"道"中，使之成为"道"术的一种，可依托"道"的理论体系来解释"游说之术"。这样，"游说之术"便有了理论上的源头和依据。

2. 将"无为"视作纵横学说的总原则。"无为"是《老子》思想的核心原则，可看作是《老子》非常具有代表性的观念之一。《老子》认为，一个成功的统治者不应过度干涉事物的本来之性，而是应顺应自然本性发展，不加以外在的强制。"道常无为，而无不为。"①《鬼谷子》里多次提到"无为"。《捭阖》云："夫贤不肖、智愚、勇怯有差，乃可捭，乃可阖；乃可进，乃可退；乃可贱，乃可贵，无为以牧之。"② 这里的"无为"是指顺应游说对象的性格特点而施以不同的游说手段。《鬼谷子》借用了老子的"无为"思想，把它引入纵横理论领域作为游说的一个原则。

3. 运用《老子》辩证观念，实施纵横之术。《老子》的思想蕴含着极其丰富的辩证法思想，认为任何事物都是在对立统一下相互依存，一方的存在以另一方的存在为基础，如"有无相生，难易相成，长短相形，高下相倾，音声相和，前后相随"③。同时，重视反面的作用，即"反者道之动，弱者道之用"④。《老子》指出，当事物对立的一面达到一定程度，就会向其相反的方向转变，"祸兮福之所倚，福兮祸之所伏。……正复为奇，善复为妖。"⑤ 这些思想对《鬼谷子》纵横观念产生了重要影响，将其运用到游说与谋略的理论中。例如《反应》篇说："古之大化者，乃与无形俱生。反以观往，覆以验来；反以知古，覆以知今；反以知彼，覆以知己。动静虚实之理，不合来今，反古而求之。"⑥ 又提到："言有不合者，反而求之，其应必出。"⑦ 这里的"反"即是站在对方的立场来思考观察事理，了解对方，进一步向对方进行游说、谋划，这样便会实现"其应必出"的意外效果，准确无误地达到游说的目标。

【课后思考】

1. 请思考作为诸子学派之一的纵横学派与儒家、墨家、道家等学派最大

① 老子 [M]. 刘思禾，校点. 上海：上海古籍出版社，2023：77.
② 鬼谷子 [M]. 许富宏，译注. 北京：中华书局，2020：6.
③ 同①4.
④ 同①90.
⑤ 同①148.
⑥ 同②20.
⑦ 同②21.

的区别是什么？

2. 请结合实际，谈一谈纵横家的智慧对于今天时代的启示是什么？

3. 简述苏秦与张仪在合纵连横实践过程中的主要作为和影响。

【当代审视】

战国时期以外交活动为己任的纵横家，其思想的价值是不言而喻的，特别是作为纵横家代表的鬼谷子，其思想内容十分丰富，涵盖了哲学、政治学、军事学等各种思想，同时提出运用"捭阖""反应""内揵""飞箝""揣摩"等原则和技巧开展游说活动，以实现政治目标。在鬼谷子思想的影响下，战国时期像苏秦、张仪、公孙衍、范雎等纵横家面对各国利害冲突，凭借智慧和语言奔走游说，不断实现着自己的政治抱负。

在当今国与国相互竞争的世界外交环境下，各国之间的关系愈发复杂，利益交织、冲突与合作并存，大国之间的外交特别需要在充分了解对方的基础上，制定出符合自身利益的策略。《鬼谷子》思想中所蕴含的深邃哲学理论、寓意深刻的谋略思想以及精妙的语言策略无疑具有重要的参考借鉴价值。一方面，《鬼谷子》指出，"知之始己，自知而后知人也"[1]。在国际交往中，我们既要了解自己国家的情况、自己的政治立场和外交思想，同时也要了解对方的国情、文化、利益和底线，进而制定出符合自身利益的策略，这是外交活动成功的关键。例如，中国在"一带一路"倡议中，充分考虑参与国的经济发展需求和文化背景，通过合作共赢的方式，推动区域经济一体化，这种"知彼"的策略正是这一思想的体现。另一方面，《鬼谷子》提到利用"钓语"（通过诱导性问话达到目的）和"飞钳"（抓住对方的内心想法，通过引诱的话语牵制对方）等游说方法，以及"言有象，事有比"的谈判策略技巧，来根据环境变化灵活调整谈判的立场和策略。显然，这样的方式仍然可以应用在我们今天的外交谈判领域，例如，在气候变化谈判中，各国在面对不同的利益诉求时，必须灵活应对，寻找共同点，以达成协议。

可以说，《鬼谷子》的思想在现代外交中依然具有重要的价值。它为我们提供了战略思维的导向，帮助我们在复杂的国际关系中把握主动权；为谈判策

---

① 鬼谷子 [M]. 许富宏，译注. 北京：中华书局，2020：29.

略提供灵活应变的智慧，促进各国之间的合作与共赢。在全球化日益加深的今天，借鉴《鬼谷子》的智慧，将有助于我们以更为主动的立场更好地应对国际挑战，实现和平与发展的目标。

【延伸阅读】

1. 郑杰文：《能辩善斗——中国古代纵横家论》，山东人民出版社，1995 年。

2. 彭永捷：《中国纵横家》，宗教文化出版社，1996 年。

3. 熊宪光：《纵横家研究》，重庆出版社，1998 年。

4. 许富宏：《〈鬼谷子〉研究》，上海古籍出版社，2008 年。

5.《鬼谷子》，岳麓书社，2011 年。

第十讲　中华名相管子的思想

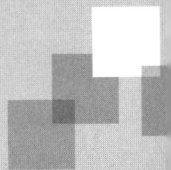

在先秦诸子百家中，能够将理论和实践充分融合在一起，且具有重大历史贡献的，非管子莫属。作为名相，他辅佐齐桓公成为春秋五霸之首；作为春秋时期少有的经济学家，他切实引导齐国实现了经济腾飞；而作为法家的先驱，他坚持以法治国，实现了王霸天下的治国理想。正因如此，管子成为后世名臣良相争相崇拜效仿的楷模。梁启超在《管仲传》中评价管子是"国史上第一流人物"①，"中国最大之政治家，而亦学术思想界一巨子也"②。

一、管仲传奇的一生

管仲，姬姓，名夷吾，字仲，谥敬，被称为管仲、管夷吾、管敬仲，颍上（今安徽省颍上县）人，周穆王的后代，是中国古代著名的经济学家、政治家、军事家、思想家。管仲通过变法彻底改变了齐国的面貌，打造了东周历史上的第一个超级大国，正式拉开了春秋战国大争之世的帷幕，后人评价管仲为"春秋第一相"。在中国思想史上，管仲一直被认为是法家的代表，韩非在自己的著作中，曾多次引用过管仲《牧民》《权修》等篇的内容，并把管仲、商鞅都视为法家，《隋书·经籍志》和刘歆《七略》均将其归入法家一类中。

管仲少时丧父，家境贫寒，与母亲相依为命。为了生计，他与鲍叔牙一起经过商，当过兵，给人喂过马，也曾做过小官，但均不得志。管仲曾说："吾始困时，尝与鲍叔贾，分财利多自与，鲍叔不以我为贪，知我贫也。吾尝为鲍叔谋事而更穷困，鲍叔不以我为愚，知时有利有不利也。吾尝三仕三见逐于君，鲍叔不以我为不肖，知我不遭时也。吾尝三战三走，鲍叔不以我为怯，知我有老母也。"③大意是："我当初贫困时，曾经和鲍叔一起做生意，分财利时自己总是多要一些，鲍叔并不认为我贪财，而是知道我家里贫穷。我曾经替鲍叔谋划事情，却使他更加困顿不堪，陷于窘境，鲍叔不认为我愚笨，他知道时运有时顺利，有时不顺利。我曾经多次做官多次都被国君驱逐，鲍叔不认为我不成器，他知道我没遇上好时机。我曾经多次打仗多次逃跑。鲍叔不认为我胆小，他知道

---

① 梁启超论诸子百家 [M]. 北京：商务印书馆，2012：38.

② 同①33.

③ 司马迁. 史记 [M]. 北京：中华书局，2006：392.

我家里有老母需要赡养。"对此，管仲曾感叹说："生我者父母，知我者鲍子也。"直至鲍叔牙力荐管仲给齐桓公成为齐相后，管仲的人生出现了彻底转机。据《国语·齐语》记载，鲍叔牙推荐管仲时说："臣之所不若夷吾者五：宽惠柔民，弗若也；治国家不失其柄，弗若也；忠信可结于百姓，弗若也；制礼义可法于四方，弗若也；执枹鼓立于军门，使百姓皆加勇焉，弗若也。'"① 鲍叔牙认为，自己不如管仲有五个方面。第一，宽厚仁爱不如管仲；第二，对百姓的忠信不如管仲；第三，制定礼仪法律不如管仲；第四，判决、断案不如管仲；第五，守卫国家，带兵打仗不如管仲，由此也体现出了管仲多方面的能力。

管仲身居齐相约 40 年，运用自己的治国才智，结合齐国的实际，"以区区之齐在海滨，通货积财，富国强兵"②，辅佐齐桓公完成"九合诸侯，一匡天下"的雄伟霸业，成为春秋时期的第一位霸主。管仲治国的能力，得到孔子高度赞扬，"桓公九合诸侯，不以兵车，管仲之力也，如其仁，如其仁！"③ 又曰："管仲相桓公，霸诸侯，一匡天下，民到于今受其赐。微管仲，吾其被发左衽矣。"④ 意是管仲辅助齐桓公，称霸诸侯，使天下得到匡正，人民至今享受到他的恩惠。没有管仲，我等都会披头散发，衣襟向左开着。

管仲的坎坷人生经历给予了他一生从政的重要实践基础，而他积极进取、坚忍不拔的精神毅力也使得管仲能够在后来辅佐齐桓公建立王霸之业时不拘小节，兼顾大义，成为一个为民谋利、为国图强的人。具体来看，管仲为相有以下三个特点：

其一，管仲早年的经商经历使他认识到求利行为在人民生活中的必要性和正当性。在管仲的治国理念和措施中，他坚持将道德与经济、义与利相结合，睿智地提出"仓廪实则知礼节，衣食足则知荣辱"⑤ 的重要观点。

其二，管仲长期生活在社会下层，从事过多种底层职业，使他深知民众的向往与追求，同时也了解到人民生活之疾苦，进而在他的治国理政思想中民本思想较多，提出"政之所兴，在顺民心；政之所废，在逆民心"⑥ 的政治宣言。同时，制定的治国之策也大都呈现出"安民""富民""爱民""利民"的意蕴。

---

① 国语 [M]. 陈桐生，译注. 北京：中华书局，2013：237.
② 司马迁. 史记 [M]. 北京：中华书局，2006：392.
③ 论语·大学·中庸 [M]. 上海：上海古籍出版社，2023：169.
④ 同③170.
⑤ 管子 [M]. 刘晓艺，校点. 上海：上海古籍出版社，2022：1.
⑥ 同⑤2.

其三，管仲的思想极具可操作性和现实意义。在提出治国方案时，管仲从不唱高调，而是针对具体问题拿出解决方案，将经济建设摆在第一位，注重农商，并主张"德治"和"法治"并重，这些都是最有力的证明。

二、《管子》及其思想背景

《管子》一书是反映管仲思想的集大成之作，书中记载了管仲治理齐国的一系列重要主张。从其成书看，是春秋战国时期经济、政治、文化等多元背景下的产物。

（一）《管子》简介

古代文献中最早提到《管子》的是《韩非子》，在《五蠹》篇中指出："今境内之民皆言治，藏商、管之法者家有之。"① 这说明在战国末期，《管子》就已有所流传。司马迁在《史记·管晏列传》中也说道："吾读管氏牧民、山高、乘马、轻重、九府，及晏子春秋，详哉其言之也。"②

《管子》一书非管仲一人所著，书中篇章的作者和年代已无从考证，但从书的内容看，应是春秋时期齐国史官和战国时期稷下学宫中推崇管仲思想的管子学派共同完成的著作。今天可见的《管子》是西汉历史学家刘向整理编定的。据刘向的《管子叙录》记载："所校雠中《管子》书三百八十九篇，太中大夫卜圭二十七篇，臣富参书四十一篇，射声校尉立书十一篇，太史书九十六篇。凡中外书中五百六十四篇，以校除复重四百八十四篇，定著八十六篇，杀青而书可缮写也。"③ 刘向在编定《管子》时删去重复篇目，定为 86 篇，其中佚失 10 篇，实存 76 篇。其内容大致可以分为三类：一是关于施政的对话或案例，主角以齐桓公和管仲为主；二是关于齐桓公、管仲二人一些经历故事的记载；三是《解》，即针对书中某些篇章作的解读，犹如《韩非子》中的《解老》篇，不过《解老》解的是《老子》，而《管子》解的却是其自身的某些篇章内容。

《管子》的写作时间主要是在春秋至战国这段时期，其主体部分成书于战国

① 韩非子 [M]. 姜俊俊，校点. 上海：上海古籍出版社，2019：547.
② 司马迁. 史记 [M]. 北京：中华书局，2006：393.
③ 黎翔凤. 管子校注 [M]. 北京：中华书局，2004：3.

时期的稷下学宫。书中所论述的内容涉及范围较为广泛，政治、经济、哲学、伦理、法律、管理、军事、教育、科技等学科均有涉及。《管子》在先秦曾经广为流传，在秦焚书之后，汉代《管子》仍未失传，司马迁在《史记·管晏列传》中就曾说：管氏《牧民》等篇"至其书，世多有之"①。其后，至汉武帝"罢黜百家，独尊儒术"，《管子》也受到冷落。在唐代盛世，《管子》又回到受重视阶段，之后的宋、明、清时期，一直有校注《管子》的新成果不断出现。

总之，"纵观《管子》一书，从思想内容到语言文字，其实乃我国古代所有著述中首屈一指的一部巨著，其理论之精湛、思想之超前，在整个经济思想史上，即使放眼到世界范围内，在漫长的前资本主义时期里，也是十分珍贵而罕见的"②。

(二)《管子》思想形成的时代背景

思想是时代的重要产物，作为有着强国富民宏伟政治抱负和丰富治国经验的管仲，其思想的形成离不开春秋战国时期齐国的时代背景，因此，必须将《管子》的思想放在齐国的历史演变进程中加以考察。

西汉史学家刘向在《说苑·尊贤》中指出："春秋之时，天子微弱，诸侯力政，皆叛不朝，众暴寡，强劫弱，南夷与北狄交侵，中国之不绝若线。"③这是一个中国大变革的时期，由于周幽王昏庸无能，西周的统治权威日渐衰落，而同一时期，各诸侯国纷纷乘乱而起，拥兵自重，独霸一方，形成了一幕幕大国争霸的局面。社会中多次出现"臣弑君、子杀父"的乱伦犯分事件，而周礼也不断被僭越与破坏，整个社会陷入了失序的状态。正是基于此，《管子》在理论层面上不断思考如何通过加强对"道""德""义"等道德范畴的教育宣扬以及通过自我道德修养来涵养人的德性，为社会秩序的重建找到重要支撑。同时，采取举贤任能的政治策略，让更多贤能之士掌控各级政府职位，管理齐国大大小小的事务，不断加强齐国的治理能力。

在经济上，齐国经济领域中的土地制度、经济结构等在发生着巨大的嬗变。一方面，齐国的土地制度经历着变革。由于"公田不治"和铁器牛耕的使用，使得土地分配制度得以变化，伴随阶级斗争形势的发展，一些贵族通过

---

① 司马迁. 史记 [M]. 北京：中华书局，2006：393.
② 邓加荣、张靖. 管子思想钩沉 [M]. 北京：中国社会科学出版社，2015：11-12.
③ 刘向. 说苑 [M]. 上海：商务印书馆，1937：71.

交换、转让、赏赐等方式，将大量的井田变为私有，并不断在井田之外开采私田，加剧了"井田制"向土地私有的过渡。而这一时期，齐国改革赋税，规定不论公田（井田）和私田，一律按实际亩数征税，进一步推动了"井田制"的瓦解。另一方面，在经济结构上，齐国充分发挥自身的地理优势。早在管仲出生时的齐僖公时代，齐国对外依据周朝授予的"东至海，西至河，南至穆陵，北至无棣，五侯九伯，实得征之"① 的征伐特权，采用"通商工之业，便鱼盐之利"② 的经济策略，逐渐成为东方大国，具有了一定称霸实力。这一时期，在遵循农业为本的基础上，依靠丰富的鱼盐、林木以及矿产资源，加之水路交通比较便利，齐国大力发展林、鱼、工、商业，沿着齐国经济结构的优势推行多项工商优惠政策，成为使齐国强盛的重要法宝。

在文化上，宽松的学术环境是《管子》思想产生的又一重要缘由。据东汉史学家班固编撰的《汉书·艺文志》记载，春秋战国时期，诸子百家学说纷纷涌现，各执一词，推崇他们所认为的真理，并以此周游列国著书讲学，来博得诸侯的认同。同时，由于政治上和经济上的嬗变，古时学在官府的局面也发生了很大变化，社会上涌现出大量回应时代所需的思想反响，加之各国兴起的养士之风以及宽松自由的学术风气，由此形成了"百家异说"的局面。无论是道家、儒家、墨家还是法家、兵家、名家，各家各派的思想代表围绕天人关系、人性善恶、义利之辨、礼法之别、王霸之争等，展开了丰富的思想争鸣，以期为诸侯争霸提供智谋策略，从而使这一时期的学术思想呈现出"千岩竞秀，万壑争流"的壮观景象。多元思想的交融在《管子》中得到体现，无论道家，还是儒家、法家，抑或其他家，均可在《管子》中找到与他们学说相同或相近的言论，形成了丰富的思想内容和广泛的思想体系。

今天，我们解读《管子》，主要依据的是《管子》一书和古代典籍中有关管仲的思想言论和治国理政的丰富实践，探寻管仲在我国思想文化历史上的重要贡献及其丰富的治国理政思想。

三、管仲的治国理政思想

管仲治国几十年，坚持礼法并重，法教统一，从爱民重民的视角出发，在

---

① 司马迁. 史记 [M]. 北京：中华书局，2006：197.
② 同①.

保障农业的基础上，积极发展工商业富国，并大兴礼义教化，寓军于政，对齐国的发展起到了积极的推动作用，充分体现出管仲的政治智慧。

（一）管仲的法治思想

20 世纪初期，梁启超曾高度评价管仲的法治思想，指出："法治者，治之极轨也，而通五洲万国数千年间。其最初发明此法治主义以成一家言者谁乎，则我国之管子也！"① 在梁启超眼里，管仲不仅是世界范围法治的发明人，而且还是法治的实践者，甚至可以说是实践法治的典范，因为"管子以法家名，其一切设施，无一非以法治精神贯注之"②。刘师培于 1903 年写成的《中国民约精义》一书也曾对管仲依法治国的治国之道进行过评述。他说："管子治齐，最得西人法制国之意，以法律为一国所共定，故君臣上下同受治于法律，而君主仅践立法者所定之范围。"③ 从实际而言，管仲的确在相齐治国时提出依法治国的主张，并在其执政实践的过程中加以贯彻落实，取得了很好的治国效果。

与以《商君书》《韩非子》为代表的主张专任刑法、排斥道德教化的三晋法家不同，管仲的法治思想坚持礼法并重，在尊重周朝旧礼框架的基础上，建立了一套崭新且适应齐国国情的法治体系。其中所蕴含的法治思想，大致可分为以下四个方面。

第一，阐述了"法"的起源。《君臣下》篇说："古者未有君臣上下之别，未有夫妇妃匹之合，兽处群居，以力相征。于是智者诈愚，强者凌弱，老幼孤独不得其所。故智者假众力以禁强虐，而暴人止。为民兴利除害，正民之德，而民师之。是故道术德行出于贤人，其从义理兆形于民心，则民反道矣。名物处违是非之分，则赏罚行矣。上下设，民生体，而国都立矣。是故国之所以为国者，民体以为国。君之所以为君者，赏罚以为君。"④ 古时没有君臣上下之分，也没有夫妻配偶的婚姻，人们像野兽一样共处而群居，以强力互相争夺，于是聪明的人诈骗愚笨的人，强者欺凌弱者，老、幼、孤、独的人们都不得其所。因此，智者就依靠众人力量出来禁止强暴，强暴的人们就这样被制止了。

① 梁启超论诸子百家 [M]. 北京：商务印书馆，2012：48.
② 同①49.
③ 李妙根. 国粹与西化：刘师培文选 [M]. 上海：上海远东出版社，1996：26.
④ 管子 [M]. 刘晓艺，校点. 上海：上海古籍出版社，2022：209.

由于替百姓兴利除害，并规正百姓的德性，百姓便把智者当作导师。所以道术和德行是从贤人那里产生的。当道术和德行的义理开始在百姓心里形成，百姓就归于正道了。辨别了名物，分清了是非，赏罚便开始实行。上下有了排定，民生有了根本，国家的都城也便建立起来。因此，国家之所以成其为国家，是由于有百姓这个根本；君主之所以成为君主，是由于掌握赏罚使其成为君主。这里，管仲坚持认为，"法"是社会发展到一定阶段的必然产物，为了管理好社会和国家，就必须制定相应的法律和准则，用来惩恶罚暴，奖励有功，解决社会出现的各种各样矛盾。

管仲进一步指出"法"在社会生活中的功能与作用。在《七臣七主》篇中说："夫法者，所以兴功惧暴也。律者，所以定分止争也。令者，所以令人知事也。法律政令者，使民规矩绳墨也。"① 表明"法"是用来引导和鼓励人们建功立业，威慑各种暴行；"律"是用来规定职分，制止纷争；"令"是用来指挥人们，管理社会事务。总之，法律政令是官吏、民众的行为准则，是判断是非的标准，是明确职责的规定，它有引导、规范、警戒和惩罚作用，对于除暴安良、扶正祛邪、管理社会、处理各种矛盾等，具有极为重要的功能。所以，管仲十分肯定和明确地说："故法者，天下之至道也，圣君之实用也。"②

第二，明确了"法"的特征。首先，"法"具有至高无上性，带有强制性。《任法》篇中说："有生法，有守法，有法于法。夫生法者，君也。守法者，臣也。法于法者，民也。君臣上下贵贱皆从法，此谓为大治。"③ "法"一经制定实施，便带有很强的强制性，所有君臣和民众都需要遵守。《任法》篇中还提到，"不法法则事毋常，法不法则令不行"④ "法者，民之父母也"。⑤ 管仲将"法"提升至治国之根本、百姓之父母的地位，表明其对于法律至上性的重视。同时，对于"法"的权威，《心术上》篇指出："法者，所以同出不得不然者也。故杀僇禁诛以一之也。故事督乎法，法出乎权，权出乎道。"⑥ 这是说，"法"是带有强制性非做不可的，主要用来统一人们的行为，而且它通过各种惩戒手段来保障人们行为的一致性。世事要用"法"来督促，而

---

① 管子［M］. 刘晓艺，校点. 上海：上海古籍出版社，2022：351-352.

② 同①314.

③ 同②.

④ 同①97.

⑤ 同①100.

⑥ 同①267.

"法"通过权衡利弊来制定。正是因为此，《禁藏》篇指出："夫法之制民也，犹陶之于埴，冶之于金也。"① 即用"法"管理人民，应当像制陶了解黏土的特性，冶金了解金属的特点一样，十分必要。其次，"法"具有公正性。管仲认为，任何"法"都应该是公平公正的，这是"法"的基本要求。《任法》篇中指出："以法制行之，如天地之无私也……上以公正论，以法制断，故任天下而不重也……夫私者，壅蔽失位之道也。"② 意思是，按法制办事，就应该像天地对待万物那样没有私心。君主凭公正原则来考量政事，凭法制来裁断是非，所以担负治理天下的大任而不感到沉重。如果以私心干涉法律，那就会使政令不能通行。正所谓，"君臣上下贵贱皆从法，此谓为大治"③。最后，"法"具有客观统一性。《明法解》篇提出："法者，天下之程式也，万事之仪表也。"④ "威不两错，政不二门"⑤，管仲强调"法"是治国的标尺，是社会的客观准则，因而法律刑罚不能有两种运用，政令下达，不能有两种途径、两样结局，充分点明了法律和政令的客观统一性。

第三，强调了"法"的厉行。在管仲看来，治国牧民要善于运用法律，只有依法治国，才能保证社会稳定，国家富强。如《任法》篇中指出："圣君任法而不任智，任数而不任说，任公而不任私，任大道而不任小物，然后身佚而天下治。"⑥ 即是说圣明君主依靠法度而不依靠智谋，依靠政策而不依靠议论，依靠公而不依靠私，依靠大道而不依靠小事。《禁藏》篇更是得出结论说："夫为国之本……法令为维纲，吏为网罟。"⑦ 作为治国的根本，法律法令好比是网罟上的总纲绳，纲举才能目张，所以，"先王之治国也，不淫意于法之外，不为惠于法之内也。动无非法者，所以禁过而外私也"⑧，即是说先王治国从来不在法度之外浪费心机，也不会在法度内私行，任何行动都不离法度，就是为了禁止过错而排除私行。

第四，主张"礼（德）法并用"。虽然"法"在国家治理过程中收效其

---

① 管子［M］. 刘晓艺，校点. 上海：上海古籍出版社，2022：362.
② 同①316-317.
③ 同①314.
④ 同①412.
⑤ 同①318.
⑥ 同①312.
⑦ 同①359.
⑧ 同⑤.

大，但是在正常的国家管理过程中，"礼"同样重要。"法出于礼，礼出于治"①，"法"和"礼"都是必不可少的重要工具，如果仅仅强调"法"的作用而忽视"礼"的作用，社会便会出现"刑罚繁而意不恐""杀戮众而心不服"②的结果。基于这样一种认识，管仲充分论证了"礼"的重要性。"夫人必知礼然后恭敬，恭敬然后尊让，尊让然后少长贵贱不相逾越，少长贵贱不相逾越，故乱不生而患不作。"③ 人知道"礼"以后，就生出了恭敬心，恭敬了自然谦让，然后老少贵贱各守本分，也就不生乱祸患了。"义者，谓各处其宜也。礼者，因人之情，缘义之理，而为之节文者也。"④ "义"说的是各行其宜，"礼"是根据人的感情，按照"义"的道理而规定的制度和标志。在《牧民》篇中，管仲着重将"礼、义、廉、耻"比作"国之四维"，并指出："一维绝则倾，二维绝则危，三维绝则覆，四维绝则灭。"⑤ 如果四维都不存在，则国家便难以存在。

那么，如何才能使得礼义廉耻内置于人心，"四维"得以发扬？管仲指出："欲民之修小礼、行小义、饰小廉、谨小耻、禁微邪，此厉民之道也。民之修小礼、行小义、饰小廉、谨小耻、禁微邪，治之本也。"⑥ 意思是若想要使民众有礼，那么小礼不可不谨；若想要使民众有义，那么小义不可不行；若想要使民众有廉，那么小廉不可不修；若想要使民众有耻，那么小耻不可不饰，如此方能使得民众行大礼、大义、大廉、大耻。概而言之，便是处处从小处着手，从细微处着力，长此以往就可积少成多、积善成德。

进一步，管仲论证了"礼""法"之间相辅相成、互相补充的辩证关系。管仲认为，"礼""法"应兼重、"德""法"应并举，治国上应坚持教育与惩罚相结合、恩德与威慑相补充。二者不应偏废于任何一方，否则"群臣不用礼义教训则不祥。百官伏事者离法而治则不祥"⑦。

可以说，无论是管仲对"法"的重视还是将"礼""法"并重的观念，均直接来源于其治国的实践活动，这些思想不仅从理论层面上具有深刻的思想体

---

① 管子 [M]. 刘晓艺，校点. 上海：上海古籍出版社，2022：76-77.
② 同①2.
③ 同①60.
④ 同①267.
⑤ 同①.
⑥ 同①15.
⑦ 同①313.

系，而且在实践上也具有很强的可操作性。

（二）管仲的经济思想

齐国传到齐襄公时，国力远不如姜太公封齐后励精图治的齐国。据《史记》记载，齐襄公在位期间，荒淫无道，昏庸无能，与其同父异母的妹妹文姜乱伦，派彭生杀害妹夫鲁桓公，而后再杀彭生以向鲁国交代。公元前 686 年，齐襄公遭连称、管至父、公孙无知等人所杀，公孙无知自立为君。公元前 685 年，雍廪袭杀公孙无知，齐襄公之弟公子小白即位，是为齐桓公。面对齐国当时的窘况，管仲深知必须通过改革使国家振兴，进而在经济方面提出了一系列措施，取得了明显成效，实现了安邦治国、民富兵强的大治景象，使齐桓公一举成为春秋五霸之首。

一方面，加强对农业这一关乎国计民生产业的发展。管仲把务农产粟作为大事，加大力度去落实。管仲认为，粮食问题不可低估，不可忽视，一定要把多产粮食作为主要任务。首先，粮食关乎一个国家的富裕与民众的稳定。"谷者，民之司命也。"① "五谷食米，民之司命也。"② "粟也者，民之所归也。粟也者，财之所归也。粟也者，地之所归也。"③ 管仲把粮食看作是民生之本、财用之本和疆土之本，因此，必须抓好粮食生产。其次，从治国的高度，将农业生产放了"王天下"的重要位置上。"昔者七十九代之君，法制不一，号令不同，然俱王天下者，何也？必国富而粟多也。夫富国多粟，生于农，故先王贵之。"④ 历代君王法度不一，号令不同，然而都能统一天下，其中必定是国富粮多的缘故。国富粮多，才能做到社会安定、兵强马壮、国威大振，才能立于不败之地而"王天下"，正所谓"粟者，王之本事也，人主之大务，有人之涂，治国之道也"⑤。最后，重视粮食生产也是使天下民众归附的重要保证。管仲指出，历代先王正是善于为人民除害兴利，所以天下人民才都归附他，其中，兴利就是有利于农业；除害就是禁害农业，因为，"农事胜则入粟多，入粟多则国富，国富则安乡重家，安乡重家则虽变俗易习，欧众移民，至于杀之

---

① 管子［M］. 刘晓艺，校点. 上海：上海古籍出版社，2022：434.
② 同①424.
③ 同①324.
④ 同①323.
⑤ 同①324-325.

而民不恶也。此务粟之功也"①，农业发展便可使粮食增多，粮食增多便可国家富裕，进而使民安居乐业。

为了支持农业的发展，管仲提出了一系列政策措施。例如，积极推进土地制度的改革，充分调动农民的积极性，"均地分力，使民知时也。民乃知时日之蚤晏，日月之不足，饥寒之至于身也。是故夜寝蚤起，父子兄弟不忘其功，为而不倦，民不惮劳苦"②，即把土地折算分租，实行分户经营，使农民自身抓紧农时。这样，农民就能够晚睡早起，父子兄弟全家关心劳动，不知疲倦并且不辞辛苦地经营。同时，按照土地的质量实行分等征税，承认私田的合法性。还对赢利单薄的农业实行一系列的扶持政策，如春天时给予财政贷款、提供种子或发放农业用具帮助生产，以保证农业再生产的稳步推进，并且重视农业的科技水平提升，将其视为推动农业生产的重要因素。

另一方面，充分发挥国家优势，大力发展工商业。虽然管仲按照传统治国观念重视农业的发展，但他并不贬低或蔑视工商之业，在治国分乡时就专门设立六乡为"商工之乡"，并在国中设立专门的"市"作为商品交易的场所。在管仲看来，市场是社会生产发展的促进力量，"聚者有市，无市则民乏"③。特别是在尊重市场规律的基础上，管仲实施了国家宏观调控，具体的操作方式就是轻（贱）时买，重（贵）时卖，即"敛积之以轻，散行之以重"④，这主要体现在两个方面。一是通过国家吞吐大宗物资来稳定市场物价、为国家牟取利润，所谓"以重射轻，以贱泄平"⑤。"以重射轻"，指国家在商品价格较低时，运用大量货币购入商品。例如粮食收成时，由于农民手中有大量的粮食需要抛售，这时的粮价相对而言会比平时低很多，国家此时就要大量收购粮食，使粮食价格有所上涨，以防止巨商大贾趁机囤积居奇。"以贱泄平"，指在商品价格上涨时，国家把过去购入的商品以较市价低廉的价格大量抛售，使商品的价格下跌。例如当市场粮食缺乏之时，国家就要将囤积的粮食进行销售，以实现平抑物价，调剂余缺增加国家收入。二是把货币和粮食这两种关键物资作为控制商品流通和整个国民经济的关键杠杆。在货币方面，主张国家垄断货币铸造

①　管子［M］．刘晓艺，校点．上海：上海古籍出版社，2022：324.

②　同①27.

③　同①24.

④　同①426.

⑤　同④.

权和发行权，"君有山，山有金，以立币"①，垄断了货币铸造权就可以进一步垄断货币，而货币垄断权掌握在国家手中，就会使商品和货币之间达到一定的平衡；对于粮食方面，则通过运用国家掌握的货币资源，在粮价涨落时吞吐粮食，以稳定粮价，维护国家粮食安全。在对市场进行充分认识的基础上，管仲进一步提出在必要时刺激消费来拉动市场需求，以促进生产发展。当"岁凶旱水泆，民失本"②之际，也就是大旱大水的灾年，民众会容易失去生活和再生产的能力，这时为了恢复社会生产能力，管仲提出"侈靡"主张，即设法扩大消费范围，尽可能让无衣无食的民众得到更多的就业机会，例如"修宫室台榭，以前无狗、后无彘者为庸。"③也就是修建宫室台榭，雇用那些养不起猪狗的穷人以做工为生。《侈靡》篇中还提出，让富者多消费、高消费，甚至于奢侈的消费，以便使贫者能够有就业就食机会，如"积者立餰食而侈，美车马而驰，多酒醴而靡"④，就是让积累财富的人多拿出余粮奢侈消费，装饰车马而奔驰，多备酒醴尽情享用。总之，鼓励富有者多消费、高消费，尽量地提高消费档次。

同时，为了鼓励齐国商业的发展，管仲对原有的繁琐征收制度进行了简化，规定出口货物中关税和商业税只征收其中之一。对于齐国的支柱产业——渔业和煮盐业，则不征关税，自由出口，关隘只进行登记。特别强调对商客要以礼相待，每30里设一处驿站，为过往商人提供各种优质服务。由于齐国提供便利政策吸引了众多外商，从而多管齐下形成了"如水归壑"的市场聚集效应，极大地刺激了齐国商业的发展。

在管仲多方面的经济政策中，"盐铁专营"政策成为国家干预经济的经典模式。管仲特别注重充分发挥齐国近海的地理条件优势和资源情况，强调由国家管理和专营山海资源，大力开发盐铁生产，提出了"官山海"的发展模式，盐和铁成为齐国重要的战略物资。

【思考】为什么是盐和铁作为战略物资？

这个问题其实有两个方面：一个是"为什么要"选择盐和铁；第二个是"为什么能"选择盐和铁。前一个问题是主观意愿的问题，是要不要谋事的问

---

① 管子［M］. 刘晓艺，校点. 上海：上海古籍出版社，2022：436.
② 同①418.
③ 同①418-419.
④ 同①239.

题；后一个是客观条件的问题，是能不能成事的问题。首先，盐和铁是战略物
资。盐和铁无论对于个人还是国家而言，都具有不可替代性，具有明显的唯一
性，因此齐国可以选择盐作为战略物资。春秋时期，齐国有最负盛名的盐产
区——渠展，据史料记载，渠展位于济水流入大海的地方，盐产量非常惊人，
这些盐制好后，被销往一些盐产量稀少的国家，如赵国、宋国等，由此为齐国
带来了巨大财富。而铁在当时是重要的科技资源，不仅可以制造各种农具，同
时还是诸侯军事竞争制造战争武器的重要支撑，因此必须严格控制在国家手
中。其次，盐和铁的利润非常大。提炼盐对齐国而言并不具有太高的技术难
度，而且这一物资人人所需，人人不可或缺，就必然会成为齐国的优势产品；
铁作为农业工具和战争工具产品的来源，其附加值高，可以根据当时市场的需
求来进行定价，为齐国创收。最后，盐和铁进行垄断的管理成本低。盐只需管
好海滩即可，铁只需要管好矿山即可，成本较低。

那么，齐国当时为什么能选择盐和铁作为战略物资？齐国作为一个靠海的
国家，盐、铁资源十分丰富，而这两类无论对哪个国家的人民而言，都是必不
可少的生活资料和生产资料。管仲充分认识到这一点，由国家垄断盐和铁的生
产，不仅可以满足人民需求，同时还可以对外销售，在生产和销售过程中不断
增加国家的收入。通过将盐铁作为战略物资，齐国国库充盈，人民和国家的收
入均有提升。

除却在农业和工商业之外，在社会财富的分配方面，管仲提出了"以其
所积者食之"①的按劳绩分配的分配观。《权修》篇有言："凡牧民者，以其所
积者食之，不可不审也。其积多者其食多，其积寡者其食寡，无积者不食。或
有积而不食者，则民离上；有积多而食寡者，则民不力；其积寡而食多者，则
民多诈；有无积而徒食者，则民偷幸。"②这段话意在表明，凡是治理人民，
对于按劳绩给予赏禄的问题，不可不审慎从事。劳绩多的禄赏多，劳绩少的禄
赏少，没有劳绩的就不给禄赏。如果不是这样的话，有劳绩而没有禄赏，人们
就离心离德，人心涣散，无凝聚力；劳绩多而禄赏少，人们就不会兢兢业业、
任劳任怨地努力工作；劳绩少而禄赏多，人们就容易弄虚作假；无劳绩而空得
禄赏，人们就会贪图侥幸。这些思想充分体现出管仲"以其所积者食之"的

---

① 管子［M］. 刘晓艺，校点. 上海：上海古籍出版社，2022：13.
② 同①.

按劳付酬的分配思想。

（三）管仲的爱民富民思想

早年下层社会的人生经历使管仲产生了较强的民本观念，《霸言》中明确指出："夫霸王之所始也，以人为本。本理则国固，本乱则国危。"① 这里"以人为本"的"人"显然指的就是"民"。管仲把民众的需要与欲望概括为佚乐、富贵、存安、生育等"四欲"；把与之相反的民众所厌恶的概括为忧劳、贫贱、危坠、灭绝等"四恶"。管仲认为，作为君王从治国安邦的角度出发，应将民放在十分重要的位置上，要尽可能满足民之"四欲"，消除民之"四恶"，进而赢取民心，使得民众全心全意为之效劳，甚至不惜牺牲他们的生命，即"政之所兴，在顺民心；政之所废，在逆民心。民恶忧劳，我佚乐之；民恶贫贱，我富贵之；民恶危坠，我存安之；民恶灭绝，我生育之"②。为此，管仲从齐国的实际出发，采取一系列爱民、富民、安民的措施，即"爱之，利之，益之，安之。四者道之出，帝王者用之，而天下治矣"③，大体主要体现在以下几个方面。

爱民是基础。一是主张"本厚民生"④。管仲认为，为政首要的"始于爱民"，"爱民"就要从关涉民众切身利益的相关问题出发，要"厚其生""输之以财""宽其政""匡其急""振其穷"。管仲特别注重对民众疾苦的关注，一再强调要对社会的弱势群体进行帮助和政策扶持。对此，他提出了"九惠之教"，《入国》篇中讲："入国四旬，五行九惠之教。一曰老老，二曰慈幼，三曰恤孤，四曰养疾，五曰合独，六曰问疾，七曰通穷，八曰振困，九曰接绝。"⑤ "九惠之教"，即政府设置专职官员对老人、孤寡、病残、贫困、死难家属进行管理照顾，以保证鳏寡孤独、废疾贫弱等社会弱势群体的基本生活与生存需要。同时，推行"富能夺，贫能予"⑥ 的施政策略，以便让社会财富能够相对均平地散之于民，确保所有人都可以饥有所食、寒有所衣、病有所治、老有所养，万民安居乐业。对于那些经济弱势群体，管仲特别要求给予他们相

① 管子［M］. 刘晓艺，校点. 上海：上海古籍出版社，2022：171.
② 同①2.
③ 同①74.
④ 同①212.
⑤ 同①365.
⑥ 同①447.

应的抚恤，即"养长老，慈幼孤，恤鳏寡，问疾病，吊祸丧，此谓匡其急。衣冻寒，食饥渴，匡贫窭，赈罢露，资乏绝，此谓赈其穷"①。敬养老人，慈恤幼孤，救济鳏寡，关心疾病，吊慰祸丧，这叫作救人之危急。给寒冷的人以衣服，给饥渴的人以饮食，救助贫陋，赈济破败人家，资助赤贫，这叫作救人之穷困。管仲认为这几个方面都属于兴举德政，这六项能见之实行，人民所要求的就没有得不到的了。二是要坚持"取民有度"。管仲认为，君王在治理国家时，常常会因个人欲望的膨胀而导致对民众过度索取，进而不断激化国家与人民之间的矛盾，为此他指出："地之生财有时，民之用力有倦，而人君之欲无穷。以有时与有倦，养无穷之君，而度量不生于其间，则上下相疾也。"②即土地生产财物是有季节性的，老百姓的气力有用尽的时候，可是君王的欲望却是无穷无尽的。用有时限的财物和能用尽的力气，来满足君王无穷的欲望，这中间又没有衡量和限制的标准，那么君王和百姓之间就会产生矛盾，互相怨恨。为了缓解君民之间的紧张感，同时彰显君王对人民的关爱，管仲主张应"取之有度"，即"取于民有度，用之有止，国虽小必安。取于民无度，用之不止，国虽大必危"③。

富民是根本。管仲坚持主张将富民与富国联系在一起，一方面，治国之道，必先富民，富民是前提，是基础；另一方面，富民才可以归附，才能兵强国安，二者在本质上是一而二、二而一的关系。富民在于"崇利"，这是管仲辅佐齐桓公"九合诸侯，一匡天下"的主要法宝，也是他对"利"之所秉持的基本态度。《形势解》篇说："民，利之则来，害之则去。民之从利也，如水之走下，于四方无择也。故欲来民者，先起其利，虽不召而民自至。设其所恶，虽召之而民不来也。"④ 人民，有利则来，有害则去。人民趋利，就像水往下流一样，不管东西南北。所以，要招来民众，就应先创造对他们有利的条件，富民就是要给民众以实际的利益，人莫不欲利而恶害，这是不可人为随意诋毁的客观现实性，如果顺应民众之趋利避害之情性，满足他们的欲望与需要，他们就不召而自至；如果置民众之趋利避害之情性于不顾，不能满足他们的欲望与需要，他们将虽召而不来。为此，富民就应从"利"上入手，"致利

① 管子 [M]. 刘晓艺，校点. 上海：上海古籍出版社，2022：59.
② 同①12.
③ 同②.
④ 同①395.

除害"，使民众得到满足。在《管子》一书中，讲到富民的内容很多。如"辨于地利而民可富"①，懂得利用地利，使民众富裕起来；"务五谷则食足，养桑麻、育六畜则民富"②，"省刑罚，薄赋敛，则民富矣"③，要让民认真种植五谷，粮食充足；发展蚕桑、纺麻，饲养家畜，还要在爱民的基础上，放宽刑罚，减轻赋税，这样百姓就会富裕起来，如此等等。

（四）管仲的军事思想

为了适应春秋时期诸国争霸的需要，管仲特别重视国防军队的建设。管仲认为，没有强大的国防和军队，就难以巩固和稳定齐国的国家政权。为此，管仲提出了寓兵于政的思想策略。

一方面，管仲特别强调国防军队的建设，指出军队是君王身份地位和国家安定的保证，一定要加以重视，且不可偏废。"故诛暴国必以兵，禁辟民必以刑。然则兵者，外以诛暴，内以禁邪，故兵者，尊主安国之经也，不可废也。若夫世主则不然，外不以兵，而欲诛暴，则地必亏矣。内不以刑而欲禁邪，则国必乱矣。"④ 战争虽然不是那么高尚和道德，但是在历史由分裂走向统一的变革关头，它却是"辅王成霸"的基本手段。对国家而言，没有强大的国防军备就没有强大的国家实力，在兵革不休的时代便难以维持自己国家的存在，以致征服他国更是难上加难，因而作为国家统治者的君王必须居安思危，下大力气加强国防和军队建设，正所谓"内守不能完，外攻不能服，野战不能制敌，侵伐不能威四邻，而求国之重，不可得也"⑤。

另一方面，管仲设定了一整套具体增强国防军事实力的措施。"作内政而寓军令焉。为高子之里，为国子之里，为公里，三分齐国以为三军。择其贤民，使为里君。乡有行伍卒长，则其制令，且以田猎，因以赏罚，则百姓通于军事矣。"⑥ 管仲将齐国一分为三，编为三军，公室、高子和国子各掌一军。乡有行伍，由卒长指挥以田猎的方式进行演习，以表现好坏进行奖惩，这样百姓就可以懂得军事了。在具体的操作上，"五家以为轨，轨为之长。十轨为

---

① 管子 [M]. 刘晓艺，校点. 上海：上海古籍出版社，2022：234.
② 同①3.
③ 同①147.
④ 同①193.
⑤ 同①94.
⑥ 同③.

里，里有司。四里为连，连为之长。十连为乡，乡有良人，以为军令。是故五家为轨，五人为伍，轨长率之。十轨为里，故五十人为小戎，里有司率之。四里为连，故二百人为卒，连长率之。十连为乡，故二千人为旅，乡良人率之。五乡一师，故万人一军，五乡之师率之。三军，故有中军之鼓，有高子之鼓，有国子之鼓。春以田曰搜，振旅。秋以田曰狝，治兵"①。大意为国都中五家为一轨，每轨设一轨长；十轨为一里，每里设里有司；四里为一连，每连设一连长；十连为一乡，每乡设一乡良人，主管乡的军令。战时组成军队，每户出一人，五人为一伍，由轨长带领；五十人为一小戎，由里有司带领；二百人为一卒，由连长带领；二千人为一旅，由乡良人带领；五乡一万人为一军，由元帅率领，齐桓公、国子、高子三人就是元帅。每年春秋以狩猎来训练军队，于是提高了军队的战斗力。同时，管仲又规定全国百姓不准随意迁徙，乡亲之间常年居住在一起，人与人相保，家与家相爱，年少同居住，年长同交游，祭祀互相祝福，死丧互相抚恤，福祸互相关切，居处互相娱乐，哭泣互相哀悼，这样即便是遇到夜间作战，也能够只听到声音就能辨别出是敌我；白天作战，只要看见容貌，大家就能认识，欢欣的情谊足以互相殉死。如此，国家在军事防御和军事进攻上便可天下无敌了。通过这样的措施，不仅使齐国的军事体制更为规范化，同时也加强了对百姓的管理，保证了政权的有效性，对齐国社会生产的稳定和发展也起到了重要作用。

总体看来，管仲的治国方略可大致归纳为"安民—精兵—致富—争霸"，通过这几项重要治国措施前后呼应、相辅相成，使管仲很快带领齐国走出了一条富国、富民、强兵以致称霸的强国之路，实现了"九合诸侯，一匡天下"的治国霸业。

【知识拓展】

齐国时期的稷下学宫

稷下学宫，是战国时期由齐国官方创办的一个学术文化中心兼政治咨询中心，其地点位于齐国的都城临淄（今山东省淄博市）稷门附近地区，因而得名为"稷下学宫"。稷下学宫由田齐桓公在位时开办，《史记·田敬仲完世家》

---

① 管子［M］. 刘晓艺，校点. 上海：上海古籍出版社，2022：147-148.

中记载："田釐子乞事齐景公为大夫，其收赋税于民以小斗受之，其禀予民以大斗，行阴德于民，而景公弗禁。由此田氏得齐众心，宗族益强，民思田氏。"① 齐国原为姜姓之国，田氏是陈国投奔齐国的一个大家族，他们凭借大斗出贷、小斗归还的扶贫济困方式，得到齐国人民的拥护，使得齐人对其爱之如父母，归之若流水。公元前481年，田成子杀齐简公，立简公之弟骜为齐平公，把齐国的大部分领地占为自己的封地，实际上已控制了姜氏齐国的政权。至公元前386年，周王朝正式承认田齐为诸侯，从此田氏政权取代了姜氏政权。

随着田氏齐国势力渐强，稷下学宫也日渐兴盛，齐宣王时期达到了鼎盛。《盐铁论·论儒》记载："齐宣王褒儒尊学，孟轲、淳于髡之徒，受上大夫之禄，不任职而论国事，盖齐稷下先生千有余人。"② 其中淳于髡是稷下元老，大概是最早来到稷下学宫的著名学者，齐宣王时期他去世，送葬的弟子多达三千人，足见学宫规模之大。

稷下先生待遇优厚。《史记·田敬仲完世家》记载，"皆赐列第，为上大夫"③，"皆赐列第"是每人分一套高级住宅，"为上大夫"意指给他们"上大夫"的级别，享受很高的政治待遇。同时，"受上大夫之禄""资养千钟"，享受很高的经济待遇。特别值得一提的是，田齐桓公建立稷下学宫在很大程度上是出于巩固田齐政权的政治目的，为其称霸诸侯、一统天下作舆论宣传和政策指导，但田齐政权并没有对稷下学宫的言论严加控制，反而给予其较为自由的活动空间。在稷下学宫，稷下先生们"不治而议论"④，"不治"就是不承担具体行政职务，"议论"就是指"论国事"，教学授徒，著书立说，从而为各学派在稷下学宫占有一席之地提供了良机，使得学派之间可以相互影响、相互渗透、取长补短。据史料记载，当时各学派在此地广泛交流，展开了著名的"百家争鸣"。

齐国君主对稷下先生们也十分尊敬。稷下先生们可以在君主面前高谈阔论，据理力争，君主们只是洗耳恭听。争鸣辩驳是稷下学宫经常进行的活动，也是最精彩、最热闹的场面。这些辩论在形式上是不拘一格的：学派之间、学派内部、稷下先生之间、学生之间、学生与稷下先生之间都可以进行辩论。无

---

① 司马迁. 史记 [M]. 北京：中华书局，2006：313.

② 盐铁论 [M]. 陈桐生，译注. 北京：中华书局，2015：111.

③ 同①318.

④ 同③.

论是邹鲁之儒家，还是楚地之道家，抑或燕齐之阴阳家，均可在此畅所欲言，各抒己见，表达自己学派的思想与见解，为各家学说的切磋交流提供了一个比较理想的场所，这从一个侧面也窥见出稷下学宫的宽松与开放。

这些多元融合、兼容并包的理论特色在《管子》一书及其思想中均得到了充分体现，《管子》呈现出的思想特色、价值指向及观点内涵均受到稷下学宫主流思想的深刻影响。特别是道法结合、礼法并举的齐法家思想因与齐国"举贤而上功"（选举贤能，奖励有功之人）的文化传统相契合，能较好满足田齐政权称霸诸侯、一统天下的政治雄心，从而在《管子》思想中显得较为重要。可以说，《管子》蕴含了稷下学士竭力推崇与阐扬的管仲思想与学说，成为内容丰富、体系严整的一部著作。

【课后思考】

1. 请思考管仲治国方略对今天具有哪些重要的思想启示？
2. 儒家富民思想与管仲富民思想是否相一致，请简要评析。

【当代审视】

站在国家治理的高度，先秦诸子百家特别重视利民、富民，将其视为提升社会道德水平、加强国家治理的重要基础。孔子在回答子张如何从政时，指出"因民之利而利之""择可劳而劳之"[①]，民则不会怨恨，国家便会安定；孟子则明确提出"民之为道也，有恒产者有恒心，无恒产者无恒心。苟无恒心，放辟邪侈，无不为已。及陷乎罪，然后从而刑之，是罔民也。焉有仁人在位，罔民而可为也？是故贤君必恭俭礼下，取于民有制"[②]。荀子亦提出："足国之道，节用裕民而善臧其余。节用以礼，裕民以政。彼裕民，故多余，裕民则民富……故知节用裕民，则必有仁义圣良之名。"[③] 其他诸子百家，诸如道家老子主张"我无事而民自富"[④]，墨家墨子向往一个"刑政治，万民和，国家富，

① 论语·大学·中庸 [M]. 上海：上海古籍出版社，2023：231.
② 孟子 [M]. 上海：上海古籍出版社，2022：64.
③ 荀子 [M]. 耿芸，标校. 上海：上海古籍出版社，2022：108.
④ 老子 [M]. 刘思禾，校点. 上海：上海古籍出版社，2023：143.

财用足，百姓皆得暖衣饱食，便宁无忧"① 的理想社会，其中，对后世影响最深的是管子，其所提出的"仓廪实则知礼节，衣食足则知荣辱"② 的思想，一直成为影响至今的重要命题。

在管子的思想中，利民、富民的经济活动不仅仅是物质财富的积累，更是实现国家良好治理的重要手段。"凡治国之道，必先富民，民富则易治也，民贫则难治也。奚以知其然也？民富则安乡重家，安乡重家则敬上畏罪，敬上畏罪则易治也。"③ 也就是说，治国应该先让百姓富裕起来，老百姓安居乐业，便会敬畏道德与法度，国家自然就容易治理。管子这一思想对我们今天治国理政具有重要的启示。对国家发展而言，个体利益的满足是消除失范行为的重要保障，经济的发展是社会整体道德提升的决定性力量。整个社会只有通过提升经济发展水平，改善人民生活条件，才能有效增强公民的道德认同感，促进社会的和谐与稳定。这是因为物质丰盈在很大程度上能够减少因生存压力带来的竞争与冲突，促使人们更多地关注道德与法律。如果离开个人利益的满足和社会经济的发展空谈道德与法律，终将成为无根之木、无源之水，这对于社会稳定及政治繁荣都是至关重要的。可以说，管子"仓廪实则知礼节，衣食足则知荣辱"的观点不仅反映了个人道德与物质生活之间的关系，也为现代社会的发展指明了方向。在现代社会，尤其是在社会主义市场经济发展和全球化的背景下，维护社会稳定和谐特别需要关注平衡经济发展与道德法治建设之间的关系，通过制定合理的政策与措施，减少贫富差距，推动社会公平正义，从而促进社会的良性发展。

【延伸阅读】

1. 陆德生：《管子思想的当代价值》，中国长安出版社，1993 年。
2. 邵先锋：《〈管子〉与〈晏子春秋〉治国思想比较》，齐鲁书社，2008 年。
3. 张固也：《〈管子〉研究》，齐鲁书社，2009 年。
4. 加荣、张靖：《管子思想钩沉》，中国社会科学出版社，2015 年版。

---

① 墨子 [M]. 吴旭民，校点. 上海：上海古籍出版社，2022：110.
② 管子 [M]. 刘晓艺，校点. 上海：上海古籍出版社，2022：1.
③ 同②323.

第十一讲　改革斗士商鞅的变法思想

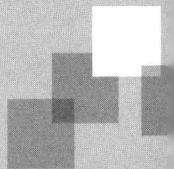

在先秦众多法家思想代表人物中，商鞅无疑是知名度很高的一位。凭借一己之魄力与能力，商鞅力排众议，在秦国推行变法近 20 年之久，使秦国由一个西陲的落后国家跃升为战国时期最为强大的国家，为秦统一六国奠定了重要基础。更重要的是，商鞅变法所提出的种种改革措施基本确定了此后两千多年中国的社会结构和政治体制模式。由于商鞅在变法改革上的成功实践，使其成为战国时期变法改革的重要代表。

一、战国时期变法及商鞅

战国时期，霸主的位置是令所有诸侯所向往的，其中，当然包括秦国。但是，想要成为霸主，必须具备能成为霸主的实力。这一时期的秦国无论从经济、军事还是政治、文化上均比较落后，于是，变法成为秦国想要图强的唯一途径。而纵观那个时代，变法已然成为所有诸侯国的共同追求，这一时期的变法像旋风一样席卷了战国时期的大地，进而也涌现出诸多伟大的变法家，其中，商鞅可谓是那一时期力行变法的一位勇士或斗士。

（一）战国诸国变法与秦

战国时期，变法浪潮一时风靡各国，"富国、强兵、争霸"这一急功近利的需求成为各国国君共同的目标。崛起的新兴地主阶级领导的政权纷纷采纳法家的思想开始实行变法，代表人物中，管仲在东，吴起在南，商鞅在西，李悝在北，形成了变法的态势。

1. 李悝变法

变法实践首先在魏国取得成功，推动这场变法改革的是当时的魏文侯。在他的主持下，魏国成为三晋的中心，而李悝协助魏文侯完成了为国家立新法、改旧制的重要任务，史称"李悝变法"。李悝，嬴姓，李氏，名悝，战国时魏国（今山西南部运城一带）人。战国初期魏国政治家、法学家，法家代表人物。李悝曾受业于曾申门下，做过中山相和上地守，后被魏文侯重用，主持变法。政治上，李悝主张废止世袭贵族特权，选贤任能，认为即使出身布衣，只要身具才华，在魏国也可有施展能力的舞台，这一措施使当时的魏国人才济济。经济上，李悝提出多项举措推进农业发展。一是通过立法的方式鼓励、督促农民积极生产，促进经济公平发展。为此，李悝专门推行了"平籴法"，即按照年景好坏进行粮食储备和调控的制度，分为上、中、下三等。遇上好年，则由官府按好年的等级出钱籴入一定数量的余粮，从而保证粮价不会下跌；遇上坏年，由官府按坏年的等级平价籴出一定数量的粮食，保证粮价不会上涨。如此，就能在一定程度上制止投机倒把的非法行为，使从事生产的农民有相应的保障。可以肯定地说，"平籴法"在控制物价、抑制商人及稳定生活方面起到了很大作用。二是减轻赋税，兴修水利，尽可能为农民生产创造条件。总体来看，魏国的变法确实实现了富国强兵、国力强盛的目标，成为各国群起效仿的对象。除却变法，李悝还有一个重要的贡献是制定了中国第一部具有代表性的成文法典——《法经》，以法律的形式肯定和保护了变法，固化了当时的封建法权。

2. 吴起变法

作为法家忠实的崇拜者以及坚定的实践者，吴起通过变法，使楚国在短短几年内走上了强盛之路。吴起，卫国左氏（今山东省定陶区西）人，战国初期军事家、政治家、改革家，兵家代表人物之一。早年在曾申门下学习儒术，后弃儒学兵。最初在鲁国时，受命指挥鲁军击败齐国。之后前往魏国，由于当时的魏国人才济济，吴起并没有太多脱颖而出的机会，但这时的吴起已经展现出高超的军事才能和政治理念。后来由于遭到魏武侯的猜疑，吴起毅然决然地离开了魏国，来到了楚国。这一时期的楚国接连经历了败仗，导致国力日渐衰落。在内忧外患之际，国君楚悼王痛下决心招贤纳士，进行大刀阔斧的改革。当得知吴起在魏国遭到猜忌，便请吴起来到楚国，委任为"宛守"（河南南阳的郡守），次年提升为令尹，主持国政，期望能借鉴吴起的治国经验进行变法改革，振兴楚国。

变法之初，吴起对楚悼王分析了变法的必要性。吴起说："大臣太重，封君太众；若此则上逼主而下虐民，此贫国弱兵之道也。不如使封君之子孙三世而收爵禄，绝减百吏之禄秩，损不急之枝官，以奉选练之士。"[①] 大意是说："现在大臣的权柄和势力过于强大，有领地和食邑的贵族人数太多；这样往上会威胁到一国之主，往下会欺侮虐待百姓，这是导致国家贫穷、兵力削弱的原

① 韩非子 [M]. 姜俊俊，校点. 上海：上海古籍出版社，2019：114.

因。不如把传袭了三代、有领地和食邑的贵族子孙的爵禄收回来，降低官吏的俸禄，削减不必要的官员，用来供养、选拔和训练士兵。"听了吴起的分析，为了楚国的未来，楚悼王力排众议，下令变法改革。依据楚国的实际情况，吴起从几个方面推行改革：一是针对贵族。凡被封君的贵族，传三代就要被取消爵禄和特权，收回封邑，与国君血缘关系疏远的贵族一律废为平民，停止发放俸禄，同时下令"贵人往实广虚之地"①，将寄生的贵族迁徙到偏远地方开荒种地，发展生产。通过这样一系列改革措施，不仅有力削弱了旧贵族的实力，加强了君权，同时利用贵族的资金和人力为国家开辟了新的发展渠道。二是针对官场。《史记·孙子吴起列传》记载："明法审令，捐不急之官，废公族疏远者，以抚养战斗之士。"② 即吴起大规模裁减无用官员，将省下的俸禄用于强兵。吴起认为，楚国的"大臣太重，封君太众"，造成国家开支极度浪费，为此，他实行简政，节省开支以供养"选练之士"，增强了国家军事力量。三是严肃法纪。吴起下令纠正官员损公肥私、谗害良才的不良歪风。据《战国策》记载，吴起提出"使私不害公，谗不蔽忠，言不取苟合，行不取苟容，行义不顾毁誉"③ 的主张，意思就是使人们不能徇私情，因私废公。言论上不勉强迎合别人的观点，行动上不勉强容纳别人的做法，保持自己的见解独立。可以说，吴起采取的种种变法措施明确地向着楚国富国强兵的目标推进，经由此变法，楚国国库充盈，实力大有提升，军势大震四方，"南平百越，北并陈蔡"，"诸侯患楚之强"。但遗憾的是，由于在改革推行过程中触碰了旧贵族太多的利益。公元前381年，楚悼王病死，旧贵族发动叛乱，包围王宫，用乱箭射死了吴起，变法宣告失败。吴起所著兵书被称为《吴子》，其书问世后，广为流传，后世将《吴子》和《孙子兵法》合称《孙吴兵法》。

3. 秦国变法

正当各国纷纷以变法图强之际，秦国也遇到了国家发展进程中的种种难题。秦国原为嬴姓部落，其祖先擅长养马，曾为周穆王驾驭马车一日千里。后当周平王被戎狄逼走，迁都洛邑时，秦襄公出兵参与了护送，周平王认为秦襄公护送有功，允许其与其余诸侯"通聘享之礼"，但此时的秦国与地处中原地

---

① 吕氏春秋 [M]. 徐小蛮, 校点. 上海：上海古籍出版社，2014：526.

② 司马迁. 史记 [M]. 北京：中华书局，2006：402.

③ 战国策（上）[M]. 缪文远, 缪伟, 罗永莲, 译注. 北京：中华书局，2012：174.

区的其他诸侯各国相比，显然是较为落后的。后来，秦国历代君王均进行了不同程度的改革，直至秦献公时期，终于霸西戎，威震寰宇，国力有了很大起色，秦献公注重广招天下贤才，使"广纳宾客"成为秦国一重要传统。秦献公之子秦孝公统治后，受父亲奋发图强精神的感染，加之秦国国弱民穷的残酷现实，立志以改变秦国落后面貌为己任，以成就霸王之业。为此，秦孝公上台之际便积极求治国之道，锐意改革，一方面，"布惠，振孤寡，招战士，明功赏"①，建设军队，安定内政，巩固国防；另一方面，向天下下诏求贤，图改革，振国力，以恳切的言辞发布了《求贤令》。

> 昔我缪公自歧雍之间，修德行武，东平晋乱，以河为界，西霸戎翟，广地千里，天子致伯，诸侯毕贺，为后世开业，甚光美。会往者厉、躁、简公、出子之不宁，国家内忧，未遑外事，三晋攻夺我先君河西地，诸侯卑秦，丑莫大焉。献公即位，镇抚边境，徙治栎阳，且欲东伐，复缪公之故地，修缪公之政令。寡人思念先君之意，常痛于心。宾客群臣有能出奇计强秦者，吾且尊官，与之分土。②

大意是：往日秦国自穆公统治期间，修德行武。东边平定了晋国，以黄河为界。西边兼并戎翟，开地千里。天子向秦穆公致伯，诸侯前来祝贺，为后人打下了基础，大业有望。其后君厉公、躁公、简公、出子四世昏政，内乱频出，外患交迫，三晋攻夺我河西，诸侯都蔑视我秦国，再没有比这更让我感到羞辱的事了。献公即位，镇抚边境，徙治栎阳，想收复穆公打下来的土地，振兴秦国。我想起先君的作为，痛恨在心。各位贤士群臣有能出长策奇计让秦国强大者，我则封他为官，与他一起分享秦国。

秦孝公求贤若渴的消息传遍天下，学富五车的商鞅（即卫鞅）正是在秦国急求人才之际来到秦国。商鞅初见秦孝公的考核面试在《史记·商君列传》中做了详细记载：

> 孝公既见卫鞅，语事良久，孝公时时睡，弗听。罢而孝公怒景监曰："子之客妄人耳，安足用邪！"景监以让卫鞅。卫鞅曰："吾说公以帝道，

---

① 司马迁. 史记 [M]. 北京：中华书局，2006：36.

② 同①.

其志不开悟矣。"后五日，复求见鞅。鞅复见孝公，益愈，然而未中旨。罢而孝公复让景监，景监亦让鞅。鞅曰："吾说公以王道而未入也。请复见鞅。"鞅复见孝公，孝公善之而未用也。罢而去。孝公谓景监曰："汝客善，可与语矣。"鞅曰："吾说公以霸道，其意欲用之矣。诚复见我，我知之矣。"卫鞅复见孝公。公与语，不自知膝之前于席也。语数日不厌。景监曰："子何以中吾君？吾君之欢甚也。"鞅曰："吾说君以帝王之道比三代，而君曰：'久远，吾不能待。且贤君者，各及其身显名天下，安能邑邑待数十百年以成帝王乎？'故吾以强国之术说君，君大说之耳。"[①]

可以看到，商鞅经秦孝公宠臣景监推荐，在见到孝公之后，第一次谈帝道，孝公时时打瞌睡，并不爱听。第二次谈王道，孝公仍不感兴趣。第三次谈霸道，孝公对景监说："你的客人不错，我可以和他谈谈了。"景监告诉商鞅，商鞅说："我用春秋五霸的治国方法去说服大王，看他的心思是准备采纳了。果真再召见我一次，我就知道该说些什么了。"于是商鞅又见到了孝公，孝公跟他谈得非常投机，不知不觉地在垫席上向前移动膝盖，谈了好几天都不觉得厌倦。景监说："您凭什么能合上大王的心意呢？我们国君高兴极了。"商鞅回答说："我劝大王采用帝王治国的办法，建立夏、商、周那样的盛世，可是大王说：'时间太长了，我不能等，何况贤明的国君，谁不希望自己在位的时候名扬天下，怎么能叫我闷闷不乐地等上几十年、几百年才成就帝王大业呢？'所以，我用富国强兵的办法劝说他，他才特别高兴。"之后经过宫廷内变法与不变法的世纪之辩，商鞅终于获得了秦孝公的赏识与信赖，被任命为左庶长，最终制定变法之令，开启了强秦之路，使秦国从落后的西部诸侯边陲小国发展成大秦帝国。

（二）商鞅

严格来说，管仲、商鞅等这些前期法家并不是真正意义上的"家"。春秋战国时期的儒、墨、道家有一个共同的特点，那就是能够从理论上找到其始祖源头，面对时代所提出的现实问题，他们通过理论上的构建，为解决现实问题找到答案。通常意义上看，儒、墨、道家都是以天下作为思考的视域，提出的

---

① 司马迁. 史记［M］. 北京：中华书局，2006：419.

问题也是如何去解决天下的纷争战乱，呈现出重理论而轻实践的特点。但管仲、商鞅等这些前期法家却不尽然，他们十分看重用实践来解决现实问题，特别是善于站在君王的立场，在时局的变化中为君王排忧解难。虽然他们的理论构建不如儒、墨、道家具有全面性，但却可以在特定处境下，认真地解答在时局中一个君王该怎么做，这恰恰成为管仲、商鞅等前期法家的优势。

商鞅，姬姓，战国时期政治家、改革家、思想家，法家学说的代表人物。商鞅是战国时期卫国人，以国为姓，史称卫鞅，但他又是卫国公族的后代，故又称公孙鞅。战国时期，卫国是一个真正的"蕞尔小国"，当时的卫国东边有强大的齐国，南面与宋、韩两国接壤，西边和魏国、韩国相连，北边又有魏国、赵国压顶，处于四面受敌的境地。商鞅虽是卫国国君的后代，但却是没落的贵族后代，家道败落使他早早就同其他人一样从师游学，具有很高的学问，但商鞅特别喜好刑名之学，自幼对李悝、吴起等法家变法思想家有着很高的崇拜之情，一生立志效力于王霸事业，后又接触和学习了兵学和杂家的理论，加之对社会和时局有较高的敏锐观察力和把握力，这些为他成为战国时代的改革斗士奠定了重要基础。

成年后，商鞅侍奉魏国国相公叔痤，任中庶子。公叔痤很快便发现了商鞅的才能，认为他是治国的大才。于是，在病中公叔痤向魏惠王举荐商鞅："此人年轻有才，可以担任国相治理国家。"魏惠王听后没有作声，公叔痤此时便知晓魏惠王不愿重用商鞅，于是又对魏惠王说："大王如果不愿任用卫鞅，您就把他杀了，千万别让他跑去他国，否则将后患无穷。"魏惠王一走，公叔痤立即找来商鞅，对他说："今天大王来看我，我向大王推举你，但我看大王似乎并没有任用你的意思。于是，我又对大王说，如果不用商鞅，就把他杀掉，大王应允了。如此看来，你的性命难保，你赶快逃走吧，如果继续留在魏国，必有杀身之祸，太危险。"出乎公叔痤意料的是，商鞅并没有惊慌，笑着说："大王既然不听您的话重用我，又怎么会听您的话杀我呢？"正如商鞅所说，魏惠王既没有重用商鞅，也没有杀掉商鞅，商鞅也没有立即离开魏国。后来公叔痤死后，商鞅自觉在魏国已经失去了靠山，正当思考自己前途和未来之际，恰逢西方传来秦孝公求贤的消息。商鞅为秦孝公个人宏大的抱负所感染，同时他也知道一直以来秦国就有着重视客卿的传统，很多仁人志士在秦国都得到了施展才华、实现抱负的机会。于是，商鞅做出了西去秦国的重要决定，开启了其与秦孝公的伟大合作。

来到秦国以后，由于帮助秦孝公变法有功，秦孝公将商、於之地的十五邑分封给他，号为商君，历史上称为商鞅。在商鞅变法过程中，制定严厉的法律，由于法令太过刻薄寡恩，并设连坐之法，加之军功爵制度，造成秦国贵族多怨。在秦孝公去世后，受到贵族诬害以及秦惠文王的猜忌，最终被车裂而死。商鞅在秦执政期间，秦国大治，史称"商鞅变法"。商鞅虽死，他所推行的新法并没有被废除，一直影响着秦国乃至以后的秦朝。与商鞅变法密切相关的一本著作是《商君书》，也称《商君》《商子》，现存 26 篇，其中 2 篇有目无书，是战国时期法家学派的代表作之一，着重论述了商鞅在当时秦国施行的变法理论和具体措施。

二、商鞅变法的内容及评价

在前后历时近 20 年的变法过程中，商鞅共进行了两次变法。总体来看，商鞅变法的原因主要有以下几个方面：首先，秦国地理环境封闭，地广人稀，劳动力缺乏，使秦人对先进的生产力没有特殊的敏感度，同时对先进改革思想缺乏及时接受的能力，从而造成了秦国社会生产力相对落后。其次，秦国经济欠发达，地处边缘，战斗力低下，被其他先进的中原国家认为是夷狄，国家关系地位被边缘化。再次，秦国政治制度相对粗糙，主要表现为政治结构单一，制度落后，动荡不安。最后，在文化方面，秦国受封相对于其他几国来说比较晚，长期与文化相对落后的西戎为邻，沾染了西戎的习气，仍然存在共同居住、共同占有财产以及共同生产的现象。上述种种现象均表明，秦国必须变法改革。商鞅依据秦国当时面临的众多问题，在农业经济、社会组织、作战军功、爵制制度、家庭制度等诸多方面全面发力，采取相应改革措施，充分调动各阶层的积极性，把社会力量全部集中到秦国富国强兵的事业中来。

（一）第一次变法

1. 经济措施

针对当时秦国地广人稀、荒地较多的现实问题，商鞅把鼓励开垦荒地作为发展农业的重点，颁布了劝农耕织、奖勤罚懒的法令措施。商鞅以农业为"本业"，以商业为"末业"，规定生产粮食和布帛多的，可免除本人劳役和赋税，而弃本求末或游手好闲而贫穷者，全家罚为官奴。同时增加农民的数量，

"庸民无所于食，是必农"① "逆旅之民无以食，即必农"② "恶农、慢惰、倍欲之民无所于食。无所于食则必农"③ "余子不游事人，则必农"④，使佣人、开设旅馆的人、懒散贪欲的人、有钱人子弟不能游事权贵的人皆转业为农，在一定程度上增加了农民数量，为农业发展奠定了基础。此外，商鞅还利用人们"所欲者田宅也"的普遍心理，以入秦耕垦者可得好田宅、三代免租免役的优惠条件招揽韩赵魏的民众到秦国垦荒定居，代耕代种，产生了很好的效果。

与此同时，抑制商人及商业活动。商鞅是抑商的极力主张者，为了实现重农的目标，商鞅不惜采用各种方式抑制商人及其商业活动。《垦令》篇规定：一是商人不得卖粮，不得从买卖粮食获利，同时将民众需求最大、盈利最高的盐铁买卖由国家垄断起来，不允许民众随意采矿、冶铁、煮盐，从而断绝了商人的生财之道。二是提高酒肉价钱，废除旅馆经营，加重商品销售税，一定程度上削弱了工商利润，减少了商人的商业活动。三是强制商人服各种徭役，将商人家人口编成户籍，分配各种徭役给他们，营造农民安逸、商人劳苦的局面。经过商鞅一系列变法改革措施，当时秦国大多数人都"弃末转农"，有效改善了秦国农民劳动力不足、农业发展滞后的问题。

2. 政治措施

第一，奖励耕战，实行军功爵制。"农战兴国"是商鞅变法的基本思路和基本政策，对秦国而言，富国强兵之路在于耕战，"民之内事莫苦于农"⑤ "民之外事莫难于战"⑥。商鞅从现实人性出发，认识到民以耕战二事最为苦，如果没有得力措施和有效的政策，会出现"民惰而不农"⑦ "一人耕而百人食之"⑧ 的失调状况，而要解决这一问题，就必须从政策措施上加以引导。为此，商鞅下令"有军功者，各以率受上爵；为私斗争，各以轻重被刑大小"⑨，即有军功的人，各按标准升爵受赏；为私事斗殴的，按情节轻重分别处以大小

---

① 商君书 [M]. 王霞，导读译注. 长沙：岳麓书社，2020：12.
② 同①13.
③ 同②.
④ 同①16.
⑤ 同①155.
⑥ 同①153-154.
⑦ 同①30.
⑧ 同①31.
⑨ 司马迁. 史记 [M]. 北京：中华书局，2006：420.

不同的刑罚。商鞅对此还专门设立了比较完善的军功爵制，共分为 20 个等级，每一等级对应不同的待遇，凡是能在战场上斩首对方首级者，便赐爵位一级，以此类推，杀敌越多，爵位越高。国家徭役也按照爵级安排，爵级越高，负担越轻，爵级越低，需承受越重的徭役，同时爵级高的人还会得到官僚体系上高职位的任用资格。商鞅提出这一系列政策，目的在于使秦国人民都树立一种认识，即"有功者显荣，无功者虽富无所芬华"①。由于推崇战功，秦国军队的战斗力大大增强，使整个秦国高度军事化，同时将全国人民的注意力都集中在了军事发展上，取得了良好效果。

第二，废除世卿世禄制，鼓励宗室贵族建立军功。商鞅的法令中规定，宗室贵族如果不能建立新的军功，就取消其贵族头衔及与此相联系的一切爵禄地位，并指出今后无论任何人，一律按军功大小来排定身份的尊贵和爵秩的等级，并且依照新的爵秩等级各自占有不同数量的田宅、臣妾，穿着不同规格的服饰。有军功的才有资格显示其尊贵和荣耀，无军功者即使富有，也应该在田宅、奴婢的占有和服饰的使用上受到相应的限制，禁止越级。通过这些规定，商鞅打破了世袭贵族的特权，沉重打击了旧贵族原有的势力。原有世卿拥有世禄，无功也可以得尊显，不需要为国家立新功照样可以得到爵位和俸禄，但从这时起，世卿世禄被推翻，从制度上解除了原来世卿对权力的垄断。虽然这样的改变对秦国而言是革新，是生机，但却招致了既有贵族的反抗与怨恨，对新法恨之入骨。

第三，改革户籍制度，实行连坐法。为了加强对社会基层的控制，管理广大居民，商鞅规定居民要登记个人户籍。居民以五家为"伍"、十家为"什"，将"伍""什"作为基层行政单位。同时，"伍"设伍长，"什"设什长，各自负责。按照编制，登记并编入户籍，责令互相监督。同"伍"、同"什"实行连保，一家有罪，九家必须连举告发，若不告发，则十家同罪连坐。告发奸人与斩敌同赏，匿奸者与降敌同罚。旅客住店必须有官府凭证，否则店主与奸人同罪。这些措施主要目的在于限制人口的随意流动，但却把秦国变成了一个全民皆兵的国家。此外，商鞅还主张轻罪重刑，"以刑去刑"②，意思是用刑罚遏止刑罚，使人民不敢轻易犯罪，以有助于君王的统治。

---

① 司马迁. 史记 [M]. 北京：中华书局，2006：420.
② 商君书 [M]. 王霞，导读译注. 长沙：岳麓书社，2020：102.

通过商鞅一系列变法措施的实施，秦国改变了旧貌，大治于天下，对此，《战国策》评价商鞅变法的成效是"道不拾遗，民不妄取，兵革大强，诸侯畏惧"①。《史记》也称赞说："行之十年，秦民大说，道不拾遗，山无盗贼，家给人足。民勇于公战，怯于私斗，乡邑大治。"② 意思是实行新法十年，秦国百姓皆大欢喜，路上不捡拾他人遗物，山中没有蟊贼强盗，家家富裕，人人满足。人民勇于为国家打仗，不敢为私利争斗，乡村和城镇社会秩序安定。

在变法实施过程中，如何让新法取信于民关涉到变法实施的效果，为此，商鞅在变法之初，做过一个历史上十分著名的实践——徙木立信。《史记·商君列传》记载："孝公既用卫鞅，鞅欲变法，恐天下议己。"③ "令既具，未布，恐民之不信，已乃立三丈之木于国都市南门，募民有能徙置北门者予十金。民怪之，莫敢徙。复曰：'能徙者予五十金。'有一人徙之，辄予五十金，以明不欺。卒下令。"④ 孝公任用商鞅为左庶长，具体制定了变法之令。法令制定好了，还未公布，商鞅恐百姓不信新法，于是将一根三丈长的木头竖立在国都的南门外，招募百姓说："将此木移到南门的给十金。"百姓对这种举手之劳即可获得重赏的事感到很奇怪。大家都在围观，并无人搬移此木。商鞅又下令："有能将此木移到北门的给五十金。"这时，有一个人出来将此木移至北门，商鞅真的给了他五十金。商鞅用"徙木立信"的简单办法，取得了百姓信任，树立了新法的威信，也顺利推行了变法。在商鞅主持下，新法很快在秦国产生重大影响，使秦国国力获得了很大提升。北宋著名改革家王安石曾写过一首《咏商鞅》的诗赞美商鞅："自古驱民在诚信，一言为重百金轻。今人未可非商鞅，商鞅能令政必行。"充分体现出商鞅在变法改革中的睿智与勇毅。

（二）第二次变法

在第一次变法改革的基础上，为进一步谋求富国强兵，使改革成效更为彻底，商鞅推行了第二次变法。相比于第一次变法，第二次变法无论从内容上还是从范围上都更为彻底。

---

① 战国策（上）[M]. 缪文远，缪伟，罗永莲，译注. 北京：中华书局，2012：60-61.
② 司马迁. 史记 [M]. 北京：中华书局，2006：420.
③ 同②419.
④ 同②.

第一，由栎阳迁都至咸阳。《史记·秦本纪》记载："孝公十二年，作为咸阳，筑冀阙，秦徙都之。"① 咸阳位于渭水河畔，土地肥沃，盛产米粮，水陆交通便利，沿渭水而下，可直达黄河，直奔函谷关，更有利于秦国向东南发展。孝公八年（公元前354年），秦国渡黄河围魏国安邑，安邑被迫降秦。秦国已强大到能够保卫自己的领土不受侵犯，建都咸阳的条件已经成熟。于是，商鞅向秦孝公建议，将秦国的首都迁到黄河以东的咸阳，从而更加有利于加强中央集权统治。而迁都还可以进一步削弱旧势力，使举国之民从怠惰中清醒过来，万象更新，奋发图强，有利于推动富国强兵的事业。秦孝公采纳了商鞅的建议，经过三年的经营，商鞅在咸阳建造了冀阙，即魏阙，（"魏"意为巍巍高大），这是古代宫廷大门外公布法令的门阙，是一种权力的象征，国家威严的体现，为秦国迁到新国都创造了基本条件。孝公迁都咸阳后，秦国在咸阳完成了消灭六国之大业和种种声势浩大的工程，咸阳见证了秦国的崛起，而在长达一个半世纪里，咸阳成为当时最繁华的大都市之一。尤其是秦国最后十余年，咸阳更跃升为全国的政治、经济和文化中心。

第二，改革田制。从土地制度入手，商鞅废除了井田制，通过开阡陌打通原来限制土地开垦和扩大耕作规模的田界，承认人民土地私有，进而扩大了政府拥有土地的授田制度，从一定程度上增加了政府的税收，同时也促进了土地私有制的大发展。这样的制度改革使土地所有者演变为早期的地主阶级，发展成为秦国后来的统治阶级。相较于春秋战国时期各国土地制度改革，秦在土地改革中执行得较为彻底，充分明晰了土地所有权。

第三，推行县制，加强中央集权。为进一步加强中央集权，将地方官吏任免大权集中于国君一身，商鞅推行了"集小乡邑聚为县"② 的重大改革，以县为地方行政单位，设置了31个县，废除分封制。同时，县设县令以主县政，设县丞以辅佐县令，设县尉以掌管军事。通过县的设置，有力配合了"废井田、开阡陌"政策，巩固了中央集权的封建统治，削弱了豪门贵族在地方上的权力。《垦令》篇说道："百县之治一形，则从迁不饰，代者不敢更其制，过而废者不能匿其举。"③ 意思是，各县的政治制度都是一个形态，人人遵从，奸邪的官吏不敢玩弄花样，接替的官吏不敢变更制度，犯了错误而罢黜的官吏

---

① 司马迁. 史记 [M]. 北京：中华书局，2006：36.

② 同①420.

③ 商君书 [M]. 王霞，导读译注. 长沙：岳麓书社，2020：19.

不敢掩盖其错误行为，从而这套体制成为秦国治国的基本政治体制。

第四，统一度量衡。商鞅变法前，秦国各地度量衡不统一，为了保证国家的赋税收入，商鞅制造了标准的度量衡器，统一了斗、桶、权、衡、丈、尺等度量衡，要求秦国人必须严格执行，不得违犯。例如，为了维护度量衡的准确，商鞅借鉴齐国的量制，制成了"铜方升"，这是目前所见最早"以度审容"（即以尺寸定容积）的标准量器。"铜方升"由商鞅于秦孝公十八年（公元前 344 年）监制颁发，为青铜铸制，呈长方形，有短柄，左壁刻铭文 32 字。"铜方升"以 16.2 立方寸为一升，内口长、宽和深之比为 5.4∶3∶1。商鞅"铜方升"不仅铭刻了制造年代，更重要的是铭刻了长、宽、高尺寸，通过测量能确知战国时秦国一升的标准值，同时还能得到一尺的长度约合今 23.1 厘米，由此成为我国度量衡史上极为重要的标尺。秦始皇统一六国后，统一度量衡时仍以商鞅所造量器为标准量器，有的在"铜方升"底部直接加刻诏书："廿六年，皇帝尽并兼天下诸侯，黔首大安，立号为皇帝，乃诏丞相状、绾，法度量则不壹、歉疑者，皆明壹之。"① 意思是秦始皇二十六年，皇帝消灭了所有的诸侯，统一了中国，老百姓得到了安宁。现在立尊号为皇帝，于是命令丞相隗状和王绾，宣布全国统一度量衡制度，使有疑惑的都明确起来，一律校正统一。

第五，行分户令，革除落后风俗。商鞅改革户籍制度，强制要求成年男子分家，推行小家庭制。"民有二男以上不分异者，倍其赋。"② 明确家中如果有两个以上成年男子而不分家的，就要使他们的赋税加倍，其目的是制造更多为国家承担兵役和徭役的户口单位。为了严格执行分户令，将大家庭中闲散的劳动力全部挖掘出来，商鞅继续推行"令民父子兄弟同室内息者为禁"③，意在要求任何家族都要严禁父子、兄弟同室而居。商鞅通过这一政令的实施，不仅可以将旧风旧俗予以禁止，而且还可以分化大宗族，让小家庭变得脆弱、分散，并进一步增加国家税收，相应地通过户口的增加扩大兵源。

（三）对商鞅变法的评价

毋庸置疑，商鞅变法是成功的。在秦孝公的支持下，商鞅两次变法，推行新法达 18 年，取得巨大成功，使秦国由一个落后的、被东方各国看不起的国

---

① 田率. 文物背后的中国历史［M］. 成都：四川人民出版社，2015：47.

② 司马迁. 史记［M］. 北京：中华书局，2006：420.

③ 同②.

家，一跃变成战国七雄中实力最强大的国家。司马迁说，商鞅变法后，"秦人富强，天子致胙於孝公，诸侯毕贺"①。而商鞅变法过程中所提出的一系列改革举措也深入民心，成为秦国政治的根基。他为秦国制定并付诸实行的一整套新法，即便在商鞅死后依然发挥效用。对此韩非说："及孝公、商君死，惠王即位，秦法未败也。"② "今境内之民皆言治，藏商、管之法者家有之。"③ 可以说，自秦孝公以后，商鞅一系列变法产生了巨大的效用，在整个秦国和中国历史上具有重要的影响。

纵观商鞅变法的整个历程，展现出较为明显的施政特点：一是令出必行，严格执法。商鞅极其重视法令的威严，面对"刑不上大夫"的旧传统，即使是天子太子，犯了法也决不姑息。据《史记·商君列传》记载，太子嬴驷触犯新法，商鞅说："'法之不行，自上犯之'。将法太子。太子，君嗣也，不可施刑，刑其傅公子虔，黥其师公孙贾。"④ 意思是法令之所以不能贯彻执行，首先是由于上层人士违法。国君的后代，不可施刑，但是要对太子的师傅公子虔施劓刑、公孙贾施黥刑，一个割掉鼻子，一个脸上刺了字，自此以后，秦人皆遵从了法律。二是讲求变法效率。商鞅在变法过程中，要求各级政府和官吏处理政事不过夜，不拖拉，"无宿治，则邪官不及为私利于民，而百官之情不相稽，则农有余日"⑤。意思是国君不隔夜处理政事，贪官污吏来不及从人民那里榨取好处，各级官吏处理政事不积压，人民就有更多时间进行农业生产，从而保证政府治国过程中的效率。三是注重把握治国之纲。商鞅变法的特点突出显现在其看重治国统一思想，要整齐划一地推进改革，在《商君书》中他强调："故圣人明君者，非尽能其万物也，知万物之要也。故其治国也，察要而已矣。"⑥ 那些有威望的人和英明的君主并不是能运用万物，而是掌握了世上万事万物的规律和要领，他们治理国家的办法就是辨明要领。他认为，"圣君知物之要，故其治民有至要"⑦。这里的"要"即是"纲"，是治国的提纲挈领。与此同时，商鞅以"壹"的思维方式，坚持将治国的焦点和治国的纲

---

① 司马迁. 史记 [M]. 北京：中华书局，2006：420.
② 韩非子 [M]. 姜俊俊，校点. 上海：上海古籍出版社，2019：482.
③ 同②547.
④ 同①.
⑤ 商君书 [M]. 王霞，导读译注. 长沙：岳麓书社，2020：7.
⑥ 同⑤30.
⑦ 同⑤103.

领进行结合，指出"圣人之为国也，壹赏，壹刑，壹教"①。圣人治理国家的办法就是统一奖赏、统一刑罚、统一教化，以"三壹"来做到兵无敌，令通行，下听上，全国集中注意力于耕战图强，并就此总结说："圣人治国也，审壹而已矣。"② 可以看出，商鞅改革所有的出发点和落脚点都在于富国强兵，将其视为极其重要的大事，并要求必须加以贯彻落实，丝毫容不得马虎。

在商鞅死后数十年的秦昭王后期，燕人蔡泽至秦国"相秦数月"，对商鞅及其变法的成果作出较为客观的评价。他指出："夫商君为秦孝公明法令，禁奸本，尊爵必赏，有罪必罚，平权衡，正度量，调轻重，决裂阡陌，以静生民之业而一其俗，劝民耕农利土，一室无二事，力田蓄积，习战阵之事，是以兵动而地广，兵休而国富，故秦无敌于天下，立威诸侯，成秦国之业。"③ 大意是商鞅为秦孝公制定法令昭示全国，禁绝奸邪的根源，崇尚封爵制度，有功必定奖赏，有罪必定惩罚，划一权、衡，统一度、量，调节商品、货币流通等轻重关系，铲除纵横交错的田埂，允许认垦荒田，使百姓生活安宁而一民同俗，鼓励百姓耕作，使土地发挥效益，一家不操二业，努力种田积贮粮食，平时演练军事战阵，因此军队发动就能扩展领土，军队休整就可使国家富足，所以秦国无敌于天下，在诸侯中扬威，奠定了秦国的基业。蔡泽在这里肯定了商鞅变法的成效，将其视作天下谋士之楷模。同样地，韩非也表达过对商鞅的钦佩和认可，指出"秦行商君而富彊"④，认为秦国通过变法达到了国治兵强的目的。

但后人中，也不乏对商鞅持否定态度的思想家。贾谊在《治安策》中曾指出："商君遗礼义，弃仁恩，并心于进取。行之二岁，秦俗日败。……功成求得矣，终不知反廉愧之节，仁义之厚。"⑤ 意思是商鞅只想兼并天下，却抛弃礼义、仁义和恩惠；其新法推行不久，秦国风俗日益败坏。……秦的功业虽然成了，但是最终仍不知要返回到讲廉耻节操、仁义道德的正轨上来。董仲舒也曾对商鞅变法评价说："至秦则不然，用商鞅之法，改帝王之制，除井田，民得卖买，富者田连阡陌，贫者亡立锥之地。"⑥ 意指秦国变法使富有的人拥有宽阔的土地，贫穷的人连立足之地都没有。宋代的苏轼在给宋神宗的上书中

---

① 商君书 [M]. 王霞，导读译注. 长沙：岳麓书社，2020：118.
② 同①126.
③ 司马迁. 史记 [M]. 北京：中华书局，2006：485.
④ 韩非子 [M]. 姜俊俊，校点. 上海：上海古籍出版社，2019：479.
⑤ 班固. 汉书 [M]. 北京：中华书局，2007：490.
⑥ 黄绍筠. 中国第一部经济史——汉书食货志 [M]. 北京：中国经济出版社，1991：99-100.

说："唯商鞅变法不顾人言，虽能骤至富强，亦以召怨天下。使其民知利而不知义，见刑而不见德，虽得天下，旋踵而失也。"①苏轼认为，商鞅主持的变法丝毫不顾及人情世故。这样的变法虽然使秦国在短短二三十年里骤然变得国富民强，但也因在推行法制的过程中丝毫不考虑人情世故，致使百姓只知利不知义、只认刑法不考量道德，虽然秦国一统天下，但并不能长久，转眼间就亡国了。客观而言，商鞅在变法过程中，法令严苛，用刑极重，在某种程度上加重了人民所受的剥削与压迫，增加了人民生活的负担和苦难；同时，倡导君主独裁，使人民与君主间的对立更加激烈，产生出很多对君主的负面情绪，也激发了君主暴政的不良后果。

但应该承认的是，商鞅是一位具有极大创新思想的政治家。从商鞅变法的实际效果可以看出，商鞅变法不止于辩论，不是空想，而重在实践，经过一系列变法，秦国成为"兵弋大强，诸侯畏惧"的虎狼之国，这也是为什么在诸子百家思想博弈竞争中，法家思想得以迅速获取君王青睐的原因。商鞅作为法家代表，有着强大的执行能力，无论从治国方案，还是贯彻执行来看，商鞅变法都是最务实、最切实的，因此，后世常常评价其为有着"非常之功"的杰出人物，显然并不为过。商鞅变法虽然有诸多不足，但其变法对整个后世的影响是深远的。商鞅死后，从秦惠王到嬴政，都成为法家思想的拥趸，而秦国能够统一天下，显然与商鞅的变法改革也是分不开的，无论从何种角度看，后世多法商鞅之遗术已成为历史的现实。而商鞅变法的重要观点，如"以农为本""集小乡邑聚为县""统一度量衡"等，均一直留存于后世，特别是延绵不绝的中华帝国历经无数次改朝换代，仍旧保留了秦国的各项制度。对此郭沫若先生就曾指出："甚至我们要说秦、汉以后中国的政治舞台是由商鞅开的幕，都是不感觉怎么夸诞的。"②毛泽东也曾说，"百代仍行秦法政"。从商鞅个人角度看，其功成身死、无法善终是古代中国改革者无法摆脱的命运结局，但商鞅不畏艰难、矢志不渝的改革精神，在今天仍然具有强大的精神力量，值得我们去认真学习，在漫长的中国改革史上，像商鞅这样的改革斗士，并不是绝响，而且不断有后来者。

---

① 中国十大文豪全集苏轼（卷十二）[M]. 于宏明，点校. 长春：时代文艺出版社，2000：3487.
② 郭沫若. 郭沫若全集·历史编（第2卷）[M]. 北京：人民出版社，1982：323.

【知识拓展】

法家代表人物： 慎到与申不害

（一）慎到

慎到，尊称慎子，生于战国时期赵国邯郸，古代慎国（今河南省正阳县）人。早年曾学黄老道德之术，后成为法家代表人物。齐宣王时，慎到长期在稷下学宫讲学，是稷下学宫中最具影响力的学者之一，学生众多，在当时享有盛名。当时齐威王、齐宣王均喜欢文学游说之士，稷下学宫中的慎到、邹衍、淳于髡、田骈等76人，被任命为列大夫。慎到著有《慎子》，司马迁在《史记·孟子荀卿列传》中介绍说有"十二论"，班固在《汉书·艺文志》中著录为42篇，宋代的《崇文总目》记为37篇。清朝时，著名藏书家、刻书家钱熙祚合编为7篇，刻入《守山阁丛书》。

由于思想中受黄老之学的影响，慎到较为重视"无为而治"。慎到主张国君应该"静默无为"，其理由是国君"静默无为"才能"任法自为"，如果国君作为过多，便有可能犯错，会伤害原本高高在上的"势"，破坏法的权威。同时，慎到也指出，国君的才干能力是有限的，无法日夜承担无止境的国事，如果负劳过重，必倦而衰，因而作为国君应无为，由臣来役劳，将群臣各自能力发挥出来，各施其才皆为所用，这样国家便能够安治。

同时，慎到也提倡法治，做到公平执法，反对人治。慎到认为，人治过多便会无标准、私心过重，催生怨念，因此必须以法治代替人治，要立法为公，反对立法为私，即"官不私亲，法不遗爱，上下无事，唯法所在"①。一旦万事皆断于法，便会有一个客观标准，人君也不会有私心，全国上下从人君、人臣到百姓均按照法的要求行事，起到良好的治国效果。

慎到的治国思想最具特点的是"重势"。慎到认为，对国君而言，最重要的不是"贤"和"智"，而是"势"，对此，他有一个非常形象的比喻，即飞龙和云雾。慎到指出，国君和权势就像是飞龙和云雾，飞龙有了云雾才能飞得高，如果云雾散去，飞龙就像地上的蚯蚓。国君如果有了权势，即使像夏桀那样昏庸残暴，命令也能执行；如果没有权势，即使像尧那样贤德，百姓也不听

---

① 许富宏. 慎子集校集注［M］. 北京：中华书局，2013：57.

从命令。因此，国君只需坐在"势"的地位上，单纯扮演"法"的权威即可。慎到甚至还指出，国君不需要有个人主见、自我意志，只需要不断抬高自己的"势"便可以了，"势"越高，权威相应也越高，再以法治国，便可"南面而王天下"了。

（二）申不害

申不害，亦称申子，郑韩时期人物，郑国京（今荥阳东南）人。战国时期思想家，法家重要代表人物之一，是商鞅同时期异地的一位法家重要代表人物，以"术"著称，著有《申子》。申不害曾为郑国小吏，公元前375年（韩哀侯二年），韩国灭掉郑国，遂成为韩人。韩昭侯四年（公元前354年），魏军攻韩，韩国君臣吓得六神无主，这时申不害建议韩昭侯执圭去见魏惠王，示弱、博取同情，由此韩国危机解除；公元前353年，魏军包围赵都邯郸，申不害建议韩昭侯向齐国求援。韩昭侯发现申不害有治国之才，便破格提拔他做了国相，开始实行改革。在商鞅变法时期，申不害了解和听闻过商鞅改革的内容和执政过程，因而在韩国变法期间，相应也推行了一系列相近的改革措施，其中，最为擅长的即是"术"治。申不害主要汲取了道家"君人南面之术"加以改造，提出了一整套"修术行道""内修政教"的"术"治方略。

申不害在韩国的变法改革，第一步就是整顿吏治，加强君主集权统治。在韩昭侯的支持下，果断收回了侠氏、公厘和段氏三大强族的特权，摧毁其城堡，清理其府库，将其土地和财富收归国有，这一系列措施不仅稳固了韩国的政治局面，而且使韩国实力大增。同时，申不害极力主张百姓多开荒地，多种粮食；重视和鼓励发展手工业，特别是兵器制造。战国时代，韩国冶铸业比较发达，当时就有"天下之宝剑韩为众""天下强弓劲弩，皆自韩出"的说法。

与此同时，大行"术"治。申不害讲"术"，是指法家的刑名法术之学，特别指的是国君控制和使用臣下的策略与手段。"术"的关键在于"莫测"，"法"是固定的，然而国君的统治术却要刻意维持不确定，申不害要求国君要"赏罚难测""操杀生之柄"。其中，"术"可以分为"阳术"和"阴术"，"阳术"就是强化对群臣的考核、监督和防范，国君通过考核了解臣子们是否称职得当、对国君是否忠心、言行是否一致等因素后，再从中选出优秀的进入庙堂，不合格的剔除出官场；"阴术"就是国君的赏罚要没有固定模式，臣子无法依照模式来掌握国君，"明君如身，臣如手；君若号，臣如响；君设其本，臣操其末；君治其要，臣行其详；君操其柄，臣事其常。……故善为主者，倚于愚，立于不盈，设于不敢，藏于无事。窬端匿迹，示天下无为"①。意思是明智的国君就像人的身体，而大臣就像人的手。国君发号施令，大臣应之如响。国君从根本上建立治国之道，由臣下去安排部署；国君制定好纲要，臣下在下面具体实施；国君掌握好权柄，臣下处理日常事务。善于做国君的应装出一副愚钝的面孔，不自满，不逞能，无所事事，含而不露，给天下人以无所作为的印象。申不害认为，对待臣子不能有过多的信任，国君必须意识到君与臣的关系，不要轻易让臣子亲近，使臣子捉摸不定国君的好恶习惯，随时需要战战兢兢地揣测、讨好。

申不害相韩 15 年，韩国的新政取得了一定的成绩。《史记·老子韩非列传》说："昭侯用为相，内修政教，外应诸侯，十五年。终申子之身，国治兵强，无侵韩者。"②《史记·韩世家》也说："申不害相韩，修术行道，国内以治，诸侯不来侵伐。"③ 从这两段文字来看，新政的确为韩国带来富国强兵的效果，令其余诸侯对韩国刮目相看。但由于申不害与韩昭侯用"术"有余，定"法"不足，因此并没有从根本上解决韩国的问题，韩昭侯死后，韩国国力迅速衰弱。申不害重视"术"的法治思想，为历代封建帝王加强君主集权提供了理论支撑和实践经验，也成为"帝王心术"之先驱。"术"到后来成为中国传统政治中很重要的一部分，使得中国政治长期笼罩在人为的任意性中，无法制度化。真正决定中国传统政治性格的，其实既不是儒家，也不是法家，而是重"术"派，重"术"派将"术"加入"法"中，破坏了"法"的客观性。

【课后思考】

1. 商鞅变法是不是一次成功的变法？
2. 商鞅变法带给我们哪些重要启示？

【当代审视】

作为有着重要实践特点的法家代表人物商鞅，虽然其变法已经过去了两千

---

① 严可均校辑. 全上古三代文（卷四）[M]. 北京：中华书局，1958：33.

② 司马迁. 史记 [M]. 北京：中华书局，2006：395.

③ 同②310.

多年，但在今天，在全面致力于依法治国的时代诉求下，我们仍可从法家商鞅变法实践中看到其思想的闪光之处。

商鞅指出，人类社会的发展历程可以划分为"亲亲而爱私"的野蛮时代、礼贤德让的文明初始时代和依法而行的法治时代。"古之民朴以厚，今时民巧以伪。故效于古者先德而治；效于今者前刑而法。"① 即是说时代在转变，治理国家的方式必然也要发生转变。由于社会发展进程中人们各类矛盾与问题不断涌现，内在地要求治理手段必须做出相应调整，通过法律对社会生活及人们行为进行严格的规制。今天，随着社会主义现代化国家的发展，不断产生关于社会公平、经济发展、国家治理及国际竞争等多方面的问题，为此，特别需要通过法治来保障社会的稳定与公正。《中国共产党第十八届中央委员会第四次全体会议公报》指出："全面建成小康社会、实现中华民族伟大复兴的中国梦，全面深化改革、完善和发展中国特色社会主义制度，提高党的执政能力和执政水平，必须全面推进依法治国。"② 显然，这正如商鞅所言，要立足于国家发展的现实，通过依法治国来维护社会公平正义、促进社会经济发展，预防和化解社会诸多矛盾，进而不断推进国家治理体系和治理能力现代化。

同时，商鞅也特别看重法律的权威性，坚持强调法律面前人人平等。为了确立法的权威性，商鞅"立木为信"，取信于民，使得新法得以有效实施。同时，"法不阿贵""任法去私"，把法律作为治理国家、社会、人民的唯一决断。在继承管仲、李悝等人"刑无等级"这一法律思维的基础上，商鞅特别强调："自卿相、将军以至大夫、庶人，有不从王令、犯国禁、乱上制者，罪死不赦。"③ 意思是上至君主，下及平民，都要依法办事，特别是在太子犯罪触犯法律时，仍坚持天子犯法与庶民同罪，实践了"刑无等级"，充分展现出法律的公平与公正。"以法安天下则天下安，依法治天下则天下治。"法律是国家治理的基础和准绳，在新时代的今天，贯彻落实依法治国的安邦理念，必须树立和维护法律的权威。同时，通过严格执法、公正司法、全民守法，积极维护社会的公平正义，确保法律面前人人平等，增进民众对法律和社会制度的信任，从而以法治构建和谐稳定的社会环境，不断推动现代国家的建设发展。

---

① 商君书 [M]. 王霞，导读注释. 长沙：岳麓书社，2020：73.
② 中国共产党第十八届中央委员会第四次全体会议公报 [N]. 人民日报，2014-10-24（01）.
③ 同①121.

【延伸阅读】

1. 吴晖：《变法悲歌》，光明日报出版社，1996 年。

2. 郑良树：《商鞅评传》，南京大学出版社，1998 年。

3. 丁毅华：《商鞅传》，重庆出版社，1999 年。

4. 金开诚主编：《改革斗士——商鞅》，吉林文史出版社，2011 年。

5. 朱永嘉：《商鞅变法与王莽改制》，中国长安出版社，2018 年。

第十二讲　韩非的法家思想

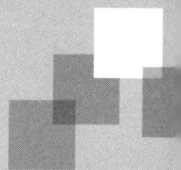

说到法家思想的集大成者，一定非韩非莫属。相比于重实践的法家代表商鞅，韩非的伟大贡献在于其理论层面的建树。在综合前期法家思想成果的基础上，韩非对法家观点进行了提炼，建立起以人性恶为主旨，法、术、势三者紧密相连的庞大而又严密的思想体系。当然，探究韩非思想的背后，我们可以深刻地感受到这样一位战国后期出色政治理论家和思想家的人生经历，理解其思想的悲剧色彩。而韩非思想作为先秦诸子百家的终结，为先秦画上了一个句号，这个句号不仅体现在百家争鸣的学术思想上，更体现在中国最终走向大一统的历史进程中。

一、韩非其人、其书、其学

韩非是荀子众多学生中最有影响力的一位，这位法家思想的佼佼者站在现实的立场，提出了那个时代法家思想的最强音，而较为独特的身世以及人生悲剧使韩非一直以来对现实有着十分清晰的认知，可以说，韩非注定是那个时代最伟大的法家思想家。也正因为韩非所展现出的过人才智，使秦国不惜发动一场战争而获得这样一个人才。

（一）韩非其人

关于韩非的生平事迹，司马迁在《史记·老子韩非列传》中有过论述：

> 韩非者，韩之诸公子也。喜刑名法术之学，而其归本于黄老。非为人口吃，不能道说，而善著书。与李斯俱事荀卿，斯自以为不如非。
>
> 非见韩之削弱，数以书谏韩王，韩王不能用。于是韩非疾治国不务修明其法制，执势以御其臣下，富国强兵而以求人任贤，反举浮淫之蠹而加之于功实之上。以为儒者用文乱法，而侠者以武犯禁。宽则宠名誉之人，急则用介胄之士。今者所养非所用，所用非所养。悲廉直不容于邪枉之臣，观往者得失之变，故作孤愤、五蠹、内外储、说林、说难十余万言。
> ……
> 人或传其书至秦。秦王见孤愤、五蠹之书，曰："嗟乎，寡人得见此人与之游，死不恨矣！"李斯曰："此韩非之所著书也。"秦因急攻韩。韩

王始不用非，及急，乃遣非使秦。秦王悦之，未信用。李斯、姚贾害之，毁之曰："韩非，韩之诸公子也。今王欲并诸侯，非终为韩不为秦，此人之情也。今王不用，久留而归之，此自遗患也，不如以过法诛之。"秦王以为然，下吏治非。李斯使人遗非药，使自杀。韩非欲自陈，不得见。秦王后悔之，使人赦之，非已死矣。①

司马迁的这段表述为我们提供了如下信息：

一是韩非出身于韩国王室，但郁郁不得志。孙希旦《礼记集解》提道："公子，谓诸侯庶子也，木之旁荫者曰孽，故以为庶子之称。"② 这样的身份在当时社会并不占优势，他无权可凭，无势可倚，受尽冷眼和压力，但却使得他能够对社会现实冷暖进行深刻的洞察。由于特殊的身份，韩非对韩国的前途非常忧虑，几次向韩王进谏，希望韩王励精图治，但韩王均置若罔闻，韩非所提出的建议也未得到采纳。韩非在失望和悲愤之余，针对现实种种问题和弊端，撰写了《孤愤》《五蠹》等文章，后流传到秦王嬴政手中，嬴政读后大加赞赏，经李斯了解，得知为韩国的韩非，便发兵攻打韩国，韩王进而起用韩非出使秦国。

二是韩非曾师从荀卿，与李斯同窗。韩非曾到楚国求学，与后来成为秦国丞相的李斯同学，二人共同随著名的大儒荀子学习帝王之术。在韩非的著作中，较少提到他的老师荀子，思想上韩非的观念与荀子不甚相同，没有承袭儒家思想，反而"喜刑名法术之学""归本于黄老"，继承并发展了法家思想。韩非的死源于他的同窗李斯，李斯自认为才能不及韩非，担心自己的地位受到威胁，于是同姚贾联合起来，在秦王面前诋毁韩非："大王要消灭各国，韩非是韩王的同族，爱韩不爱秦，这是人之常情。如果大王决定不用韩非而把他放走，对我们不利，不如把他杀掉。"秦王听了李斯的话，把韩非投入监狱，李斯借机派人为狱中的韩非送去毒药，逼迫韩非服毒自杀。韩非欲见秦王，未能实现，终自尽，秦王后有悔意派人赦免韩非，但为时晚矣。

三是韩非是一个有着矛盾特质的人。生于贵族世家，有着较高的政治起点，但却没有施展政治抱负的空间。韩非在思想上有着过人的深刻高度，但却天生具有辩说的缺陷，"他口吃不善于言谈，却把士人游说的艰难分析得鞭辟

① 司马迁. 史记 [M]. 北京：中华书局，2006：395-396.
② 孙希旦. 礼记集解 [M]. 北京：中华书局，1989：837.

入里；他不为国君所用无法一展抱负，却把国君和臣子的心思彻底暴露；他的学说饱受诟病屡遭非难，却被多少帝王将相暗地里使用；他为纷争不已的天下献上大一统学说，最终却不为天下所容"①。

（二）韩非其书

韩非的思想集中体现在《韩非子》一书中。最初，《韩非子》一书称为《韩子》，宋代以来，因为韩愈被称为"韩子"，因此改为《韩非子》。关于此书的著录，班固在《汉书·艺文志·诸子略》中，沿用了刘向《别录》、刘歆《七略》的体例，著录《韩子》55篇。对于各篇真伪的考证，史学界认为绝大部分内容是韩非本人所著，但也包含他的学生和后人纂辑的部分内容。

《韩非子》一书在先秦诸子中具有独特的风格，内容说理严谨，文风犀利，讲究逻辑结构的形式，同时又具有切中时弊的理论特征，文字峭刻，包含大量的寓言故事，强调名实的逻辑关系，具有很高的文学价值。其中较为重要的篇目有《说难》《孤愤》《内储说》《定法》《问田》《难势》《显学》《五蠹》等篇。《韩非子》书中包含6个主要部分。其一是将过去已有的"法""术""势"三种理论综合起来，并加以提高，形成一套完整的国君独裁的理论体系。其二是针对过去国君依靠臣下统治，致使某些重臣权势膨胀，直接威胁国君地位的历史教训，设想出一套用以抑制臣下的"术"，同时对各种类型的民众进行分析，批评了国君受舆论左右而分不清什么样的民众才是对国君有用的错误思想，进而提出不准民众从事的若干种行业。其三是控制舆论、奖励告密等一系列措施。其四是在哲学上吸收了老子思想中有用的部分，加以变化运用到自己的统治术中，同时对其他各家进行批判，主张进行严格的思想控制。其五是整理了可资借鉴的史料供备用，即《说林》和《内储说》《外储说》中的许多故事。其六是在阐述其统治术外，回顾了自己的经历，抒发了自己的忧愤，总结了思想经验。②

（三）韩非其学

作为法家思想的集大成者，韩非综合了商鞅、慎到、申不害三位法家代表

① 李沈阳、李静. 君王的法术——《韩非子》哲思［M］. 郑州：海燕出版社，2014：前言4.
② 施觉怀. 韩非评传［M］. 南京：南京大学出版社，2011：46.

人物的观点，同时，改造老子的形而上观点与辩证法思想，并结合荀子人性论和唯物主义的观念对其政治理论进行立论。最重要的在于，韩非立足于社会现实，从加强中央集权统治出发，以进化论的历史观批判尊崇"先王"的复古思想，形成了完备而又具有深刻现实价值的法家思想体系。

1. 继承荀子思想

战国末期，在前期社会思潮相互激荡、相互影响下，韩非对儒、墨、道、法思想均进行了系统的思考和评说，从而在自觉与不自觉中吸纳和借鉴了各家学说之长，进行了扬弃性的发展，使其思想展现出丰富的内容。

在众多学术渊源中，儒家思想是一个较为特殊的存在。韩非早年曾师从荀子学习儒学，而后他弃儒从法，对儒家思想进行了一定程度的抨击，但在韩非思想中，并未完全摆脱儒学观念的影响，在儒家与法家思想之间，韩非既有继承，又有创新。例如，荀子所倡导的"礼"，是定尊卑、立等级的重要方式，韩非将这一观点延续到"法"的思想中，将"法"视为规矩，视作维护王权的圭臬，从而在师承关系中完成了由礼到法的过渡，将"法"提高到治国的重要地位。此外，在人性论上，韩非认可荀子所提出的"好利恶害"是人之本性的观念，认为人性都是自私的，是唯利是图的，人与人之间关系也是利害关系，进而走上了自然主义的人性论。同时，韩非运用荀子"明于天人之分"的思想，极力反对依靠宗教的神秘方式来决定国家大事，主张应以参验方式认识万事万物并延伸到治理国家之中，将道与万物、君与群臣区分开来，提出"道不同于万物""君不同于群臣"的看法。

2. 吸纳法家思想

作为法家代表人物，法家的思想传统无疑对韩非的学说产生了直接而深刻的影响。其中，影响最大的当属商鞅的法治思想。韩非特别认可商鞅将"法"置于最高地位的认知，无论是商鞅将"法"看作是国之本、民之命，还是提出抬高国君的统治权威控制民众等观点，均一一为韩非所接纳，成为韩非思想的核心内容。但韩非同时也指出，商鞅治国"徒法而无术""其国富而兵强；然而无术以知奸"①，进而在接纳了商鞅法治理论的基础上，吸取申不害的"术"治与慎到的"势"治，建立了以法治为中心的"法""术""势"相结合的法家思想体系。

———————————

① 韩非子［M］. 姜俊俊，校点. 北京：中华书局，2019：482.

此外，法家另外两个代表人物李悝和吴起对韩非的思想也产生了一定的影响。韩非通过对李悝、吴起等变法史实的考察和其思想学说的研究，得出唯有法治可以强国的结论，明确指出"明法者强，慢法者弱"①，同时进一步将"君本位"思想发展到极致。如何确保和扩张国君的权力成为韩非思想的首要目标，使其思想深受秦王嬴政的青睐。

3. 受道家思想影响

司马迁说，韩非"喜刑名法术之学，而其归本于黄老"②。韩非对《老子》有深入研究，著有《解老》《喻老》等篇目，特别是对于"道"的理解成为他依法治国主张的理论基础。韩非认为，"道"是国君的护符，是治理社会的总依据，"道"独一无二，国君也是独一无二的。韩非认可老子所提出的"君德无为，臣道有为"的思想，主张用表面上的虚静无为来引导群臣尽忠效力，可以说，"黄老刑名之学从'道'开始，经过审名察实，又以'道'（自然无为）为归宿。这就是战国时期新的政治方法论和作为帝王之道的基本精神。韩非不仅完全把握了黄老刑名之学的基本精神，还把它更向前推进了一大步"③。在韩非的思想中，君臣之间的职权范围被明确区分开来，使上下协调，国君牢牢掌握政权，臣民各自恪尽职守。

4. 学说思想的特点

第一，"变"的历史观。春秋以降，是古代中国文化思想产生巨变的时代，从春秋五霸到战国七雄，国家越来越少，战争的规模越来越大，呈现出旧制度崩溃、新制度确立的历史发展走向。韩非立足于社会发展的现实，以进化的历史观念提出了"世异则事异""事异则备变"④ 的思想。韩非指出，人类社会按照发展程度，可分为上古、中古和近古三个时期：上古时期，人口稀少，鸟兽众多，"构木为巢，以避群害""钻燧取火，以化腥臊"，取得了在自然斗争过程中的文明成果；中古时期，人和自然斗争的能力得到提升，比如大禹和其父亲的治水壮举；近古时期，社会发展更多地呈现为社会各集团之间的矛盾斗争，如纣暴乱而汤武征伐，从克服人与自然的矛盾到克服人类社会自身

---

① 韩非子 [M]. 姜俊俊，校点. 北京：中华书局，2019：148.
② 司马迁. 史记 [M]. 北京：中华书局，2006：395.
③ 赵晓耕. 三晋法文化的源与流——先秦法家思想集大成者韩非的思想渊源 [J]. 山西大学学报，2004（5）：37-45.
④ 同①539.

的矛盾，充分表明社会是不断向前发展的。不同的时代，社会会呈现出不同的核心主旨，作为统治者，应当以积极进步的历史观为依托，按照时代发展的需要不断改进自己的政治措施，绝不可执着于任何固定模式。韩非进一步指出："上古竞于道德，中世逐于智谋，当今争于气力。"① 时代不同，治国方略必须应时而变，以变应变，"时移而治不易者乱，能治众而禁不变者削"②，意思是时代变化了，但治理国家的方法不改变，国家就会混乱；聪明人多了，禁令不改变国家就会削弱。进而，站在战国时代"多事之时""大争之世"，韩非提出了"唯治为法"，认为"法与时转则治，治与世宜则有功"③，即"法"顺应时代的变化而变化，社会才能治理得好；社会治理与社会实际相适应，才能取得成效。

第二，人性自私的立论基础。受老师荀子性恶论观念的影响，韩非极力主张人性是自私自利的，不仅人与人之间的关系是赤裸裸的利益关系，而且上到王公贵族下到平民百姓，皆具有利欲之心，甚至是家庭之中的父子亲情关系都是利益关系，凡人皆有利己的本性，这是人一切思想行为的动机。同时，韩非将这一人性观推及社会上的人际关系以及君臣关系。在韩非看来，人与人之间没有信任可言，只有互相算计，父母、子女、夫妇、君臣无不如此，轻者互相算计，重则互相残杀。作为人，永远不会具有自律的可能和觉悟，也不会有高尚的品德、奉献的精神，因而道德是根本靠不住的，即使人的道德行为表现出高尚品德和奉献精神，也只是为了谋取更大的利益。因此，作为国君，治理国家千万不能指望靠道德来管理民众，而只能依靠法的方式，即"圣人之治也，审于法禁，法禁明著则官法；必于赏罚，赏罚不阿则民用"④。圣君要详细地考察国家的法律禁令，只有当国家的法律禁令彰明了，各级官府事务就会得到妥善治理。要坚决地实行赏罚，因为只要赏罚不出偏差，民众就会听从使唤。

第三，"法""术""势"优势互补的思想主旨。"法""术""势"是韩非为政思想的核心范畴。通过吸收儒、墨诸家思想养分，韩非以一种批判的视域，在论证"法""术""势"各自单方面运用不足的基础上，提出"法"

---

① 韩非子［M］. 姜俊俊，校点. 北京：中华书局，2019：539.
② 同①576.
③ 同①575.
④ 同①505.

"术""势"三者合一、优势互补的思想理念。

韩非指出，无论是"法"还是"术"抑或是"势"，绝不能偏于一处，只用"法"或只用"术""势"来管理国家都具有相应的弊端。例如，韩非评价商鞅的"法治"思想时指出，"无术以知奸，则以其富强也资人臣而已矣"①。只注重"法"而忽略"术"，容易造成"法"在富国强兵的基础上帮助人臣，成为瓦解王权的力量。对于"术"，韩非也指出，只注重用"术"而不注重用统一的"法"作为基础和后盾，就会使国家的政治陷入腐败，为奸臣的滋生和蔓延提供土壤和条件，进而瓦解君权，瓦解国家。对于"势"，韩非指出，"势"容易遭到尚贤论的攻击，"势"之下，贤者在位治、不肖者在位乱，治乱的根本显然不在"势"。为了弥补这一缺憾，就应该用国家意志层面的"法"来规范国君意志，抱"法"处"势"。

进而，在继承商鞅、申不害、慎到思想的基础上，韩非对"法""术""势"的概念做了新的阐释，对三者关系也做了梳理，提出了优势互补的"法""术""势"三位合一的思想理念，即为君者应"法""术"并重，以"法"治民，以"术"御下，同时抱"法"处"势"，以"法""术"维护国君的"势"，维护国君利益。

二、韩非思想论要

毋庸置疑，韩非的思想对中国古代政治和社会产生了重要影响，这种深刻的影响不仅在于其帮助秦国实现大一统的思想价值，更在于他较为完备的理论建构，许多思想见解呈现出了韩非学说的过人之处。

（一）道德观

1. "道"论与"德"论

《老子》思想对韩非的影响很大，特别是韩非继承了《老子》"道"论的实质，系统论述了"道"作为万物始源，是无形而又无处不在的存在，同时又指出"道"是自然界自身及其规律，进一步扬弃了《老子》形而上的"道"，使"道"与治理国家的方法联系起来。

---

① 韩非子［M］. 姜俊俊，校点. 北京：中华书局，2019：482.

在韩非的论述中，一方面，"道"是万物之根，有着根本的属性。他说："道者，万物之始，是非之纪也。是以明君守始以知万物之源，治纪以知善败之端。"①"道者，万物之所然也。"②"道"是万物发生发展的根据，是形成万物的源头。同时，"道""虚静无事，以暗见疵。见而不见，闻而不闻，知而不知"③。"道"宏大而无形，其特征是虚静无为，因而不可见，不可知。"道"虽然不可见，但它却客观存在，在现实生活中能感受到"道"的存在及其发生的效用。另一方面，"道"是"是非"的标准，韩非指出："道者，万物之始，是非之纪也。"④又说："道者，万物之所然也，万理之所稽也。"⑤在这里，"道"是各种事物规律的共同依据，"理"就是具体规律。各种事物都有其特殊的规律，而万物共同规律的"道"又体现了世界总体的规律。"道者，下周于事，因稽而命，与时生死。参名异事，通一同情。故曰：道不同于万物。"⑥"道"普遍存在于万事万物中，因循着自然规律，又根据事物中所具之"道"，各有其分，因其分不同而对之进行命名。

在论述"道"的基础上，老子结合"道"，对"德"也展开了进一步的思考，即"道"在成就万物的实践中演绎着自身，万物得于"道"即是一种"德"，万物的成就，对万物而言即是一种获得，"德者，内也；得者，外也。上德不德"⑦，这样，"道""德""得"就相通起来。韩非认为："道有积而德有功，德者道之功。"⑧"道"滋润万物需要一种外显形式，"德"即是"道"事功的外在表现形式，万物得于"道"而成为自身的内在性质，体现出"道"的功效，同时也表现为事物的内在本质。

2. 对儒家思想的批判

韩非对儒家的仁义道德学说从根本上持否定态度，认为是国家的"五蠹"之一。韩非指出，儒家仁义道德不切实际，与社会的政治实践相脱离，没有实际功效，其直接影响即是国君惑于辩士的花言巧语和赞美之词而不考虑仁义道

---

① 韩非子［M］. 姜俊俊，校点. 北京：中华书局，2019：31.
② 同①173.
③ 同①33.
④ 同①.
⑤ 同②.
⑥ 同①55.
⑦ 同①153.
⑧ 同①155.

德的本质，进而藐视功过赏罚，这是"以文乱法"，对国君专制不利。韩非说："今人主之于言也，说其辩而不求其当焉；其用于行也，美其声而不责其功焉。是以天下之众，其谈言者务为辩而不周于用，故举先王言仁义者盈廷，而政不免于乱；行身者竞于为高而不合于功，故智士退处岩穴，归禄不受，而兵不免于弱，政不免于乱，此其故何也？民之所誉，上之所礼，乱国之术也。"① 大意是现在国君对于臣子的言谈，喜欢巧辩动听而不考察内容是否恰当；对于臣子的行事，欣赏虚名而不责求办事的功效结果，进而天下众人，其在议论政事时专求巧辩动听而不考虑是否逻辑严密，是否落地实用，最后造成称赞先王、夸谈仁义的人充满朝廷，内政难免出现混乱；立身处世的人都竞相标榜虚无的清高，不去做实际的功绩。为此智慧的人隐居，不接受官禄，国家兵力削弱，内政混乱。由此可见，民众所称赞的、国君所礼遇的，都是一些使国家混乱的做法。同时，韩非还进一步指出，儒家所极力宣扬的忠孝之道其实是对君臣之道的违背："天下皆以孝悌忠顺之道为是也，而莫知察孝悌忠顺之道而审行之，是以天下乱。皆以尧、舜之道为是而法之，是以有弑君，有曲于父。尧、舜、汤、武，或反君臣之义，乱后世之教者也。"② 天下的人都认为孝悌忠顺之道是正确的，但却没有什么人进一步对孝悌忠顺之道加以认真考察，然后再去慎重实行，从而使天下混乱。都认为尧舜之道正确而加以效法，但却发生杀死国君、背叛父亲的事情。尧、舜、汤、武原为人臣子，但最后却都以仁义的名义杀掉了自己的国君而自立为国君，所以这些口头上高唱仁义道德之人并不是真正的仁义道德之士，君臣之道才是乱世的根源。正是因为此，韩非指出，"故至今为人子者有取其父之家，为人臣者有取其君之国者矣"③。即无论是父子还是君臣之间，根本没有所谓的仁义道德关系，而仅仅是统治与被统治的关系，达到了这种常道，便可巩固政权。

总之，韩非站在国君的立场，从国家政治功利得失方面理解"仁义"的意义，进而从人性论引申出社会政治制度，但韩非过于夸大了国君的个人权力，忽视了仁义道德的正面教化作用。

---

① 韩非子［M］. 姜俊俊，校点. 北京：中华书局，2019：547.
② 同①564.
③ 同②.

（二）人性论

韩非从客观的角度谈论人性，并承认"自利""自为"是人的自然本性，这种自私之性永远不可能改变，每个人都会受这种私心的支配，因而国君治理国家就应该充分利用人的自私心。

"人性利己"是法家的共同观念。韩非继承并发挥了前期法家的这些思想，认为人皆有自私自利之心。"好利恶害，夫人之所有也。……喜利畏罪，人莫不然。"① "夫安利者就之，危害者去之，此人之情也。"② 人与人之间的关系更多的是赤裸裸的利益关系，韩非称之为"自为心"。人之所以好利恶害，争名夺利，乃至不择手段达到目的，都在于挟"自为心"，这种"自为心"出自人的一种自然倾向。韩非进一步指出，既然人与人之间都是自私自利，就不可避免地会倒向相互算计的利害关系。对此，韩非举出多个例子加以证明："王良爱马，越王勾践爱人，为战与驰。医善吮人之伤，含人之血，非骨肉之亲也，利所加也。故舆人成舆，则欲人之富贵；匠人成棺，则欲人之夭死也。非舆人仁而匠人贼也，人不贵则舆不售，人不死则棺不买。情非憎人也，利在人之死也。"③ 驾车的好手王良爱护马匹，贤能的越王勾践爱护百姓，不是说他们喜欢马和人本身，而是为了赶路和打仗。医生吮吸病患的伤口，口含脓血，不是说他们和病患有亲人关系，而是因为能获得利益。造车的人造出车子，就希望别人富贵；木匠造成棺材，就希望别人死亡，并不代表造车的人仁爱而木匠狠毒，是因为别人不富贵，车子就卖不掉，别人不死，棺材就没人买，本意都不是憎恨别人，而是因为他们的利益就在这些产品上。

不仅如此，在君臣关系上，也是一种互相利用、互相牵制的关系，为了各自的"自为心"，君臣之间相互交换利益。"君以计畜臣，臣以计事君。君臣之交，计也。"④ "臣尽死力以与君市，君垂爵禄以与臣市，君臣之际，非父子之亲也，计数之所出也。"⑤ 臣尽死力来为国君效力，国君用官爵来赏赐臣下的功劳。国君和臣下之间的交换关系，根本不是儒家所宣扬的父子之间的亲情

---

① 韩非子［M］．姜俊俊，校点．北京：中华书局，2019：449．

② 同①116．

③ 同①135-136．

④ 同①150．

⑤ 同①429．

关系，而是基于利益的计算和交易，可以说，"主卖官爵，臣卖智力"①，因而，站在国君的立场，官性如贼，防官之心，甚于防贼。作为国君，在君臣之间的关系中要有所防备，以免遭到暗算，即"千乘之君无备，必有百乘之臣在其侧，以徙其民而倾其国；万乘之君无备，必有千乘之家在其侧，以徙其民而倾其国"②。拥有兵车千辆国家的国君，如果不戒备，就会有拥有兵车百辆的大臣在他身边，抢夺他的百姓，颠覆他的国家；拥有兵车万辆国家的国君，如果不戒备，就会有拥有兵车千辆的大夫在他身边，抢走他的权力和地位，颠覆他的国家。因此，英明的国君驾驭其群臣就应该严格按法律来管控，同时也要立足于防备，即"明君之蓄其臣也，尽之以法，质之以备"③。韩非还指出，由于臣子往往都是从自身利益出发精于算计，所以国君切不可过信于人，信人则制于人，"人臣之于其君，非有骨肉之亲也，缚于势而不得不事也"④，国君过于相信他人最终就会被他人控制。

在家庭关系上，韩非同样指出了相互之间的利害关系。"父母之于子也，产男则相贺，产女则杀之。此俱出父母之怀衽，然男子受贺，女子杀之者，虑其后便，计之长利也。故父母之于子也，犹用计算之心以相待也，而况无父子之泽乎！"⑤ "人为婴儿也，父母养之简，子长而怨。子盛壮成人，其供养薄，父母怒而诮之。子、父，至亲也，而或谯或怨者，皆挟相为而不周于为己也。"⑥ 韩非指出，在家庭中，生了儿子就祝贺，生了女儿就杀死，都是父母所生，这是父母考虑自己今后利益，从长远打算而留子杀女。此外，生活困苦而怨恨父母，子女供养不厚而迁怒不孝，孝悌、慈爱都成了问题，哪有所谓的仁爱可言？夫妻之间同样如此，"非有骨肉之恩也，爱则亲，不爱则疏。""以衰美之妇人事好色之丈夫，则身死见疏贱"⑦。妻子与丈夫并没有骨肉的恩情，爱她就亲近，不爱她就疏远。特别是妇女年龄到了三十岁，美丽的容颜开始衰减，以美色衰减了的妇女来侍奉好色的男人，自身就会被疏远和看不起。总之，家庭中父母、子女及夫妇之间没有所谓的亲情可言，都体现为计较利害的

① 韩非子 [M]. 姜俊俊，校点. 北京：中华书局，2019：411.
② 同①28.
③ 同①29.
④ 同①135.
⑤ 同①505.
⑥ 同①332.
⑦ 同④.

买卖关系，所谓的高尚与不高尚之别是不存在的，均是有利可图诱导所致。

韩非之所以如此看待人性，主要有两个原因：一是社会根源。战国时代，伴随着商品经济的发展，逐利的思想意识逐渐萌生，韩非正是在商品经济发展过程中引出人性自利的理论。二是为了国君的统治需要，为其在人性上寻求一个支撑点。只有肯定人的自利自私，赏罚运用的有效性才能获得认可，进而加大国君独裁统治的合理性。

（三）民众观

在先秦诸子百家中，韩非无疑是维护君权、提倡君本思想的重要思想家。他极力驳斥儒家"得民心者得天下"的民本观念："今不知治者必曰：'得民之心。'欲得民之心而可以为治，则是伊尹、管仲无所用也，将听民而已矣。……故举士而求贤智，为政而期适民，皆乱之端，未可与为治也。"① 在韩非看来，民心与国家治理是相对的，如果想靠得民心来统治国家，那么伊尹和管仲皆无所用了。在治国的过程中如果希望通过选拔人才得到贤人智士，并顺应民众心理，过多考虑民众的诉求，只会使国家越来越混乱。不仅如此，韩非还对民众进行了许多负面评价，如人民愚蠢，见小利忘大利，"是以愚戆窳惰之民，苦小费而忘大利也"②；人民贪利，只要有利可图，甚至可以赴死，"得而辄辜磔于市。甚众，壅离其水也，而人窃金不止"③；人民奸猾，"猾民愈众，奸邪满侧"④；人民像婴儿一样不知好歹，非要严加管束，"民智之不可用，犹婴儿之心也。……婴儿子不知犯其所小苦，致其所大利也"⑤。既然民众有这么多的劣根性，就必须用严刑峻法来禁止，用赏赐、利益来引诱，"夫庆赏赐予者，民之所喜也"⑥ "利之所在民归之"⑦。由此，韩非得出结论，国君的明智在于了解如何去治理民众，国君的严厉在于推行他的决策，尽管违反民众的意愿，也一定要坚持既定的治国原则。

从国君治国的角度出发，韩非在《六反》篇中，对治国所需之民进行了

① 韩非子［M］. 姜俊俊，校点. 北京：中华书局，2019：561-562.
② 同①142.
③ 同①272.
④ 同①59.
⑤ 同①561.
⑥ 同①47.
⑦ 同①319.

集中讨论,即死节之民、全法之民、生利之民、整谷之民、尊上之民、明上之民六大类,分别所指代的是能够愿意为国表忠诚献出生命的民、知识浅陋仅遵守和维护法律的民、努力生产创造社会财富的民、思想愚钝行为中规中矩的民、恪守本分重命畏事的民、检举揭发奸邪的民。相对应地,降北之民、离法之民、牟食之民、伪诈之民、暴憿之民、当死之民成为韩非批判的对象。这六类之民分别指代的是怕死投降、创立学说、到处游说、卖弄智巧、杀人残暴、包庇奸人的民。韩非指出,治国必先治好民,"适其时事以致财物,论其税赋以均贫富,厚其爵禄以尽贤能,重其刑罚以禁奸邪;使民以力得富,以事致贵,以过受罪,以功致赏而不念慈惠之赐,此帝王之政也"①。意思是明君的治国原则应是动员民众生产要符合天时人事,以期获得足够的财物;规定民众赋税负担要合理恰当,以期调节贫富差别;颁发爵位俸禄的奖赏要宜重不宜轻,以期贤能的人都能尽职尽责;惩办犯罪实施刑罚也要宜重不宜轻,以期禁绝一切奸邪活动。这样做,是要引导民众依靠自己的努力达到富裕,通过做好事得享尊贵,知道犯了过错就一定会受到惩罚,立了功劳必定能获得奖赏,于是谁都不再指望国君的仁慈和恩惠,这就是帝王的政治理念。在韩非看来,以民众的和谐为依归,在确保国君至尊权力和利益的同时,"上无忿怒之毒,下无伏怨之患,上下交顺,以道为舍。故长利积,大功立,名成于前,德垂于后,治之至也"②。只要归根结底对老百姓有好处,对人民有利;只要国家利益优先,树立国君代表国家的专政,必要时对民施以强制,其实是爱民的表现。可以看出,韩非的思想具有鲜明的"君权主义"特色。

(四)法治观

法治思想是韩非思想的核心。在韩非的著作中,他对"法"的作用和价值进行了全面的论述,将"法"视为治国的依据和准则,甚至上升到关乎国家兴衰的地步,即"奉法者强则国强,奉法者弱则国弱"③。正是站在这一视角,韩非对"法"进行了详细的思考与论述。

1. 明确指出"不务德而务法"的重要性

《显学》篇中,韩非总结性地谈到了对"法"与"德"关系的认识,指

---

① 韩非子 [M]. 姜俊俊,校点. 北京:中华书局,2019:511.

② 同①254.

③ 同①37.

出："夫圣人之治国，不恃人之为吾善也，而用其不得为非也。恃人之为吾善也，境内不什数；用人不得为非，一国可使齐。为治者用众而舍寡，故不务德而务法。"① 圣人治理国家，不是依赖人们自觉为自己办事的善行，而是要形成一种人们不敢做坏事的局面。如果靠人们自觉地为自己办事的善行，国内找不出十几、几十个；但如果形成人们不敢做坏事的局面，就可以使全国整齐一致。圣明的国君治理国家，不是依靠人臣"为吾善"，而是使人臣"不得为非"，"不得为非"便可使全国上下保持一致。因此，善于治理国家的国君都明白"用众而舍寡"的道理，选择务法而不务德。

　　韩非同时还具体分析了若按照儒家仁义惠爱的德治来处理问题会导致的结果："夫施与贫困者，此世之所谓仁义；哀怜百姓、不忍诛罚者，此世之所谓惠爱也。夫有施与贫困，则无功者得赏；不忍诛罚，则暴乱者不止。国有无功得赏者，则民不外务当敌斩首，内不急力田疾作，皆欲行货财，事富贵，为私善，立名誉，以取尊官厚俸。故奸私之臣愈众，而暴乱之徒愈胜，不亡何待！"② 意思是把财物施舍给贫困的人，这是世人所谓的仁义；可怜百姓，不忍心惩罚，这是世人所谓的惠爱。既然要施舍给贫困的人，那么无功的人就会得赏；既然不忍心惩罚，那么暴乱就不能制止。国家有了无功得赏的人，民众对外就不致力于作战杀敌，对内就不努力从事耕作，都一心想着行贿巴结权贵，用私人的善行树立名誉，以便获取高官厚禄。所以奸私的臣子越来越多，暴乱分子越来越猖狂，国家不亡还待什么呢？韩非进而指出，在不应该讲仁义道德的情况下硬去讲仁义道德只会导致赏罚不明、惩恶不力、鼓励有过、打击有功的实际情形，因此，从国君需要的角度出发，必须推行法治。不仅如此，从国家的"大利"出发，也应该坚持用法治国，"圣人权其轻重，出其大利，故用法之相忍，而弃仁人之相怜也"③。仁爱治国虽可使人安乐，但不能长久，"法之为道，前苦而长利；仁之为道，偷乐而后穷"④。把"法"作为治国原则，虽在开始时艰苦，日后定得长远益处；但如果把"仁"作为治国原则，虽有一时的快乐，日后必定困苦交迫。圣明的国君权衡"法"和"仁"的利弊，用"法"而弃"仁"，才能维护国家的"大利""长利"。

---

① 韩非子［M］. 姜俊俊，校点. 北京：中华书局，2019：559.
② 同①123.
③ 同①507.
④ 同③.

2. 论述了"法"的相关要求

"法"在《韩非子》一书中是一个极其高频的词汇，在韩非看来，明法是实行法治的前提和核心。"人主使人臣虽有智能不得背法而专制，虽有贤行不得逾功而先劳，虽有忠信不得释法而不禁，此之谓明法。"① 即国君应该使人臣即使有了智慧、才能，也不能违反法而专权独断；即使有了贤能的行为，也不能在取得功效之前得到赏赐；即便有了忠诚老实的品德，也不能摆脱法纪而不受约束，这就叫作彰明法度。

第一，"法"具有明确的目的性。对国家而言，"法"是治国和强国的政治基础，是保障国君权威的重要手段。对此韩非进行了多方面的论述："圣人之治也，审于法禁，法禁明著则官法；必于赏罚，赏罚不阿则民用。官官治则国富，国富则兵强，而霸王之业成矣。"② 圣君治理国家，一是能详细地考察国家的法律禁令，当国家的法律禁令彰明了，各级官府事务就会得到妥善治理。二是能够坚决地实行赏罚，因为只要赏罚不出偏差，民众就会听从使唤。一旦民众听从使唤，则官府事务就会得到妥善处理，国家就富强；国家一旦富强，兵力则强盛。最终国君统一天下的大业也就随之完成了。同时，"治强生于法，弱乱生于阿"③，国家太平强盛得力于法治，国家纷乱贫弱是由于执法的不公正。"法者，宪令著于官府，刑罚必于民心，赏存乎慎法，而罚加乎奸令者也，此臣之所师也。君无术则弊于上，臣无法则乱于下，此不可一无，皆帝王之具也。"④ "法"由官府明文公布，赏罚制度深入民心，对于谨慎守法的人给予奖赏，对于触犯法令的人进行惩罚，这是臣下应该遵循的。国君没有"术"，就会在上面受蒙蔽；臣下没有"法"，就会在下面闹乱子，所以"术"和"法"缺一不可，都是称王天下必须具备的东西。"明法者强，慢法者弱"⑤，"国无常强，无常弱。奉法者强则国强，奉法者弱则国弱"⑥，总之，"法"的目的是治国、治民，"法"的功能即是维护政治统治，追求国家的富强。有了"法"作为准绳，官臣不敢贪赃枉法，不敢乱于天下；民众慎罚于

---

① 韩非子 [M]. 姜俊俊，校点. 北京：中华书局，2019：139.

② 同①505.

③ 同①401.

④ 同①481.

⑤ 同①148.

⑥ 同①37.

心，依"法"而富；官吏办事公平公正，这样便可国家政治清明，国势强大。

第二，"法"具有公开性、确定性、稳定性、平等性、权威性等特点。"法莫如一而固，使民知之。"① "法"必须是公开的，使境内所有人民知道法律的内容，令行禁止。"言无二贵，法不两适。"② "法"是确定的，不允许任意解释。"法莫如一而固"③ "治大国而数变法则民苦之"④；"法"是稳定的，不允许朝令夕改。"法不阿贵，绳不挠曲"⑤ "刑过不避大臣，赏善不遗匹夫"⑥，"法"还必须是平等适用的，任何人都要严格遵守"法"，当然，在"法"的平等视域下，国君是超然其上的。"夫垂泣不欲刑者，仁也；然而不可不刑者，法也。"⑦ "法"必须是最高的权威，不允许有超越"法"之上的权威，并且"法"具有强制性，排斥道德的因素。

第三，立法必归于国君。韩非主张"法自君出"，这是承袭了先秦法家思想先驱而得出的重要观点，如《管子》提出："明主之治天下也，威势独在于主，而不与臣共；法制独制于主，而不从臣出也。"⑧ 明君治理天下，坚持独揽权势而不与臣下共分；坚持独定法度政令而不许出自臣下。国君个人的言论和主张可以决定国家的兴亡，因而立法权应完全归于国君。韩非认为，"法"应为国君所设，国君凌驾于法律之上，不受法律的制约，具有相应的特权，通过赏罚二柄，"有功者必赏，有罪者必诛"⑨，使"法"成为其专制统治的重要工具。

3. 提出"法""术""势"三者相统一

韩非认为，国君如果要达到"智深""会远"的治国境界，以致一般人无法看到他的究底，就必须具有相应的方式，这个方式即是"法""术""势"的统一。

一方面，韩非着重阐述了"术"与"势"。在《韩非子》中，韩非讨论"术"最为精彩，用了大量篇幅来研究"术"，内容包罗万象。简单地说，

---

① 韩非子［M］. 姜俊俊，校点. 北京：中华书局，2019：542.
② 同①477.
③ 同①.
④ 同①167.
⑤ 同①44.
⑥ 同⑤.
⑦ 同①540.
⑧ 管子［M］. 刘晓艺，校点. 上海：上海古籍出版社，2022：412.
⑨ 同①148.

"术"就是国君权力运用的技巧，是有利于国君统治的权术。"术以知奸"，是用术的作用之一，"术"为国君所独有，"术者，因任而授官，循名而责实，操生杀之柄，课群臣之能者也，此人主之所执也"①，就是依据才能授予官职，按照名位去责求实绩，操控生杀大权，考核群臣的能力，这是国君所要掌握的。"人主者不操术，则威势轻而臣擅名"②，如果国君不掌握权术，威势就会减弱而使大臣垄断名望。同时，要以"术"驾驭群臣，"术者，藏之于胸中，以偶众端，而潜御群臣者也"③。对于韩非"术"的内涵，东汉班固编撰的《汉书》也曾扼要地将其归纳为五点："擅杀生之柄，通壅塞之涂，权轻重之数，论得失之道，使远近情伪必见于上，谓之术。"④ 具体而言，其一是神秘之术。国君要"无为乎上"而使臣"悚惧乎下"，驱使臣"尽其能""尽其武"。如何做到这一点？就是要增加神秘感，深藏不露，让臣下无从猜测国君的真实想法，国君不能暴露自己的言行和思想，要掩盖其动机，同时也不能在臣下面前显露出自己的喜好，对臣下恩威并施，呈现出莫测的高明。其二是听言之术。国君的决策切记不可偏听一人，有门户之见，要多加注意那些反对意见，以求得臣下真实的想法，在多听取臣下意见后，再进行比较辨别。韩非还劝说国君应该乐于接受"忠言逆耳"，他说："夫良药苦于口，而智者劝而饮之，知其人而已己疾也。忠言拂于耳，而明主听之，知其可以致功也。"⑤ 良药往往是十分苦口的，可是明智的人却主动喝下良药，是因为知道喝下药后可以治好自己的疾病。中肯的言辞往往是不受听的，可是贤明的君主仍主动听取忠言，那是因为他知道这些忠言可以成就功勋。当然，兼听的目的还是为了国君决策的绝对权威，兼听还要独断，牢牢掌握决策权。其三是用人之术。韩非指出，国君一定要独揽用人的大权，因事用人，特别是对重臣的权力进行抑制，以免其权力过大，难以驾驭。如果有手握大权的重臣阻隔在君臣之间，使国君意图不能下达、臣子建议不能上通，便会产生诸多问题，明主一定要有所防范。其四是治驭术。治驭群臣的办法在于赏罚分明，圣明的国君治国要善于运用"刑、德"二柄，"杀戮之谓刑，庆赏之谓德。为人臣者畏诛罚而利庆

---

① 韩非子 [M]. 姜俊俊，校点. 北京：中华书局，2019：481.

② 同①418.

③ 同①462.

④ 班固. 汉书 [M]. 北京：中华书局，2007：587.

⑤ 同①323.

赏，故人主自用其刑、德，则群臣畏其威而归其利矣"①。刑赏是国君驾驭群臣的两种权柄，是国君不可或缺的统治术。但事实上，在赏罚问题上，韩非更多的原则是厚赏重罚、多罚少赏、只罚不赏。

再来看韩非的"势"。"势者，胜众之资也"②，"势"即权势、政权，就是控制群臣的资本。对此韩非比喻说："虎豹之所以能胜人执百兽者，以其爪牙也；当使虎豹失其爪牙，则人必制之矣。今势重者，人主之爪牙也，君人而失其爪牙，虎豹之类也。"③ 虎豹之所以能够胜过人而擒获各种野兽，是因为它们有锋利的爪子和牙齿，假如虎豹失去了锋利的爪牙，人类就一定能够制服它们。现在的权势，就是君主的爪牙，统治人民而失去自己的爪牙，那就和失去爪牙的虎豹相似了。韩非还进一步指出，国君自然而然拥有权势这件事是不确定的，因而就要自己"造势"，强化人为之"势"，"桀为天子，能制天下，非贤也，势重也。尧为匹夫，不能正三家，非不肖也，位卑也。千钧得船则浮，锱铢失船则沉。非千钧轻锱铢重也，有势之于无势也"④。夏桀做天子能控制天下，不是因为他贤能，而是因为他权势重；尧做普通人不能管理好三户人家，不是因为他不贤能，而是因为他地位卑贱。千钧重物依靠船能浮起来，锱铢轻物没有船就沉下去，不是因为千钧轻而锱铢重，而是因为有没有依靠船的浮力这种"势"的差别。因而，任何时候国君都要树立自己的威严之势，手握大权。对于"势"本身而言，并无所谓的善恶，究竟是"便治"还是"利乱"，全看谁来使用它，"贤者用之则天下治，不肖者用之则天下乱"⑤。韩非还特别告诫国君，"权势不可以借人，上失其一，臣以为百"⑥，尤宜将"势"独揽，充分利用好自己位尊的"势"，造"势"上位，借"势"固位，顺"势"而治。

另一方面，在"法""术""势"三者的关系上，韩非认为，"此不可一无，皆帝王之具也"⑦，三者并用，则国无不治。首先，"势"是前提，是依据，有了"势"才可以谈"法""术"。进一步地，"势"要想发挥作用，必

---

① 韩非子［M］. 姜俊俊，校点. 北京：中华书局，2019：47.
② 同①523.
③ 同①569.
④ 同①251.
⑤ 同①472.
⑥ 同①291.
⑦ 同①481.

须在"法"的范围内才能充分发挥其功效，因此说，"抱法处势则治，背法去势则乱"①。其次，"法"与"术"相辅相成，"君无术则弊于上，臣无法则乱于下"②，国君如果不用术治，就会受到大臣的蒙蔽，如果没有法治，臣子就会作乱。"法"与"术"二者缺一不可，不可分开，相互为用方足以增强国君统治的效果，即"人主之大物，非法则术也"③。再次，在"术"与"势"上，要以"术"保"势"。"国者，君之车也；势者，君之马也。无术以御之，身虽劳犹不免乱；有术以御之，身处佚乐之地，又致帝王之功。"④国家就好比国君的车，手中的权势就好比驾车的马。假如国君没有"术"去驾驭马车，就算国君平时很劳苦，但国家仍不免于乱；反之，如果国君有"术"来驾驭马车，那么国君不但自己能处在安逸快乐的地位，而且还能够取得帝王的功业。因而要用"术"来控制群臣，使群臣不生异心，巩固所得之"势"。最后，"法""术""势"三位一体，相辅相成。韩非认为，"法""术""势"偏重哪一方对于国君治国都是不全面的，三者缺一不可，都是国君手中的治御工具。有"法"无"术"，国君子会失"势"，会被阴谋推翻；有"术"无"法"则失去准绳纲纪；为尊"法"用"术"，必须掌握"势"，只有这样才能实现国君富国强兵的目的。因此，必须将"法""术""势"相结合，以"法"来提供标准，以"术"来调整关系，以"势"来掌控国家。韩非理想的统治即是"法""术""势"相互补足、相互需要、互为条件，从根本上强化君权，巩固统治。

【知识拓展】

韩非的同窗：李斯

李斯，字通古，汝南上蔡（今河南省上蔡县）人，秦朝著名政治家、文学家和书法家。李斯协助秦始皇统一天下，秦统一之后，李斯参与制定秦朝的法律并完善秦朝的制度，力排众议主张实行郡县制、废除分封制，提出并且主持了文字、车轨、货币、度量衡的统一。

---

① 韩非子［M］. 姜俊俊，校点. 北京：中华书局，2019：474.
② 同①481.
③ 同①462.
④ 同①417.

李斯政治主张的实施，对中国和世界产生了深远的影响，奠定了中国两千多年封建专制的基本格局。秦始皇死后，他勾结内官赵高伪造遗诏，迫令公子扶苏自杀，拥立胡亥为二世皇帝，后为赵高所忌。秦二世二年（公元前208年），李斯父子被腰斩于咸阳，夷灭三族。

李斯年轻时，曾在地方政府担任小职务，随着时局的变迁，他怀抱雄心壮志，渴望成就一番伟业。为了追求自己的理想，李斯辞去工作，前往齐国深造，拜荀子为师。从那时起，他全身心地投入研究如何有效治理国家的问题。学成之后，李斯经过对各个诸侯国的深入分析，最终决定前往秦国。

辞别荀子之际，荀子问李斯为什么要到秦国去，李斯回答说："斯闻得时无怠，今万乘方争时，游者主事。今秦王欲吞天下，称帝而治，此布衣驰骛之时而游说者之秋也。处卑贱之位而计不为者，此禽鹿视肉，人面而能强行者耳。故诟莫大于卑贱，而悲莫甚于穷困。久处卑贱之位，困苦之地，非世而恶利，自托于无为，此非士之情也。故斯将西说秦王矣。"① 大意是："干事业都有一个时机问题，现在各国都在争雄，这正是立功成名的好机会。秦国雄心勃勃，想奋力一统天下，到那里可以大干一场。人生在世，卑贱是最大的耻辱，穷困是莫大的悲哀。一个人总处于卑贱穷困的地位，那是会令人讥笑的。不爱名利，无所作为，并不是读书人的想法。所以，我要到秦国去。"

李斯来到秦国时，正赶上秦庄襄王去世，13岁的嬴政成为新的国君，而丞相吕不韦执掌大权。吕不韦承袭秦国传统用人政策，广招宾客，从东方六国引进各种人才，门下"食客"多达三千人，为一时之盛。李斯也即门求见，成为吕不韦身边侍从献议的舍人。

李斯的一生，绝大部分时间都在实践法家思想。他受到秦王嬴政的重用后，以卓越的政治才能和远见，辅助秦王完成了统一六国的大业，顺应了历史发展的趋势。秦朝建立以后，李斯升任丞相。他继续辅佐秦始皇，在巩固秦朝政权、维护国家统一、促进经济和文化的发展等方面作出了卓越的贡献。他建议秦始皇废除分封制，实行郡县制，并提出了统一文字的策略，之后又在统一法律、货币、度量衡和车轨等方面付出了巨大努力，这些措施为加强秦朝中央集权和君主专制提供了重要保障。

李斯虽贵为秦相，但著述甚多，其所作《谏逐客书》是古代散文名篇。

---

① 司马迁. 史记 [M]. 北京：中华书局，2006：521.

文章结合秦国实际，力辩逐客之非，论证充分，说理严密，气势酣畅淋漓，同时词采富丽，音调铿锵，显示了散文辞赋化的倾向。此外，李斯的传世书迹有《泰山刻石》《峄山刻石》《琅琊台刻石》《会稽刻石》等。著有《仓颉篇》七章，已佚，后人有辑本。

【课后思考】

1. 为何在韩非思想中对"君臣"关系思考得最多？
2. 简要论述"法""术""势"相结合的法治思想。
3. 请从正反两个方面对法家思想进行评价。

【当代审视】

在先秦诸子百家中，韩非以其独特的哲学观点和政治思想在中国历史上占有重要的一席之地。他不仅是一位卓越的政治思想家，更是一位深刻的社会观察者和问题分析者。站在战国末期的时代境遇下，韩非提出了他那个时代维护君权统治的最强音，同时，以法律为基准，为如何更好地治理国家指明了方向。韩非的思想不仅对当时的中国社会产生了深远的影响，时至今日仍展现出强大的思想生命力和实用价值。

韩非特别看重"法"，将"法"提升到治国之道的高度，强调"法与时宜"。韩非指出，"古今异俗，新故异备"[①]，任何法律都具有时代性，时代发生改变，政治制度和法律也必须随之改变，只有不懂得国家治理的人，才会僵硬地固守成法，正所谓"法与时转则治，治与世宜则有功"[②]。但同时，韩非也十分清楚地指明"法"具有相对的稳定性。从长远角度看，"法"作为上层建筑，必须随着时代发展而发展，随着时代的进步而不断完善，但相对于国家治理的稳定性而言，"法莫如一而固"[③]，即是说法律一旦制定，就必须具有相应的统一性和稳定性，严格予以执行，且不可朝令夕改，以免让法律的效能大打折扣，使民众失去对法律的信心。为此韩非特别指出，"法"必须要易见、

---

① 韩非子 [M]. 姜俊俊，校点. 北京：中华书局，2009：540.
② 同①575.
③ 同①542.

易知、易为。"易见"即容易使人看见；"易知"即容易使人懂得；"易为"即容易使人执行和遵守。遵从了这三个原则，法律便可以很好地贯彻执行下去。

习近平总书记指出："中华法系源远流长，中华优秀传统法律文化蕴含丰富法治思想和深邃政治智慧，是中华文化的瑰宝。要积极推动中华优秀传统法律文化创造性转化、创新性发展，赋予中华法治文明新的时代内涵，激发起蓬勃生机。"① 党的二十大报告提出："弘扬社会主义法治精神，传承中华优秀传统法律文化，引导全体人民做社会主义法治的忠实崇尚者、自觉遵守者、坚定捍卫者。"② 当前，我们已形成了较为完善的中国特色社会主义法治体系，为中国共产党领导人民当家做主、推进改革开放和建设社会主义现代化国家提供了坚实的法治保障。新时代，积极推进社会主义法治建设，要善于从传统法治文化中汲取智慧，无疑，韩非所提出的关于"法"的思考对我们具有很大的启发。一方面，我们必须清醒地认识到，社会发展无止境，法律完善也没有止境，要高度重视国家对立法工作的新要求，抓住立法质量这个关键，深入推进科学立法、民主立法、依法立法，坚持将推进法律完善与时代发展同向同行，积极回应政治、经济、社会、文化以及环境生态建设对法律的新要求，及时制定、修改和废除不合时宜的法律，以适应社会发展的要求，更好发挥法治固根本、稳预期、利长远的重要作用，以高质量立法保障高质量发展。另一方面，维护法律的稳定与权威，发扬韩非将"法""布之于民"的思想，"深入开展法制宣传教育，弘扬社会主义法治精神，树立社会主义法治理念，增强全社会学法尊法守法用法意识"③，加强"法"对全社会的引领、规范、保障作用，在全社会形成学法尊法守法用法的时代氛围下，使法治思想不断深入人心，更好推动依法治国行稳致远。

【延伸阅读】

1. 王宏斌：《中国帝王术：〈韩非子〉与中国文化》，河南大学出版社，

---

① 习近平在中共中央政治局第十次集体学习时强调 加强涉外法制建设 营造有利法治条件和外部环境 [EB/OL]. 新华网，2023-11-28.

② 高举中国特色社会主义伟大旗帜 为全面建设社会主义现代化国家而团结奋斗——在中国共产党第二十次全国代表大会上的报告 [M]. 北京：人民出版社，2022：42.

③ 胡锦涛在中国共产党第十八次全国代表大会上的报告 [N]. 人民日报，2012-11-08（01）.

1995 年。

    2. 赵沛：《韩非子》，河南大学出版社，2008 年。

    3. 蒋重跃：《韩非子的政治思想》，北京师范大学出版社，2010 年。

    4. 施觉怀：《韩非评传》，南京大学出版社，2011 年。

    5. 李沈阳、李静：《君王的法术——〈韩非子〉哲思》，海燕出版社，2014 年。

后　记

　　中华优秀传统文化蕴含着丰富的伦理思想和道德观念，是塑造理想人格、协调社会人际关系、建设社会主义精神文明和化解世界矛盾与冲突的重要精神源泉。有序推进高校中华优秀传统文化教育，以此增强青年大学生的文化自信和文化认同，让中华优秀传统文化的种子在每一个青年学生心中生根发芽，更好地传承弘扬中华优秀传统文化，守好中华文化的根脉至关重要，而这本身也是新时代高校开展人文素质教育的重要任务。

　　我从读研究生起即在东南大学从事中国伦理的研究和学习，从硕士到博士的 7 年时间里，对中华优秀传统文化产生了浓厚兴趣，特别是在博士阶段，开始将自身的研究视域和研究兴趣转向结合中国哲学的思想对中华优秀传统文化进行系统思考，形成了一定的相关研究论文和学术专著，为后来在高校从事人文素质课程教学奠定了重要基础。

　　进入高校工作以后，我所在的高校一直鼓励老师开设人文素质课程，以期不断提高大学生的思想政治素质，丰富其精神生活，拓展其文化视野，提升其精神境界。在我看来，有效的人文素质课程应有"人文魂""素质味"，这个"魂"和"味"指的是人文素质课是否能够对大学生建构合理的知识结构、创造丰富的情感体验、塑造完善的人格精神发挥出独特的价值，让学生由不知到知，由知之较少到知之较多，再由知之信之最终过渡到爱之、行之，使学到的东西成为大学生今后认识问题和解决问题的精神支撑，成为价值认知的源泉，而这恰恰是中华优秀传统文化类课程的优势所在。基于这样一种认知和思考，结合多年来对中华优秀传统文化的学习和理解，在经过 2 年查找资料、编写教案、制作课件等精心备课后，我下定决心开设一门与中华优秀传统文化密切相关的人文素质课程——"诸子百家思想释读"。

　　从 2019 年开始直到今天，"诸子百家思想释读"已经开设了 5 年的时间。5 年来，我在课程教学中始终保持着对中华优秀传统文化的热爱，每一次授课都有新的体会与新的进步，而学生的评价反响以及他们显示出的对中华优秀传统文化的兴趣和关切，更是给了我极大的鼓舞，让我心中充满了要将这门课程上得更好的持久动力。可以说，"诸子百家思想释读"这一课程是我自己精心播下的一粒种子，我看着它一点点地成长。

对自己而言，每一次"诸子百家思想释读"课程的授课都是一场精神的洗礼，一次愉悦的经历，这种洗礼和愉悦不仅在于能够与轴心时代先秦思想哲人进行思想的碰撞与对话，温习伟大民族丰厚的精神文化遗产，更在于在一次次的授课中，能够对学生进行精神塑造和人文关怀，使他们更好地领会中华优秀传统文化所蕴含的丰富哲学思想、人文精神、教化思想、道德理念，进而终身受益。如今，随着课程教学的不断深入，在历经 5 年教学实践和教学反复论证后，我将精心撰写并不断完善的课程教学讲义修订成书，编写成这本《诸子百家思想释读》，以期为今后教学提供更好的支撑，同时也一并分享给热爱中华优秀传统文化的同仁和朋友。

最后，感谢华北电力大学马克思主义学院对青年教师的大力支持与帮助！也衷心感谢亦师亦友的包和春教授对文稿所做的修订。非常高兴能得到清华大学出版社的认可，王如月编辑对本书给予了辛勤付出，我的硕士研究生肖漫杰、薛珍妍、朱雨阳同学辛苦校对了全书引文和注释，在此一并致谢！

本书在现有研究成果的基础上，进行了多次修改和完善，借鉴了多位专家的建议，以期给同仁和读者呈现出完美之作，但囿于作者自身水平有限，书中难免仍存有很多不足之处，恳请专家、同仁和读者多多批评指正。同时，本书在写作过程中参阅、借鉴了大量学者的研究成果，在此表示深深的感谢，如有疏漏与错误，恳请原谅与赐教。

吴宁宁

2024 年盛夏于北京